聊城大学学术著作出版基金资助
中国博士后科学基金面上资助项目(2017M612249)
山东省社会科学规划研究项目(16DLSJ07)阶段性成果

胡梦飞 著

明清时期山东运河区域民间信仰研究

社会科学文献出版社
SOCIAL SCIENCES ACADEMIC PRESS (CHINA)

前 言

民间信仰是指民众自发地对具有超自然力的精神体的信奉与尊重，它包括原始宗教在民间的传承、人为宗教在民间的渗透、民间普遍的信仰风俗以及一般的民众迷信等内容。在长期的历史过程中，民间信仰不仅影响着占中国社会大多数的一般民众的思维方式、生产实践、社会关系和政治行为，而且与上层建筑也有着千丝万缕的联系，开展民间信仰的研究可以为我们提供一个了解中国传统社会的视角。中国古代民间信仰的研究由于涉及历史学、社会学、宗教学、心理学、民俗学等诸多学科，历来是学术界关注的热点，开展相关研究更是有着重要的学术价值和现实意义。

京杭大运河及其流经的线性区域所孕育的文化既是中国传统文化的一部分，也是形塑中国文化的基因之一。由于运河及漕运的重要性，学界有关运河物质文化、制度文化的研究取得了大量成果，但有关运河区域传统习俗、文学艺术、行为规范、思维方式、价值观念等精神文化层面的研究，由于对象较为抽象和特殊，研究相对薄弱。运河区域民间信仰作为运河文化的重要载体，是对运河精神文化的集中体现。民间信仰作为中国传统社会最为重要的宗教传统，植根并融入于乡土社会之中，主导着大多数民众的思维方式、生产实践、社会关系和政治行为，并与上层政治建筑有着紧密联系。本书在依据历史文献资料的基础上，以明清时期山东运河区域民间信仰为考察对象，对其种类及构成、特点及成因、功能及影响等问题进行跨学科、多角度、综合而细致的研究，力求在勾勒和梳理民间信仰基本状况的同时，归纳和总结民间信仰的地域特色，探讨民间信仰在促进区域社会整合和变迁中的地位和作用，在此基础上分析运河区域社会的发展脉络和运行规律，揭示运河区域环境、信仰、人群三者之间的关系。

2014 年 6 月 22 日，中国大运河成功申遗，运河文化遗产的保护逐渐引起社会各界的重视。2017 年 2 月，习近平总书记视察北京大运河森林公园时强调，保护大运河是运河沿线所有地区的共同责任。2017 年 6 月，习近平总书记又专门就大运河文化带建设做出重要批示，提出要“保护好、传承好、利用好”这一文化遗产。2019 年初，中央办公厅、国务院办公厅联合印发《大运河文化保护传承利用规划纲要》，明确了大运河文化带建设的方向、目标和任务。这些都为运河文化的保护和开发带来了难得的历史机遇。对运河区域民间信仰进行深入挖掘和研究，在弘扬、传承和保护运河文化方面无疑具有重要意义，对于深化基层社会治理、构建社会主义和谐社会也具有一定的参考价值。本书力求通过对明清时期山东运河区域民间信仰形成与发展的社会环境、民间信仰的构成及分布、信仰人群和信仰活动、民间信仰与区域社会整合、信仰的传承和演变等内容的介绍，为当前运河文化遗产的保护和传承提供参考和借鉴，增强沿岸民众保护运河文化的观念和意识，更好地服务于沿岸经济社会的发展。由于能力和水平所限，书中难免存在诸多问题和不足，还望方家和读者给予批评指正。

目　录

绪　论

研究综述

明清时期运河在促进沿岸地区经济发展的同时，亦对区域社会民间信仰产生了深刻影响，使其呈现出多元化的发展趋势，成为运河区域社会变迁的重要表现。目前，学界尚没有专门研究明清时期山东运河区域民间信仰的学术专著，只是在一些宏观性和区域性的研究成果中有所体现和涉及。简单归纳起来，相关研究成果主要集中于以下两个方面。

一是有关运河区域水神信仰的研究。这类成果侧重于从明清国家或区域社会的角度探讨水神信仰的产生、发展及流变。蔡泰彬《明代漕河四险及其守护神——金龙四大王》阐述金龙四大王信仰的起始期，并揭示漕河与信仰之间的关联。[①] 王云《明清时期山东运河区域的金龙四大王崇拜》论述了明清时期山东运河区域内金龙四大王信仰的起源、发展及演变情况。[②] 闫化川《妈祖信仰的起源及其在山东地区传播史研究》以时间为脉络，探讨宋元明清时期妈祖信仰在山东地区的传播过程及庙宇分布情况。[③] 向福贞《济宁商帮与金龙四大王崇拜》讲述了济宁商帮在金龙四大王信仰传播及发展过程中所发挥的作用。[④] 陶道强《明清时期妈祖信仰在山东的分布与成因分析》探讨了明清时期山东地区妈祖庙宇的分布情况，认为明

---

① 蔡泰彬：《明代漕河四险及其守护神——金龙四大王》，《明史研究专刊》1992 年第 10 期。

② 王云：《明清时期山东运河区域的金龙四大王崇拜》，《民俗研究》2005 年第 2 期。

③ 闫化川：《妈祖信仰的起源及其在山东地区传播史研究》，博士学位论文，山东大学，2006。

④ 向福贞：《济宁商帮与金龙四大王崇拜》，《聊城大学学报》（社会科学版）2007 年第 2 期。

清时期盛行于山东的碧霞元君信仰是导致妈祖信仰未见兴盛的主要原因。[①] 吴欣《明清山东运河区域“水神”研究》以山东运河区域为视角，对水神信仰的构成及分布情况进行了梳理，探讨了官方运河水神和民间水神的主要功能以及两者之间的差异和联系。[②] 刘兵《明清运河区域人格神信仰成因探析——以白英为中心的研究》[③]、郭福亮《从凡人到神灵：白英形象的演变及诠释》以明代治水名人白英为视角，探讨了明清时期运河水利人格神信仰的形成及发展。[④] 周平平《明清漕运与水神崇拜——以运河山东段为个案的考察》以山东段运河为视角，探讨了明清山东运河沿岸水神崇拜兴起的背景、水神信仰的主体和客体、水神信仰的特色和影响等问题。[⑤]

二是有关区域民间信仰的研究。此类成果侧重于从区域社会的视角，探讨民间信仰与地域社会的关系。海外学者的代表性成果有詹姆斯·沃森(James Watson)《神的标准化：在中国南方沿海地区对崇拜天后的鼓励(960—1960)》、万志安（Richard Von Glahn）《财富的魅力：江南社会史中的五通神》、滨岛敦俊《明清江南农村社会与民间信仰》等。近年来，国内有关区域民间信仰的研究成果逐渐增多，但主要集中于江南、华北及珠江三角洲等地区的考察。涉及山东运河区域的主要有王云《明清山东运河区域社会变迁》对明清时期山东运河区域的金龙四大王、妈祖信仰和关帝信仰的传播及影响进行了专门论述。[⑥] 吴欣《正祀与杂祀：明清运河区域的民间信仰研究——以张秋镇为中心的历史人类学考察》以明清时期张秋镇为视角，通过对国家所倡导的“正祀”以及无关祀典的“杂祀”进行对比性研究，揭示了民间信仰本身自我完善的能力以及信仰群体的力量。[⑦] 其《“奶奶”的庙：女神信仰的世变与势变——以鲁西区域社会为中心的研

---

① 陶道强：《明清时期妈祖信仰在山东的分布与成因分析》，《兰台世界》2011年第22期。

② 吴欣：《明清山东运河区域“水神”研究》，《社会科学战线》2013年第9期。

③ 刘兵：《明清运河区域人格神信仰成因探析——以白英为中心的研究》，《聊城大学学报》（社会科学版）2014年第2期。

④ 郭福亮：《从凡人到神灵：白英形象的演变及诠释》，《聊城大学学报》（社会科学版）2014年第6期。

⑤ 周平平：《明清漕运与水神崇拜——以运河山东段为个案的考察》，硕士学位论文，山东大学，2016。

⑥ 王云：《明清山东运河区域社会变迁》，人民出版社，2006。

⑦ 吴欣：《正祀与杂祀：明清运河区域的民间信仰研究——以张秋镇为中心的历史人类学考察》，《聊城大学学报》（社会科学版）2009年第3期。

究》一文以鲁西运河区域为视角，探讨了泰山奶奶、鲁姑奶奶、托山奶奶三种信仰之间的相互借鉴和影响，强调了人群在文化创造中的主动性和原则性。①

以上成果对于深化明清山东运河区域社会史研究，起到很大的作用，但也存在不足之处：从研究对象上看，有关山东运河区域神灵信仰的研究成果主要集中于对金龙四大王、妈祖、白英等运河水神的研究，其他信仰的研究成果相对较少。从研究方法上看，现有研究成果主要利用正史、档案、地方志、文集等传统文献，对碑刻、家谱、口述访谈等民间文献资料缺乏利用；较少运用社会学、民俗学、历史人类学等学科的理论方法，未能从社会角度去挖掘更深层的历史内涵，关于神灵信仰与地域社会的理论体系未能建构。从研究区域上看，研究视角过于宏观，缺少对具体、微观、细致的考察，未能深入发掘山东运河区域民间信仰的地域特色，对地方人群和底层民众的信仰活动缺乏关注，对于民间信仰在现代社会的延续和传承亦较少涉及。本书在依据相关文献资料的基础上，结合田野考察和口头访谈，对明清时期山东运河区域民间信仰展开全面而细致的研究，重在探讨民间信仰的地域特色及其对区域社会发展的影响。

概念界定与研究内容

（一）概念界定

1. 民间信仰

对于传统社会民众的信仰，研究者曾用不同的概念去界定，如“民间信仰”“民俗宗教”“民间宗教”“大众宗教”“民生宗教”等。名称不同，所指的对象却基本一致。赵世瑜指出：“所谓民间信仰，则指普通百姓所具有的神灵信仰，包括围绕这些信仰而建立的各种仪式活动。他们往往没有组织系统、教义和特定的戒律。既是一种集体的心理活动和外在的行为表现，也是人们日常生活中的一个组成部分。”② 皮庆生则认为，民间信仰

① 吴欣：《“奶奶”的庙：女神信仰的世变与势变——以鲁西区域社会为中心的研究》，《民俗研究》2016年第6期。

② 赵世瑜：《狂欢与日常：明清以来的庙会与民间社会》，三联书店，2002，第13页。

"有强调其信仰群体、价值观念等方面均为下层的意味，同时隐含着将此类信仰活动与释道区分的意思。事实上，传统中国社会的祠神信仰的信众涵盖了所有的阶层，包括士人群体，并将儒释道的一些核心观念有机地融汇进来，所以使用'民众祠神信仰'较'民间信仰'似乎更具体、更合理，且表示不排除某些祠神所带有的释道色彩"。他所说的"民众祠神信仰"，"是指以祠神为中心，有比较固定的活动场所、仪式和相对稳定的信众，介于官民之间的全民共享的宗教信仰活动"。① 马新进一步指出，"所谓民间信仰是指存在于民间社会的种种信仰与崇拜，它或者与上层社会的信仰同源，或者生成于民间社会，其中有许多内容是与上层社会所同享的。"②

笔者基本同意马新的说法，本书所指的民间信仰既指民间社会自发产生的信仰活动，也包括精英阶层（包括封建帝王、各级官僚和士绅阶层在内）和普通民众共同参与的各种神灵信仰。从信仰的主体而言，所谓的"民间"，既包括平民百姓，也包括地方士绅和官员，涵盖所有的社会阶层；从信仰的对象而言，既包括朝廷祀典中的神灵（略同于"祀典"），也包括在地方社会中传承的神灵（略同于"杂祀"或"民祀"）。民间信仰指的是民众通过相对固定的仪式而进行的神灵信仰和崇拜。

2. 山东运河区域

京杭大运河是世界上里程最长、工程最大的古代运河，也是最古老的运河之一。在明清两代长达四五百年间，京杭运河河道稳定，持续畅通，它所流经的地区（流经的城镇和州县）及其辐射的区域（距离运河较近且明显受到运河交通、运河经济影响的地区），逐渐形成了一个纵贯南北，穿越几个行政区域、自然区域的地位特殊、特点显明的地理区域。"在这个区域中，不仅有数百年前后传承的与其他区域明显不同的物质文化与制度文化，而且漕运的发达、商业的繁荣、区域内外广泛深入的文化交流、人口的迁移流动等，更使这个区域逐渐融汇积累了丰厚的精神文化。③" 本书所指的山东运河区域，是指明清时期京杭大运河在山东境内流经及影响的区域。在

---

① 皮庆生：《宋代民众祠神信仰研究》，上海古籍出版社，2008，第2页。

② 马新：《关于民间信仰史研究中的几个问题》，《民俗研究》2010年第1期；《论文明前夜民间社会的出现与民间信仰的生成》，《齐鲁学刊》2010年第3期。

③ 李泉：《中国运河文化的形成及其演进》，《东岳论丛》2008年第3期。

行政区划上，主要包括以下地区（详见表1）。

表1　明清时期山东运河区域行政区划沿革

省名	府（直隶州）名称	州县名称
明代	济南府	德州
	东昌府	聊城、武城、夏津、恩县、临清、清平、博平、堂邑、冠县、馆陶
	兖州府	滋阳、邹县、阳谷、东阿、寿张、东平、宁阳、汶上、济宁、嘉祥、金乡、鱼台、滕县、峄县
清代	济南府	德州
	临清直隶州	临清、武城、夏津
	东昌府	聊城、恩县、清平、博平、堂邑、冠县、馆陶
	泰安府	东阿、东平、宁阳
	济宁直隶州	济宁、鱼台、嘉祥、金乡
	兖州府	滋阳、邹县、阳谷、寿张、汶上、滕县、峄县

说明：本表的行政区划明代以宣德八年（1433）为准，清代以嘉庆二十五年（1820）为准。

（二）研究内容

本书在依据历史文献资料的基础上，运用历史学、历史地理学、社会学、民俗学、历史人类学等多种学科理论和综合研究、个案研究、比较研究相结合的方法，对明清时期山东运河区域民间信仰的种类及构成、特点及成因、功能及影响等问题进行跨学科、多角度、综合而细致的研究。本书主要分为八章，内容简介如下。

第一章：多元与融合：民间信仰形成的社会环境。山东段运河是整个京杭大运河中汇集泉水最多、河工设施最为密集、河工技术含量最高的运河河段。运河的流经在促进山东运河沿线区域商品经济发展的同时，也使得运河区域社会结构变得日趋复杂多元。伴随运河的贯通，运河两岸城乡社会生活中的商业色彩大大加强，出现了许多有悖于这一区域传统风俗的新景象。由于邻近儒学思想发祥地，相较佛教和道教，山东运河区域民间信仰受儒家思想的影响更为明显。频发的水、旱、蝗等灾害则导致了民间治水神、祈雨神和驱蝗神信仰的盛行。这些自然和社会因素都在无形之中潜移默化地对民间信仰产生深刻影响。

第二章：漕运与治河：金龙四大王信仰的建构及影响。明清时期山东运河区域是金龙四大王信仰较为盛行的地区。金龙四大王为黄河河神和漕运保护神，故其庙宇主要分布于黄、运沿岸地区，频发的黄河水灾和漕粮运输的现实需要是导致其信仰盛行的主要原因。谢绪的忠义形象和众多的商人商帮亦推动了信仰的扩展和传播。金龙四大王信仰对明清国家的漕粮运输和河漕治理活动产生了重要影响。漕运和治河官员借助酬神报功，彰显自己的治河理漕功绩。漕军、运丁则通过祭祀神灵，获取心理慰藉。

第三章：忠义与教化：山东运河区域的关帝信仰。关帝信仰是中国古代社会最具代表性和影响力的一种人格神信仰。明清时期山东运河区域关帝信仰盛行，关帝庙宇遍布城镇和乡村。除了官方的倡导和推波助澜外，当地尚武好义的民风、大量山西移民的存在以及山西商人的推动成为信仰传播和盛行的主要原因。关帝职能的多元化使其在民间有着广泛的社会基础。地方官员往往借修建庙宇、崇祀神灵，灌输国家祭祀理念，实施社会教化。地方士绅则通过修建庙宇和祀神活动，参与地方公共事务，彰显自身事迹和影响力，表达愿望和诉求。与地方官员和士绅不同，民众信仰关帝主要目的则是禳灾祈福、酬神还愿。

第四章：神圣与世俗：碧霞元君信仰与区域社会。明清时期山东运河区域是碧霞元君信仰极为盛行的地区，呈现出庙宇数量众多、地域分布广泛等特征。官方的肯定和认可、神灵职能的多样性、特殊的文化传统以及地方士绅的推动是信仰盛行的主要原因。地方官员对信仰大多持默许和认可态度，并希冀借助祀神传达官方祭祀理念，实施社会教化。地方士绅对待神灵的态度则呈现出两极化趋势，如何维护神灵的“正统性”成为主流地方精英面临的重要课题。民众通过组织香社、结众巡游、扮演杂剧等祀神活动，在酬神还愿、表达利益诉求的同时，还起到了增强社区凝聚力、强化地域文化认同的作用。文化的惯性原理以及民众的现实需求使得信仰在当今社会中依然有着旺盛的生命力。

第五章：保漕与祈雨：山东运河区域的龙神信仰。龙神信仰历史悠久，在中国古代民间信仰中占有重要地位。明清时期山东运河区域龙神信仰亦极为盛行，频发的水旱灾害是导致龙神信仰盛行的主要原因。龙神庙宇主要分为两类，一是官方修建之龙王庙，二是民间龙王庙。龙神信仰对运河本体和明清国家而言，其功能更多体现为治水与保漕。对地方官员和民众而言，则主要是祈雨和教化。由信仰活动而衍生出的众多仪式和传说，在促进信仰广泛传播的同时，在凝聚人心、强化地域认同方面亦发挥了重要作用。运河区域特殊的自然和社会环境导致传统龙神信仰发生了新变化，使其呈现出明显的地域特色。

第六章：酬神与娱人：山东运河区域的庙会及其功能。庙会是中国传统社会普遍存在的一种民俗活动。明清时期山东运河区域的庙会数量众多，呈现出经济功能突出、辐射范围广等特点。庙会的定期举行在满足民众祭祀需求的同时，也促进了商品经济发展和城乡物资交流。为祭祀神灵而举行的戏曲表演、接驾巡游等活动，在酬谢神灵的同时，也起到了文化娱乐、强化地域文化认同的作用。作为民众的集体狂欢活动，庙会的举行不可避免地对地方社会秩序产生一定的冲击，并为当政者和地方精英阶层所诟病和批判，甚至对其加以取缔和打击。庙会在促进地方经济文化发展的同时，也在一定程度上成为官民力量博弈的舞台。

第七章：神灵与众生：区域社会视野下的民间信仰。地方官员是沟通国家和民众的桥梁和纽带。当面临灾害或动乱时，祭祀神灵成为地方官员应对危机的重要举措。祭祀神灵、修建庙宇成为地方官员灌输国家祭祀理念、实施地方社会教化的重要活动。地方士绅通过领导和参与祀神活动，不仅表达了自身的祭祀理念和利益诉求，而且还在活动中进一步确认了自己在地方社会的精英地位。民间信仰在促进地域文化认同方面亦有显著功效，这在地域色彩浓厚的乡土神灵祭祀上体现得最为明显。人们通过共同的神明信仰，共同举行祭祀活动，将地方上人群整合起来，增强凝聚力和向心力，强化地域文化认同。民间信仰对区域社会和民众生活亦产生了深刻影响，形成了具有浓厚地域特色的社会风俗信仰活动。

第八章：环境与信仰：民间信仰的地域特色。运河的流经及当地特殊的地理环境和社会文化使得民间信仰呈现出显著的地域特色。运河的流经和频发的水旱灾害导致山东运河区域水神信仰极为盛行。按照功能和属性的不同，可以将其分为两类，一类是官方信仰的运河水神和漕运保护神，如金龙四大王、晏公、漳河神等；另一类是民间治水神和祈雨神，如龙神、二郎神赵昱、羊使君等。运河水神的出现是运河区域与非运河区域民间信仰最为显著的不同。运河的流经促进了不同区域间信仰、文化的碰撞和交流，妈祖、晏公、许真君等外来信仰的传入为山东运河区域民间信仰增添了新的元素，使其呈现出多元化的发展趋势，成为运河区域社会变迁的重要表现。民间信仰不仅深受地理环境的影响，也与当地的经济结构、文化传统密切相关。山东运河区域特殊的社会环境和文化传统亦造就了名目繁多的“地方土神”。相较金龙四大王、妈祖、晏公等“全国性”神灵，这些地方性神灵有着更为顽强的生命力。这些地方性神灵的形成及发展，既与传统生产方式、地理环境有关，也与国家权力、正统思想密不可分。

研究方法与资料说明

（一）研究方法

本书主要采取了以下几种研究方法。

（1）文献学方法与理论研究相结合。本书最大范围地搜集文献、考古资料和国内外研究的既有成果，并进行分类阅读，梳理出既有理论脉络和最新进展，同时运用民俗学、社会学等相关学科的理论方法进行分析和解读，得出正确结论。

（2）田野调查与科学实证相结合。民间信仰的研究离不开田野考察和口述访谈，在撰写本书过程中，笔者在条件允许的情况下，有计划地对运河区域各城镇和乡村的民间信仰进行了周密而细致的田野考察，并就民间信仰的相关问题对当地民众进行访谈，力求在搜集相关资料的同时，对民间信仰现象有更加直观和深入的了解。

（3）个案研究与宏观研究相结合。由于运河区域神灵种类众多，地域范围广阔，本书在对运河区域民间信仰进行宏观、整体考察的同时，也采用个案研究的方法，对典型区域和代表性神灵进行深入、细致的研究，力求在勾勒民间信仰发展全貌的同时，凸显民间信仰的地域特色。

（二）资料说明

地方文献和民间文献是研究区域社会史的重要史料来源。本书在撰写过程中除利用正史、实录、奏疏、档案等传统文献资料以外，还重视对地方志、碑刻、文集、家谱、地方政协文史资料等地方文献和民间文献的利用，力求在史料上有所突破的同时，更加全面、清晰地揭示运河区域民间信仰的全貌；笔者在撰写过程中，对山东运河区域范围内的所有地方志进行了认真梳理，从整体上把握民间信仰发展的基本脉络；利用图书馆、数据库、网络等手段，最大限度地搜集与民间信仰有关的文集、碑刻等资料；在完善文献资料的基础上，对研究涉及的相关区域和遗迹进行田野考察，搜集碑刻、家谱以及口头访谈等资料；此外，还通过网络、考察、购买等手段获取和购买了与研究有关的地方文史资料、地名志等史志资料。

第一章

多元与融合：民间信仰形成的社会环境

信仰是人类的一种精神活动和意识形式，同时也是一种社会现象和文化现象。民间信仰作为中国传统社会最为重要的宗教传统，植根并融入于乡土社会之中，主导着大多数民众的思维方式、生产实践、社会关系和政治行为，并与上层建筑和象征体系的构造形成微妙的冲突和互补关系。它是一定区域内地方性文化的重要因子，彰显了区域文化的某些重要特征，是理解区域社会文化的重要视角。本章主要分析明清时期山东运河区域民间信仰形成及发展的社会环境，探讨运河文化、国家祭祀政策、地方文化传统和自然灾害等因素在塑造民间信仰中的地位和作用。

第一节　明清时期山东运河概况

山东运河北端由河北省景县桑园镇西南进入山东省境内，沿途流经德州市的德城、武城、夏津，聊城市的临清、东昌府、阳谷，河南省的台前，泰安市的东平，济宁市的梁山、汶上、任城、市中、微山、鱼台，枣庄市的峄城、台儿庄等市、县、区，在枣庄市台儿庄区邳庄镇新赵村东南出境，进入江苏省邳州市境内。早在春秋战国时期，山东境内就有了人工开挖的运河。隋朝大运河贯通南北，其中永济渠从山东西北部边境流过，后来这条运道曾长期发挥作用。元代在山东境内先后挖掘济州河、会通河，此后流经山东西部的会通河、卫运河成为京杭大运河的重要河段。经过明代的改造、整修以后，会通河的河道流向基本定型，而且航运能力大大提高。自明初至清后期，山东运河作为南北交通的大动脉，在促进沿线区域社会经济发展方面发挥了重要作用。

一　元代山东运河的开凿

元朝定都大都（今北京市），政治中心移至北方，而当时的经济中心却在东南。京城官兵民众甚多，粮食等生活物资均需南方补给，“百司庶府之繁，卫士编民之众，无不仰给于江南”①。因此，元政府急需建立起联结南北的可靠的粮食运输线。元世祖至元十九年（1282）十二月，政府下令开挖济州河，以济州任城（今山东济宁市）为中心，向南至鲁桥镇与泗水沟通。向北经南旺、袁家口至须城之安民山（今梁山县小安山）入济水（大清河），全长150余里。为解决运河水源问题，“于兖州立闸堰，约泗水西流，堽城立闸堰，分汶水入河道，会于济州”。② 在兖州城东泗水上筑金口坝，拦截泗水使之西流；在堽城（今山东宁阳北堽城里村）筑坝拦截汶水，使其南流人洸河；洸河在兖州西与泗水汇合，流至任城西注入马场湖后南北分流，南流以增泗水之流量，北流至安民山人济水。济州河开通后，南来漕船可经此直接进入济水，而后从利津入海。这条运道只通行了三年，就因济水入海处发生沙壅难以出海，不得不“舍舟而陆”，改从东阿陆运至临清入御河北上。陆运中茌平一段，地势低洼，遇到夏秋雨季，道路积水，泥泞不堪，艰阻万状，所以继续开挖安山至临清一段运河势在必行。

至元二十六年（1289）正月，元世祖采纳寿张县尹韩仲辉、太史院令史边源的建议，征调民夫3万人，开挖会通河，“起东昌路须城县安山之西南，由寿张西北至东昌，又西北至于临清”③，接通御河，全长250余里。六月，河成，世祖赐名会通河。由于济州河与新开之会通河连为一体，故此二河通称会通河，济州河之名遂废而不用。会通河开通后，不仅使得南起馀杭（今杭州市）北至京城的大运河全线贯通，而且较之隋唐时期的京杭大运河，航程缩短上千里。但是元代运河的设计存在不少缺陷。首先，新开河段水量分配不合理，山东运河水源主要来自汶水和泗水，汶、泗之

① （明）宋濂等撰《元史》卷93《食货志一·海运》，中华书局，1976，第2364页。
② （明）宋濂等撰《元史》卷64《河渠一》，中华书局，1976，第1615页。
③ （明）宋濂等撰《元史》卷64《河渠一》，中华书局，1976，第1608页。

水自任城入运河后南北分流，“济宁地势，北高而南下，故水之往南也易，而往北也难，北运每虞其浅阻”。[①] 其次，运河本身开挖规格偏低，“河道初并，岸狭水浅，不能重负”。[②] 加上黄河决口，侵淤运河，所以通过运河运至大都的漕粮每年最多不过二三十万石，不及漕粮总量的十分之一。

二　明代山东运河的畅通

明初建都南京，“四方贡赋，由江以达京师，道近而易”。[③] 南粮北运的数量不大，运河的作用也不那么突出。但是为了向北扫除元朝残余势力，运输军需物资，明政府也曾对运河进行了局部的修治。大将军徐达在济宁以西20里开耐劳坡口，自曹、郓二州引黄河水入牛头河，东南流至鱼台的塌场口与泗水相连，于是舟船可由淮入泗，经牛头河达于山东，西出耐劳口则可由黄河达于河南。洪武二十四年（1391），黄河决于原武黑洋山（今河南原阳县南），漫曹州境流入安山湖，东流淤会通河道。南来货物只能从济宁卸船，陆运至德州，然后运抵北方。

永乐初年，政治中心北移，漕运形势也发生了根本变化。京师及北边粮饷，全部仰仗东南。因运河山东段淤塞，所以只能是河运、陆运“与海运相参”，“一仍由海，而一则浮淮入河，至阳武，陆挽百七十里抵卫辉，浮于卫，所谓陆海兼运者也”。[④] 海运艰险，漕船亡失甚多，而河运又难以直达京城，其中陆运170里，需历8处递运所方能入卫河，每处递运所需征发民丁三千，车二百余辆，“岁久民困其役”。[⑤] 永乐初年便有人提出重新修治会通河的建议，后来济宁同知潘叔正上书，力主修治会通河。他认为“会通河道四百五十里，其淤塞者三分之一，浚而通之，非惟山东之民免转输之劳，实国家无穷之利也”。[⑥] 朝廷采纳了他的建议，遂派工部尚书宋礼、都督周长等前往勘察。宋、周二人经过实地考察，力陈疏浚会通河

① （清）张伯行：《居济一得》卷1《运河总论》，中华书局，1985，第1页。
② （清）叶方恒：《山东全河备考》卷2，《中国水利志丛刊》第18册，广陵书社，2006，第252页。
③ （清）张廷玉等：《明史》卷79《食货三·漕运》，中华书局，1974，第1915页。
④ （清）张廷玉等：《明史》卷85《河渠三·运河上》，中华书局，1974，第2080页。
⑤ （清）谷应泰：《明史纪事本末》卷24《河漕转运》，上海古籍出版社，1994，第100页。
⑥ （清）谷应泰：《明史纪事本末》卷24《河漕转运》，上海古籍出版社，1994，第100页。

之便。

永乐九年（1411）二月，明政府征发山东济南、青州、兖州、东昌等府民夫15万，登州、莱州二府愿役民1.5万，南直隶徐州、应天、镇江等府民夫、军卒10余万，令宋礼总领其事，周长及刑部侍郎金纯等协助，并力开挖会通河。六月，工程告竣。开通后的会通河从济宁至临清，计三百八十五里，深一丈三尺，广三丈二尺，自济宁至临清，置闸十五，设闸官，立水则，以时启闭。新修会通河的河道线路较元代有所改变。元代运河自汶上县过袁口（今属梁山县），至安民山西南，经寿张（今梁山县寿张集）城东门，傍安山湖西，西北流至东昌。此水道接近黄河、济水，虽便于引黄河之水，但黄河一经泛滥，极易淤塞。明代新修之会通河自汶上县袁口改道，东徙约20里，傍安山湖东，经靳口、安山镇（今东平县大安山镇）、戴庙而达于张秋，新开河道约130里。安山湖可为新河之调蓄水柜，黄河向东决口后，有湖作为缓冲，亦不致淤塞运道。

明代山东运河河段大部分河道浅涩，故须经常挑浚；各河段地势高低悬殊，水流方向不同，须大量设置水闸以调控水量；各河段水源紧缺，须以沿河泉源湖塘补充调剂，所以当时运河工程的管理，主要集中在河道堤防、闸坝及水源管理三个方面。

明代政府多次下令，管河官员及地方政府“俱要及时修筑堤岸，疏浚河渠，以济粮运。如遇非常冲决，亦要多方设处，亟行修筑。临期误事者，军卫、有司官员悉听漕司、河道衙门及巡仓、巡河御史参提，照依运官参降事例，阻浅十日，该管有司、军卫罚俸半年”①。嘉靖三十八年（1559）规定，主管河道的大小官员，务必将该管河道及时修筑疏浚，以便利漕粮的运输。如果怠玩误事，则要比照运官的参降事例惩处。② 万历元年（1573），户部下令地方掌印官和管河官将王家浅一带河道进行疏治。“如有司怠玩，许官旗具呈漕司照例查参降罚”。③ 此外，对运道的挑修、闸坝的启闭和泉

① （明）陈仁锡撰《皇明世法录》卷5《漕政》，《四库禁毁书丛刊》史部第15册，北京出版社，2005，第456页。

② （明）张学颜等撰《万历会计录》卷35《河漕》，北京图书馆古籍珍本丛刊第53册，书目文献出版社，1998，第1116页。

③ （明）张学颜等撰《万历会计录》卷35《河漕》，北京图书馆古籍珍本丛刊第53册，书目文献出版社，1998，第1116页。

源的管理，都做了严格的规定。[①] 明代政府对山东段运河的疏通和治理总的来说取得了一定的成效，使得运道避开了黄河的侵害，较好解决了运道水源问题，因此终明一代，运河基本能够保持常年畅通。

三 清代山东运河的治理

清政府亦十分重视对运河山东段的修治。明朝末年，国力衰微，运河失修，加上长期战乱，至清初，黄河决溢危及运河的事情经常发生。顺治初年，黄河多次决口泛滥，水漫曹、单、金乡、鱼台等县，曾于南阳等地流入运河，“侵淤运河”，又曾“由汶上决入蜀山湖”。[②] 顺治七年（1650），河决荆隆口，直趋沙湾，“张秋以下堤尽溃，自大清河东入海”。[③] 康熙、乾隆年间，黄河也曾频繁决口，侵入运道。清代山东运河因黄河决口泛滥导致河道毁坏淤积而无法通航的现象已很少发生了，但是由于黄河漫流及鲁中山区的泗水、大沙河等河流挟带大量泥沙流入运河，使得运河河道淤浅的现象时有发生。所以，挑挖疏浚、定期修治成为清代治理山东运河的主要任务。清代沿袭明代制度，对运河的修治亦分为大修与小修，小修一般每年一次，称小挑或小浚；大修则隔年或几年一次，称为大挑或大浚。如顺治十年（1653），“令南旺、临清岁一小浚，间岁一大浚”。[④] 一旦运道出现严重淤塞梗阻，政府还会组织临时性的大规模修治，以此保证河道的正常通航。

咸丰五年（1855）六月中旬，黄河水位猛涨，十七日大雨倾盆，兰阳一带一片汪洋，许多地方“堤水相平”，十八日，铜瓦厢附近河决三四丈，二十日全河溃决，流向西北，淹封丘、祥符（今开封），折转东北，淹及兰仪、考城、长垣等县村庄，于长垣县兰通集溜分两股：“一股由赵王河下注，经山东曹州府迤南穿过运河；一股由长垣县小清集行至东明县之雷家庄。在东明雷家庄又分为两股：一股由东明县南门外下注，水行七分，

① 有关明代政府对山东运河的治理情况，详见李泉、王云《山东运河文化研究》，齐鲁书社，2006，第 27～30 页，在此不再详细论述。

② 赵尔巽等撰《清史稿》卷 126《河渠一·黄河》，中华书局，1976，第 3716 页。

③ 赵尔巽等撰《清史稿》卷 279《杨方兴传》，中华书局，1976，第 10110 页。

④（清）张曜、杨士骧修，孙葆田等纂光绪《山东通志》卷 126《运河考》；转引自朱偰《中国运河史料选辑》，中华书局，1962，第 106 页。

经山东曹州府迤北下注，与赵王河下注漫水汇流入张秋镇穿运；一股由东明县北门外下注，水行三分经茅草河，由山东濮州城及白阴阁集、逯家集、范县迤南折向东北，至张秋镇穿运。统计漫水分三股行走，均汇至张秋穿运，夺大清河至利津县注入渤海。”① 这是黄河历史上的第六次，也是最后一次大改道。

改道后的黄河在张秋附近穿过运河，将运河斩为南、北两段，截断了汶水，使之不能注入张秋以北的运河河道，破坏了明清以来会通河的水源体系，极大地降低了会通河的通航能力。在最初的几年里，清政府始终没有放弃疏运保漕的努力。同治四年（1865），筹备修复会通河运道，在张秋以北的八里庙修筑堤坝。同治八年（1869），准备挑张秋运河淤段，值黄河在兰阳决口，大水再次倾注运河，冲坏河堤，张秋以北运河水源断绝。过了两年，黄河又在郓城侯家林决口，灌入会通河南段的南旺、南阳、昭阳诸水柜。南北往来的船只，只能从安山的三里堡进入盐河（大清河），绕行百余里，然后进入运河。进入民国以后，军阀割据，连年内战；再加上日本帝国主义发动大规模侵华战争，给中华民族带来深重的灾难。当此社会动荡年代，处于民族危亡之际，运河的疏通治理自然无从谈起。

第二节　运河区域社会经济的发展

明清时期的河政、漕运管理体制及运河交通引起的经济结构、社会结构变化，构成了与周边地区明显不同的制度文化与行为文化。“运河像一个环环相扣的经济链条，在它的每个环节上，都有商业繁华的城镇作轴心，将沿途乡村紧紧地连为一体；运河又是一个动力源，持续不断地通过城镇经济发展推动区域经济的兴盛。”② 运河的流经在促进商品经济发展的同时，也使得运河区域社会结构变得日趋复杂多元。运河贯通以后，在长期的物资、文化的交流中，各地风俗习惯的融会和商品经济的冲击，使山东运河区域的民风民俗逐渐发生了改变，成为运河区域社会变迁的重要体现。本节主要探讨运河对塑造沿线区域民间信仰的影响，重在分析运河在

① 《黄河水利史述要》编写组编《黄河水利史述要》，水利出版社，1984，第349页。
② 李泉：《中国运河文化的形成及其演进》，《东岳论丛》2008年第3期。

民间信仰形成和传播过程中的地位和作用。

一　运河城镇的崛起

明清时期，运河南北交通动脉地位的确立，带动了鲁西地区陆路交通的发达。山东运河区域及邻近地区的大宗物资多经过运河转运到全国各地，于是开辟出以运河为轴心向其两侧辐射的陆路交通路线。“山东运河两岸分布着大大小小的城镇和码头，由这些城镇和码头而兴起的道路向东西方向延伸，构成了以运河为轴心的商路网络。”①

临清和济宁是山东运河区域最早兴起的商业城市，明朝初期，都被列入全国33个大城市之中。② 临清位于山东省西北部，与河北省搭界。临清有砖、土二城。因二城相连，故又称“连城”。连城扼汶卫二水之咽喉，闸通诸省之漕，既是州治和仓储重地，又是工商业和交通运输业的中心，城市功能日趋完善。嘉靖时，临清已成为周逾15公里，其规模不亚于天津的大城市。民国《临清县志》记载漕运兴盛时临清的繁荣景象：“每届漕运时期，帆樯如林，百货山积，经数百年之取精用宏，商业勃兴而不可遏。当其盛时，北至塔湾，南至头闸，绵亘数十里，市肆栉比，有肩摩毂击之势。”③ 街市延伸到土城北一二公里以外，卫河沿岸船厂和窑场林立，城内有缎店32家，布店73家，杂货店65家。这时的临清是关河雄峙，甲第联翩，烟火万家，舳舻千里，“商贾往来日夜无休时”。④

济宁与临清一样，在作为本地市场中心的同时，也是一个联结全国各大经济区域、以周转贸易见长的流通枢纽。元朝末年，济宁的工商业已经相当发达。明朝重疏大运河以后，大大提高了济宁的政治、经济地位。到明代中叶，济宁已经发展成为一个“车马临四达之衢，商贾集五都之市”的繁荣商业城市。此时，城区定居之民已不下数万家，“商贾之踵接而辐

① 李泉、王云：《山东运河文化研究》，齐鲁书社，2006，第144～145页。

② 李泉、王云：《山东运河文化研究》，齐鲁书社，2006，第146页。

③ 张自清修，张树梅、王贵笙纂民国《临清县志·经济志·商业》，中国地方志集成·山东府县志辑第95册，凤凰出版社，2004，第139页。

④ 涂可国主编《鲁商文化概论》，山东人民出版社，2010，第225页。

辏者亦不下数万家”，商业经济已相当繁盛。[①] 清代中前期，济宁商业经过几十年的恢复和发展，又很快进入繁盛时期，商业发展规模和繁盛程度又大大超过明代。据乾隆《济宁直隶州志》记载：清乾隆年间，济宁南门大街和大闸口一带，“百货聚处，客商往来，南北通衢，不分昼夜”。[②] 经明至清，济宁商业已臻鼎盛，商户发展到上千户，较大的行栈店铺亦有三四百家，从业人员达万余人。州城内外，通衢要道，运河、越河两岸行栈店铺林立，各地商贾云集，百业兴盛，市场繁荣，年营业额高达白银亿两以上，市场辐射达周围地区近百县，成为明清时期全国著名的较大商业城市之一。[③]

聊城，古称“聊摄”，元明清时称“东昌”，明初东昌改路为府。京杭运河的贯通给鲁西重镇的东昌府带来长达400余年的繁荣昌盛，被誉为“漕挽之咽喉，天都之肘腋，江北一都会”。清代前期，由于政府采取了一系列恢复经济的措施，东昌府的商业发展达到鼎盛时期。通济闸一带极度繁荣，竟大大超过了东昌府城区。太原、汾阳的商人是清朝初年开始到东昌经商的，到康熙年间人数渐多，所以他们集资兴建了太汾公所。到乾隆年间，山西和陕西的商人又集资在聊城东关修建了一座规模宏大的山陕会馆。《聊城地区商业志》记载：乾、嘉年间，仅山陕商人在聊创办的大型商号就有五六十家，中小型者不计其数；开设的大小旅店有二三十处；经营的金店、银号、药铺等业作坊鳞次栉比，染坊、茶庄、书店、笔庄等铺店星罗棋布。至光绪年间，商业铺、店、摊、贩遍及城镇乡村，大小商号数百家，百货业、五金业、书店业、印刷业、饮食业、副食业、杂货业等几十种行业，业业俱兴，其中饮食服务的店铺达50多家，烟、酒、茶、糕点摊点300余家。[④] 此外，各地商客相继在聊兴建的会馆还有江西会馆、苏州会馆、武林会馆、赣江会馆等。

德州为明初是京杭运河上的四大水次仓之一，收储山东、河南两省漕

---

① 赵逢昌：《元明清时期山东运河经济带兴衰历史回顾》，载于德普主编《运河文化（山东）文集》，山东科学技术出版社，1998，第230页。

② 乾隆《济宁直隶州志》卷2《街衢》，转引自刘玉平、贾传宇、高建军编著《中国运河之都》，中国文史出版社，2003，第184页。

③ 赵逢昌：《元明清时期山东运河经济带兴衰历史回顾》，载于德普主编《运河文化（山东）文集》，山东科学技术出版社，1998，第230页。

④ 齐保柱编著《东昌古今备览》，山东友谊出版社，1990，第233页。

粮数十万石，为鲁西北军事重镇。明成祖迁都北京后，德州更成为“神京门户”，交通枢纽，不仅京杭大运河傍城而过，而且北京通往南方九省的御道也经过德州，所以德州又有了“九达天衢”之称。明陈亮彩《重修德州城记》云：“德州控燕云而引徐兖，襟赵魏而带溟岳，神京藉为咽喉，漕艘由之通达。”① 所以这里成为历代政府设仓屯粮和驻防重地。明清时期的德州城市商业得到发展，永乐年间，晋入全国 33 个著名工商业城市之列。当然我们也应该看到，“德州的工商业从来就不甚发达。明清时期德州所以被称为大城市，主要是由它所处的交通、漕运和军事地位所决定的，而不在于它的工商业”②。“其商品的来源与聊城大体相同，城市市场以满足城区内外居民的生产生活需要为主，贸易范围大多在本州辖境及周边州县，成为山东运河最北端的一个地方性中心市场。它与临清商业网络也有比较密切的联系，但其独立性较之聊城强些。”③

地处会通河与大清河交汇处的张秋镇，为寿张、阳谷、东阿三县共辖，是明清大运河沿岸的重要城镇。自明弘治年间刘大夏治河以来，大大减少了张秋运道受黄河冲决淤塞之累。此后一些河道、漕运机构驻扎于此，周围各县也在此设有水次仓。明中期以后的张秋镇，已是“绾毂南北，百货所居，埒似济宁而小”④ 的商业城镇。各地商贾往来其间，“齐之鱼盐，鲁之枣栗，吴越织文纂组，闽广之果布珠琲、奇珍异巧之物，秦之罽毳，晋之皮革，皆荟萃其间”。⑤ 万历年间，张秋筑城，“跨运河之上，周八里……为漕河重镇”⑥，并建立牙行征税，“为行者，二三十而有奇；为人者，二百八十而有奇”。⑦ 至清代，张秋商业持续繁荣，“镇城幅员数里，自南而北，

① 李树德修，董瑶林纂民国《德县志》卷 14《艺文志文外编》，中国地方志集成·山东府县志辑第 12 册，凤凰出版社，2004，第 413 页。

② 王守中、郭大松：《近代山东城市变迁史》，山东教育出版社，2001，第 53 页。

③ 李泉、王云：《山东运河文化研究》，齐鲁书社，2006，第 149 页。

④ （清）李贤书修，吴怡等纂道光《东阿县志》卷 2《方域志·风俗》，中国地方志集成·山东府县志辑第 92 册，凤凰出版社，2004，第 35 页。

⑤ （清）李贤书修，吴怡等纂道光《东阿县志》卷 20《艺文六》，中国地方志集成·山东府县志辑第 92 册，凤凰出版社，2004，第 232 页。

⑥ 康熙《山东通志》卷 4《城池》；转引自张礼恒主编《鲁商与运河商业文化》，山东人民出版社，2010，第 56 页。

⑦ （清）林芃修，马之骦纂康熙《张秋志》卷 6《赋役志·税课》，中国地方志集成·乡镇志专辑第 29 册，江苏古籍出版社，1992，第 73 页。

则漕渠贯其中。自东而西，则谯楼绾其口”，并出现了许多专门性市街，如炭市、菜市、布市、杂粮市、盐店街等。[①] 张秋是山东地区水果、粮食、棉花的集散地，输入商品以杂货、绸缎为大宗，输出商品主要有枣、梨、棉花、棉布、粮食等；[②] 镇四郊“多木棉，负贩者皆络绎市上，土布土绌亦不乏，然稍粗滥耳”。[③] 四方商贾的往来，使得运河张秋镇的服务业发展很快，“自北水门属之南水门，马头据其北，钟楼峙其南，饭坊酒肆往往列居其侧”。[④] 作为东昌府南部的一个地方贸易中心，张秋镇的商品分销和集散范围大致在济宁与临清之间的东昌府南部、兖州府北部、泰安府西部及曹州府北部的七八个州县。“通过张秋，山东运河区域的鲁西南市场与鲁西北市场联结起来，使之成为一个统一的贸易区域，覆盖整个鲁西平原。”[⑤]

此外，山东运河沿岸还有台儿庄、夏镇、南阳镇、鲁桥、南旺、开河、袁口、阿城、七级、周店、李海务、魏家湾、戴家湾、四女寺等市镇。“它们与鲁西平原的几十个州县城市一起，共同构成了山东运河区域城乡市场网络体系中承上启下、贯通城乡的关键性环节。”[⑥]

二　社会结构的复杂多元

（一）漕运群体

运河的流经在促进商品经济发展的同时，也使得运河区域社会结构变得日趋复杂多元。“为了保障运道的畅通和漕运的顺利进行，明清政府均设有中央派驻地方的从事河道管理的高级官职，地方政府有专职官员从事河道管理，管理河道的差役河夫也逐渐趋于专业化。”[⑦] 明清时期还有专门负责管理和漕运的官职及相应的下属机构以及众多专门从事漕粮运输的漕

① （清）林芃修，马之骦纂康熙《张秋志》卷2《建置志·街市》，中国地方志集成·乡镇志专辑第29册，江苏古籍出版社，1992，第36页。

② 许檀：《明清时期山东商品经济的发展》，中国社会科学出版社，1998，第181页。

③ （清）林芃修，马之骦纂康熙《张秋志》卷1《方舆志·物产》，中国地方志集成·乡镇志专辑第29册，江苏古籍出版社，1992，第32页。

④ （清）林芃修，马之骦纂康熙《张秋志》卷2《建置志·街市》，中国地方志集成·乡镇志专辑第29册，江苏古籍出版社，1992，第36页。

⑤ 王云：《明清山东运河区域社会变迁》，人民出版社，2006，第117页。

⑥ 李泉、王云：《山东运河文化研究》，齐鲁书社，2006，第155页。

⑦ 李泉：《中国运河文化的形成及演进》，《东岳论丛》2008年第3期。

军、运丁。这些群体的活动都与运河、漕运有关，我们可以统称其为“漕运群体”。这些群体因运河而产生，是山东运河区域社会结构多元化的重要表现。

漕运为国家命脉，明代政府十分重视对于运河工程的管理。会通河疏通后，明代政府便于东阿景德镇（今阳谷县张秋镇）设立都水分监，管理会通河临清至徐州运段的河道疏浚、闸坝桥涵修建及漕运政务，后又设河南山东都水分监、行都水分监管理山东运河河务。永乐十五年（1417），设漕运总兵，负有漕运管理与河道修治两种职责。景泰二年（1451），因漕运不继，任命副都御史王竑为“总督漕运”，驻扎淮安，其主要职能除管理漕运事务外，还有巡抚地方、治理河道的职能。成化七年（1471），设“总理河道”一职，驻济宁；总理河道简称“总河”，专门管理黄河与运河的修治。熹宗天启年间，改为夏秋驻徐州，冬春驻济宁。此后，“总漕”管理漕政，“总河”管理黄、运修治，成为定制。

总漕之下，设置各种管理漕运具体事务的官职：有管理各地运军的官职称把总，全国共有运军 12 万人，按卫军编制进行管理，设 12 把总，其中山东 1 人。把总之下有卫指挥使、指挥同知、指挥佥事、千户、百户、总旗、小旗等，与卫所同。在运输过程中，把总或指挥充任领运之官。同时设置由户部侍郎、郎中或御史充任的攒运官，负责督促漕船按期开行。设置由户部主事充任的监兑官，督察各地官员征收漕粮。负责收缴漕粮的省份也设置漕政官职，其中常设的官职是督粮道，长官为道员，掌管本省粮储及漕粮的征收起运；押运参政，负责押运漕粮。朝廷还经常派遣巡漕御史，督察河道、漕运二司，其职多由锦衣卫太监充任。

清代运河管理机构沿袭明朝，但也有变化。其突出特点是河政管理官员的品级大大提高。明代的总理河道多由都察院副都御史及工部官员兼任，品级大体为正三品到正四品，而清代管理运河的最高官员改称“河道总督”，“掌治河渠”“综其政令”，秩位同于地方总督，为从一品。河道总督衙门起初驻扎济宁，首任河督为杨方兴。康熙十六年（1677），总河衙门由山东济宁迁至江苏清江浦（今江苏淮安市）。河道总督驻扎清江浦，一旦河南武陟、中牟一带堤工有险，往往鞭长莫及。雍正二年（1724）四月，设副总河，驻河南武陟，负责河南河务，以兵部左侍郎嵇曾筠为首任副总河。两年后，黄河险段由河南逐渐下移至山东，朝廷又将山东与河南接壤的曹县、定陶、单县、成武等处河务交由副总河管理。雍正七年（1729），分设江南河道（南河）、河南山东河道（东河）、直隶河道（北河）三总督，分别驻守清江浦、济宁和天津（北河总督由直隶总督兼任）。河道总督之下，设道、厅、汛三级管理机构，分驻沿河各地，由专门官员或地方官员管理。其中管理山东运河的官员有山东运河道1人，同知2人，通判6人，州同2人，州判3人，县丞5人，主簿13人，巡检2人，闸官29人。

清代亦设漕运总督，品级与河道总督同，负责监督催促漕粮征收、管理运河沿岸的粮仓、管理漕运兵丁及漕船运输。各省设粮道一人，协助漕运总督管理运军及漕运事务。山东粮道驻德州，兼理河南开、归道。各有漕州县均有监兑官，负责监督漕粮交兑，查验漕粮成色、数量等。漕粮装船后，监兑官亲自押送。山东的济南、兖州、东昌、泰安、曹州各府均以府通判为监兑官，济宁、临清也以州同知兼任。各纳漕省份均设押运官一名或数名，由管粮通判担任，负责督押漕粮，约束运军，山东设一员。后来，漕粮由粮道押送，漕船回空由押运官管押。领运官，由各卫所守备、千总担任，每个船帮设一至二人，负责管束运丁、按期行运、漕船修理等事。运河各重要河段均设“催运官”，漕船入境后，即按规定的时日催促漕船行驶，不使滞留。东昌、寿张均有专员驻扎，按河汛催攒往来漕船。另外，上自督抚，下至州县文武官员，都有催攒漕船的责任，如临清砖闸、板闸由临清副将巡查催攒，魏湾、戴庙闸由当地把总负责催攒，从张秋到七级闸（今阳谷县七级镇）由寿张守备负责催攒。[①] 此外，清代还加强漕运监察，顺治初年便设巡视南漕、北漕御史各一员，凡漕运之事务，均得稽查监督、纠察举劾。乾隆初年增为4人，分段巡察，其中山东运河巡漕御史驻济宁，负责巡视南起台儿庄，北至桑园镇（今德州市北）的山东段运河。[②]

明代漕粮实行军运，专门从事漕粮运输的军人被称为“漕军”。漕军虽按军事编制管理，但与一般军队是不同的：漕军的职责不是打仗，而是运输劳作；其常年沿运河奔走，具有极大的流动性；每船军丁人数不多，其组织具有分散性与较强的独立性。因此，明政府十分注重对漕军的控制

① 李泉、王云：《山东运河文化研究》，齐鲁书社，2006，第62页。
② 李泉、王云：《山东运河文化研究》，齐鲁书社，2006，第62页。

管理。规定每一漕船设运军10人，“推一老成者纲领之，谓之纲司；次纲司者以有拦头、扶舵二人，相协持之”。[①] 到万历年间，又实行五船连坐制：五只漕船编为一甲，选择“有才力者”担任甲长；每船设一旗甲，旗甲带本船10名运丁的姓名圆牌，上面书写运卒的年龄相貌；一船出现问题，其余四船连坐。明初漕运军卒数及漕船数均无定制，天顺以后，始定漕船11770只，运军12万人，来自有漕省份的113个卫所。[②] 另据《大明会典》记载，全国共有漕运卫所121个，其中山东9个，分别是德州卫、德州左卫、临清卫、东昌卫、平山卫（驻地在今聊城市东南）、济宁卫、兖州护卫、濮州守御千户所、东平中守御千户所。万历初年，取消兖州护卫，新增任城卫，并将原属淮安把总的11卫所划归山东都司，由此山东成为漕军人数最多的都司。[③] 又据《漕河图志》称，漕船实际数为11427只，运军114500多人，与额定编制大体相符。10多万运粮的军卒，每年都要经过山东运河往返，在山东运河码头闸坝停留。这种常达数百年的、有规律的人口流动，对于山东运河区域社会各个方面都必定产生影响。

清代山东有7个卫所16个船帮，分别是德州卫、德州左卫、临清卫山东前帮和后帮、临清卫河南前帮和后帮、东昌卫、平山卫前帮和后帮、济宁卫前后左右4帮和任城帮、东平所、濮州所。清代全国漕船原额10455艘，到嘉庆年间实存6000余艘，运丁6万多人。到光绪年间漕运衰落之后，山东运河区域尚有漕船890艘，运丁8900人。分为德州、临清、东昌和济宁4个卫16个船帮。其中德州有正帮和左帮，船76只，运丁760人；临清有山东前、后帮，河南前、后帮，东平所帮，有船255只，运丁2250人；东昌卫有东昌帮、濮州所帮和平山前、后帮，有船205只，运丁2050人；济宁卫有前、后、左、右帮和任城帮，有船354只，运丁3540人。以上只是直接参与漕运的兵丁，如果将卫所屯田的军丁及其眷属计算在内，数量要高出许多倍。[④] 这些漕运官兵全都著籍于运河区域，且多居住在运河沿岸的城市附近，属运河区域的常住人口，必然会对居住地产生深刻影响。

---

① （清）孙承泽撰《春明梦余录》卷37《户部三·漕运》，北京古籍出版社，1992，第643页。

② （清）张廷玉等：《明史》卷79《食货三·漕运》，中华书局，1974，第1921页。

③ 李泉、王云：《山东运河文化研究》，齐鲁书社，2006，第56、63页。

④ 李泉、王云：《山东运河文化研究》，齐鲁书社，2006，第63页。

明清时期管理运河河道的官吏均为专职，管理河道的差役河夫也趋于专业化。运河河道、堤防、闸坝、湖塘、泉源都有专门的管理维护人员，称为“夫役”。夫役，有军夫和民夫两种。军夫从沿河卫所抽调。民夫，编自均徭的徭夫之外，从民间随时雇募的俗称“募夫”；借派民间的，不是徭编，又不给雇佣金的，称为“白夫”。[①] 元朝时，运河管理主要依靠官府军夫。负责维修运河的夫役，主要靠各段运河上驻守的军队和大量的民夫；运河各闸堰处，也各设闸官数人不等，并拨闸户，负管理维修之责。

明代运河上的夫役，较为专业化，主要包括浅夫、堤夫、闸夫、坝夫、溜夫、泉夫、湖夫七种夫役。浅夫，负责捞浚河道沙淤之处，并导引船只；堤夫，巡视维修堤防，植柳种草，防止盗决；闸夫，启闭闸门和闸门维修；坝夫，挽拽船只过坝，修理坝堰；溜夫，在河流湍急处牵挽船只上下；泉夫，疏浚泉源，导水入运，防止盗引。泉夫沿运其他省份没有，只设山东；湖夫，管理湖泊，斗门，防止盗决盗引。此外，还有捞浅夫、挑港夫等夫役。夫役以甲为编制单位，一甲约 10 人，内设小甲一人；10 小甲为一总甲，内设总甲一人。“明成化年间，运河夫役共有 47000 余人；至万历初，尚有 34000 余人。”[②] “明中叶以前，由临清至鱼台段，共设浅铺 140 处，捞浅夫 3840 人。其中汶上、阳谷、济宁等关键运段的捞浅夫都在 500 人以上。”[③] 这是在编的统计，临时差派的则无定数。

清初，所设夫役与明朝同。至康熙年间，裁革夫役，多用河兵，大修之时再临时招募民夫，因此常设夫役比明朝少许多，运河全线不到 1 万人。清朝设浅夫有定制，凡沿河州县均要设立浅铺，浅铺负责规定河段内的捞浅和起驳。捞浅，一是适时淘挖阻碍船只通行的淤浅之处；二是湖泊地区常年通航情况下常规性疏浚，以维持深湖低堤，满足防洪、蓄水等方面的需要。[④] 起驳，亦叫起剥、起拨，是在运河沿线有浅处配置驳船，过闸、过坝多需要驳船转运，浅夫则负责驳船的导航。

会通河开通以前，鲁西一带距离政治中心区域较远，交通闭塞，城镇

---

① 《山东运河航运史》编纂委员会编《山东运河航运史》，山东人民出版社，2011，第 160 页。
② 《山东运河航运史》编纂委员会编《山东运河航运史》，山东人民出版社，2011，第 202 页。
③ 《山东运河航运史》编纂委员会编《山东运河航运史》，山东人民出版社，2011，第 202 页。
④ 高建军编著《山东运河民俗》，济南出版社，2006，第 30 页。

数量少，人口结构单一。济宁、聊城、临清、德州几个政治中心城市里，官僚、军人、胥吏构成的非生产性阶层占有较大的比重外，其他小城镇大都是农民聚居的村镇，专门经营手工业和商业的人很少。运河通航后，从事河道、漕运、税收管理的官员常住于运河沿线的大小城镇，十几万漕运兵丁每年往来于运河上，数以万计、十万计的民工几乎年年从事运河堤防修筑、河道疏浚、闸坝建设，难以计数的农民离开农村到运河城镇码头船闸从事拉纤、搬运、商业、餐饮、服务等行业，使运河城镇的常住人口大量增加，“从根本上改变了运河区域的社会结构和生产生活方式，使运河区域出现迥异于周边其他地区的制度文化与行为文化。”①

（二）商人商帮

大运河的畅通，将山东与南北各省联系在一起，带动了山东运河两岸社会的全面发展，形成了交通便捷、经济繁荣、城镇兴旺的景象，使这一区域的社会发展水平明显高于周边地区。优越的经济环境及地理位置，吸引了全国各地的商人商帮来此经营。使山东运河区域商品经济的发展达到历史的顶峰。明清时期山东运河区域云集了全国各地的著名商帮，无论通都大邑，还是穷乡僻壤，到处都有他们活跃的身影。

自明初会通河一通，徽州商帮便相机而动，迅速向山东运河流域扩展市场，至嘉靖、万历年间，徽商已经控制了北方运河流域最大的商业中心城市——临清。从目前检索到的材料看，徽州商人早在明朝初年，就有到山东经商的记载，据《新安左田黄氏宗谱·黄公道遇传》云歙县竦塘里人黄道遇：“生于元季，绝意仕进……督家农耕其中（新安），储赀粟遂大饶。乾坤再辟，天下又安，稍稍挟赀懋迁，居积燕齐淮扬之间，又率有观，时画骎骎拟素封矣。”② 元明丕革，天下甫定，徽州商人就开始走出群山，四处货殖。成化年间，徽商来山东运河城镇经商者大量增多，歙人郑富伟“东游吴淞，北寓临清，逾四十年，累资甚巨，声业懋值”③。到嘉

① 李泉：《中国运河文化的形成及其演进》，《东岳论丛》2008 年第 3 期。

② 嘉靖《新安左田黄氏宗谱》卷二《黄公道遇传》，转引自李泉、王云《山东运河文化研究》，齐鲁书社，2006，第 161 页。

③ 歙县《郑氏族谱·明故耆士郑君偕汪氏圹志》；转引自黄山市徽州文化研究院编《徽州文化研究》（第三辑），黄山书社，2002，第 42 页。

靖、万历时期，徽商已成为临清最大的客籍商帮，以至于人称“山东临清，十九皆徽商占籍”[①]，可见徽商势力在嘉、万时期的临清是独占鳌头的。

从明朝中后期开始，山陕商人进入山东运河区域经营。见于记载的最早来到鲁西的是成化时陕西大荔人眭敖，韩邦奇《苑洛集》卷4《大明冯翊眭公墓志铭》称，成化年间，眭敖携其子眭祥贩货南北，活跃于运河之上，往返于临清与杭州之间。到嘉靖年间，陕西商人甄义士“商于临清，日坐门市”。[②] 刊刻于万历年间的李维桢《太泌山房集》卷94《封吏部主事成公朱安人墓志铭》记载，原籍山西泽州的商人成宦，在山东兖州收取债务时，听到自己的弟弟成宰乡试中举的消息，便把债券一举烧掉，让债务人与自己共同分享喜悦。[③] 说明嘉靖、万历年间，山东运河南部的兖州已成为山陕商人的寄居地。崇祯年间，运河重镇张秋已聚集了许多西商，他们联合捐资修建了“金龙四大王庙”，规模宏丽；至清初，晋人张孝、秦人陈良策又召集众商重新修葺，增设戏台，更显壮观。[④]

入清以后，山陕商人在山东运河区域的分布更为广泛。清代临清的丝织业发展起来，丝织业的原料丝大量依靠外地输入。在临清的市场上，既有来自本省的“东丝”，来自南方的“南丝”，也有来自河南、山陕的“西丝”。另外，山陕商人还把山西所产铁器运至临清，然后转运到附近州县及河北地区。[⑤] 明清时期大批山陕商人来临清购买茶叶转运到西北出售，乾隆《临清州志》卷十一《市廛志》记载，临清有经营茶叶的店铺数十家，集中于卫河以西者，多是山西商人，茶船到临清时，他们“或更舟而北，或舍舟而陆，总以输运西边”[⑥]。宣统《聊城县志》称，嘉庆、道光年间，运河畅通，聊城商业十分繁荣，在这里经商的多为外省人，其中“殷

① （明）谢肇淛：《五杂组》卷14《事部二》，上海书店出版社，2009，第289页。
② （清）黄宗羲：《明文海》卷403朱安侃《重甄义士传》；转引自李泉、王云《山东运河文化研究》，齐鲁书社，2006，第164页。
③ 〔日〕寺田隆信：《山西商人研究》，山西人民出版社，1986，第279页。
④ （清）林芃修，马之骦纂康熙《张秋志》卷10《艺文志》，中国地方志集成·乡镇志专辑第29册，江苏古籍出版社，1992，第124～125页。
⑤ 李泉、王云：《山东运河文化研究》，齐鲁书社，2006，第165页。
⑥ （清）王俊等修纂乾隆《临清州志》卷11《市廛志》，载临清市人民政府编《临清州志》，山东地图出版社，2001，第459页。

商大贾，晋省人为最”。[①] 这里有山陕商人联合建立的十分宏阔的山陕会馆。据现存于会馆的碑刻记载，当时山陕人在聊城开设的店铺不下八九百家。

江苏商人在山东的经营活动，其骨干力量是洞庭商帮。洞庭商帮是明清时期在苏州洞庭西山和东山形成的一个地域性商帮。到明末时，该商帮在社会上影响很大，已成为全国十大商帮之一，有“钻天洞庭”之称。[②] 在山东运河区域经营的洞庭商人，以东洞庭山的翁氏、席氏、葛氏、叶氏等家族为主。他们主要以山东运河沿岸的最大商埠——临清为中心展开贸易活动。明末人冯梦桢称，东山商人“客清源者甚夥”。[③] 苏州状元申时行(1535～1614) 曾为翁笾（字少山）作传：“君少挟赀，渡江逾淮，客清源。清源百货之辏，河济海岱间一都会也。乃治邸四出，临九逵，招徕四方贾人。至者强属，业蒸蒸起已。察弟子童仆，有心计强干者，指授方略，以布缕、青靛、棉花货贩，往来荆襄、建邺、闽粤间，甚至辽左汉北，闻其名，非翁少山布，勿衣勿被。于是南北转毂无算，海内有翁百万之称。”[④] 此外，还有席氏、叶氏、严氏、郑氏等家族亦有人在山东运河区域经商。

山东运河区域也是江西商人经常光顾的地方。临清是江西商人经营的重镇，会通河岸的北锅市街，就有江西、福建商人开设的纸店 24 家，批售“杠连、古连、毛边、三把头、五披、八披头、堂本表笺”等各种各类纸张。[⑤] 江西商人在临清以运销瓷器为主，“每岁进货多者十万，少亦不下四万”，经销瓷器的店铺明代多达 20 余家，清代亦有 10 余家。[⑥] 江西商人在聊城最繁华城东关大街，邻近东城门修建了一座赣江会馆；后来，或许是因为此会馆位置距离运河码头较远，道光年间又将其移建到城东关大闸口

---

① （清）陈庆藩修，叶锡麟、靳维熙纂宣统《聊城县志》卷 1《方舆志·风俗》，中国地方志集成·山东府县志辑第 82 册，凤凰出版社，2004，第 29 页。

② 陈阿兴、徐德云主编《中国商帮》，上海财经大学出版社，2015，第 81 页。

③ （明）冯梦祯：《快雪堂集》卷 14《明九州翁君墓志铭》；转引自范金民《国计民生：明清社会经济研究》，福建人民出版社，2008，第 613 页。

④ （清）翁凤纂修乾隆《翁氏宗谱》卷 11《少山公墓志铭》；转引自范金民《国计民生：明清社会经济研究》，福建人民出版社，2008，第 615 页。

⑤ （清）王俊等修纂乾隆《临清州志》卷 11《市廛志》，载临清市人民政府编《临清州志》，山东地图出版社，2001，第 459 页。

⑥ （清）王俊等修纂乾隆《临清州志》卷 11《市廛志》，载临清市人民政府编《临清州志》，山东地图出版社，2001，第 461 页。

附近，并立碑记绘会馆购地银两、方位四至及倡议首事姓名。由碑文可知，江西会馆面东坐西，前门直达运河岸，后至丁家坑，与山陕会馆为邻，始建于嘉庆十一年（1806），道光四年（1824）扩建。该会馆主要建筑包括山门、戏楼、看楼、鼓棚、大殿等。至道光十八年建成，称“万寿宫”。他们除建立会馆外，还在聊城东郊外姚园子附近购置了义冢，并立有界址以防被侵占。① 济宁江西会馆坐落于济宁州城最繁华的南门外吉市口街，创建于道光年间，规模宏大，有六进院落，共有厅、堂、楼、室60余间，后门直通外塘子街。江西会馆则一直保存到1947年，后毁于战火。②

此外，山东运河区域还吸引了浙江、闽广、辽东、河南等地的商人前来经营。③ 明清时期山东运河区域商业的发展在区域文化形成过程中起到了重要作用。这些商人商帮的存在在繁荣商品经济的同时，也带来了南北文化的交流和融合。各地商人纷纷在运河城镇建立会馆，将本地的建筑技术、雕刻绘画艺术、民间信仰、生活习俗带到了运河区域，将各地文化渗入到运河区域的本土文化中。“运河区域的开放性及其大量的人口流动，使运河区域能够吸纳其他区域文化，融会各地的风情民俗，形成异于本土文化的颇具特色的文化景观和社会风貌。”④

（三）民间宗教和帮会组织

所谓民间宗教，是指流行于社会中下层、未经政府认可的多种宗教的统称。严格意义上讲，民间信仰与民间宗教是两个完全不同的概念。宗教是一种具有完整理论体系的特殊的社会意识形态，而民间信仰则是一种在特定社会经济文化背景下产生的以鬼神信仰和崇拜为核心的民间文化现象。但因其信仰主体都是普通民众，二者关系极为密切，甚至有相当部分学者将民间宗教等同于民间信仰。⑤

在山东运河区域众多民间宗教中，以与漕运关系密切的罗教最具有代表性。罗教，原称“无为教”，因其创始人为罗梦鸿（1442～1527），故又

---

① 李泉、王云：《山东运河文化研究》，齐鲁书社，2006，第174页。
② 李泉、王云：《山东运河文化研究》，齐鲁书社，2006，第174页。
③ 李泉、王云：《山东运河文化研究》，齐鲁书社，2006，第175～177页。
④ 李泉：《中国运河文化的形成及其演进》，《东岳论丛》2008年第3期。
⑤ 有关民间信仰与民间宗教的区别，详见郑志明《关于“民间信仰”“民间宗教”与“新兴宗教”之我见》，《文史哲》2006年第1期。

称“罗教”“罗祖教”。罗教结合了佛教禅宗和道教中的许多教义和传统，创造了更适合中国老百姓需要的“天宫”和对中国人来说更亲切慈祥的最高女神，即“真空家乡”，“无生老母”。“罗教突破了原有旧宗教的束缚，其经典、教义影响巨大，导致明朝后期众多民间秘密宗教纷纷兴起，在中国民间秘密宗教史上有重要地位。”① 罗教虽盛行于南方，但在山东漕运兵卒中亦颇有势力。民国《临清县志》记载的“家理教”便是罗教之别名：“家理教其宗派有三：曰翁，曰钱，曰潘，钱潘两系则徒众甚多，各地皆有。……师长收徒谓之开山门，宣传教旨谓之摆香坛。隶其籍者如家人父子，故称‘家理’。其支派有江淮泗嘉兴白等，皆船帮名称，故亦称在帮。盖江河流域各船户纠聚党羽，把持漕运，流传至今余风未泯也。”②

济宁市博物馆藏有一通《重修罗祖庙碑记》，该碑立于光绪元年(1875)，由执事孙长玉、李长福、郭继成、邱霞光、姜兴元、王凤先公立。碑文详细记载了当地信众对罗教的崇奉情况：

> 盖闻聪明正直之谓神，利物济人之谓圣，神圣之道感而遂通，是以俎豆馨香，流传百代也。惟罗祖先师坐不逢时，未遂干城腹心之愿，终归正果修成多罗阿耨之缘，运慧剑于俄顷，回头是岸；放屠刀于片刻，转盼乘莲。长秉心灯，继前人之觉路；用开宝筏，渡后世之迷川，是故尊其神者，固大雅所同。饮食其德者，惟吾侪之末技，人生斯世，皆知崇夫追源，业习偏端，岂可忘夫报本。吾济（宁）旧有神祠，坐落在皇经阁西路北，久未修葺，梁栋摧残，被经风雨，神像损坏，如不急为修整，恐从此废也。是故究合同人共出资费以新庙貌，以整金容。工既落成，恭献神龛三盒，匾帐二具，奉陈酒醴、香烛，以享以祀，以妥以侑，恭诚酬恩，敢望介福，谋勒诸石，永垂不朽。③

---

① 何孝荣等：《明朝宗教》，南京出版社，2013，第330页。

② 张自清修，张树梅、王贵笙纂民国《临清县志·礼俗志四·宗教》，中国地方志集成·山东府县志辑第95册，凤凰出版社，2004，第185页。

③ 济宁市博物馆藏光绪元年（1875）《重修罗祖庙碑记》。

运河文化是运河流经及其所辐射地区的区域文化。“大运河沟通了燕文化区、赵文化区、齐鲁文化区和吴越文化区，由于各个区域地理环境的不同造成的自然条件的差异，生活习俗的不同所带来的文化背景的各异，军事上的封建割据所形成的政治体制的不同，这都形成各个区域文化的不同。大运河贯通以后，运河区域的社会、经济得到不断的发展，这不仅为运河区域文化事业的发展提供了雄厚的物质基础，而且也促进了南北文化的大交流，使各种文化相互接触、整合，从而形成了大运河文化的包容性。”① 不同宗教文化的和谐共存，相互交融和滋养，正是运河文化包容性的重要体现。罗教虽盛行于大江南北，但与其相关的碑刻却极为少见。有清一代，视罗教为异端，经常对其进行镇压和打击。罗教能够在济宁落地生根，并建庙立碑，从中也能看出山东运河区域民间信仰的包容性。

明清以来，各种民间秘密宗教团体蓬勃兴起。从明代中期罗祖教产生开始，至清末民初四百余年间，数以百计的教派、秘密会社纷纷涌现，其存在的地域遍及全国各地，形成对抗封建政权的强大异己力量。明末以来，山东运河区域多次发生农民起义、暴动，如明末徐鸿儒的白莲教起义，清中期的王伦起义，晚清义和团运动、捻军起义、黑旗军起义，虽然没有与漕运帮会发生直接的联系，但这些在运河区域出现的起义暴动，全都是以秘密宗教、民间结社为依托而组织、发动起来的。在这其中，较有代表性的有弘阳教、闻香教、清水教等。

弘阳教，亦称“混元弘阳教”，由道士韩太湖创立于明万历年间。韩自称飘高祖，是混元老祖和无生老母派到东土“临凡”普度众生的救世主。弘阳教义的最重要内容，是宣扬劫变观、救赎说。弘阳教将佛教的三世说加以改造，提出过去为青阳世，现在为弘阳世，未来为白阳世，进而宣扬所谓的“三阳劫变”说：当今的弘阳世是人类面临的最大也是最后的一次劫难，只有信奉混元老祖和无生老母，才能摆脱末劫之苦，达到未来的白阳世。弘阳教的头目们身着道服住在村间传教，修建道观“三教堂”——俗称“韩祖庙”——作为传教的基地。末劫观的渲染，使得本来就已苦难深重的下层民众对世界末日更加恐怖，容易激发对免遭劫难的弘阳教崇拜，而身穿道

① 杨家毅：《北京市通州区文化产业研究》，漓江出版社，2012，第185页。

装公开传教，使得弘阳教一经提倡，信奉者日益增多。山东运河流经的东昌、德州是弘阳教传播发展的主要地区，信徒比比皆是。[①]

明代末年，弘阳教不仅在下层民众中广泛传播，而且得到了京师王公贵族的推崇与支持，社会上流传的大量印刷精美的弘阳教经卷多为内务府经厂印造，其影响之大由此可见一斑。至清嘉庆年间，弘阳教教主已传13辈。其中第6至第12辈都是山东运河北端的德州人。运河重镇德州、临清成为弘阳教的主要根据地。嘉庆年间，在第13辈陈玉章家搜出飘高祖像以及大量的经卷外，还有一本手抄本《飘高老祖临凡目录》。[②]

闻香教，又叫大乘教、东大乘教等，顺天府蓟州人王森创立。明代嘉靖末及万历年间崛起于北直隶，原属无为教的一个分支。闻香教在创立的过程中受到白莲教、罗教、黄天教等民间宗教的影响，使得该教教义十分庞杂。闻香教把佛教大乘教派的“三教应劫”救世思想与道教的修炼内丹说即“真空玄机”结合起来，作为教义的核心。为了吸引教民，闻香教采用更为世俗的说教，宣扬“其术能使人目见金山、银山、面山、米山、油泉、酒泉”，皈依者可“终身不贫”。因此，闻香教倡立后，风靡华北，山东等地尤盛，民众“争先附之”。闻香教有一套组织严密的教阶体系，从基层的会首、总会首、传头、总传头到居各教阶之上的教首，牢牢控制着广大下层教民，表现出了极强的政治色彩。天启二年（1622）五月初三日，山东闻香教教主、巨野人徐鸿儒发动教徒和群众，于郓城县徐家庄竖旗起义，后转战于邹县、滕县、峄县、兖州、夏镇等地，切断漕运孔道，一度控制了山东运河南部地区，震惊朝野，从而拉开了明末农民大起义的序幕。徐鸿儒起义后，闻香教遭官府镇压严禁，但变相的各种闻香教派仍活跃在运河区域。清代以后，更演变发展成为颇具影响的清茶门教。[③]

清水教为清代民间宗教之一，为山东寿张县后王庄人王伦所创。他出身贫苦，自幼爱习拳棒，成年后“貌魁岸”，膂力过人，且富有谋略。“尝为县役，因事责斥”[④]，后辞职回家，拜师学医，“为人治痈疡，颇验”。当

---

① 李泉、王云：《山东运河文化研究》，齐鲁书社，2006，第246～247页。

② 李泉、王云：《山东运河文化研究》，齐鲁书社，2006，第246～247页。

③ 李泉、王云：《山东运河文化研究》，齐鲁书社，2006，第247页。

④ （清）俞蛟：《临清寇略》，《昭代丛书》辛集别编；转引自马西沙《中华文化通志·民间宗教志》，上海人民出版社，1998，第312页。

时山东运河沿岸地区流行白莲教，“从教者动至千百人”。从乾隆十六年（1751）起，王伦跟随在其家做活的阳谷县人张继成入教。后王伦自立门户，创立了新教派——“清水教”。他自称曾遇异人授符箓，能召鬼神，又宣称黑风劫到来，入教即可避祸，广招徒众（称义儿、义女）。奉弥勒佛、无生圣母。以为“圣母降身，刀枪不入”。教内分文场、武场。文场领导武场。文场教徒称文弟子，武场教徒称武弟子。文场一师一徒，单线领导，入教时需两人介绍，入教后不许退出。武弟子入教，一人介绍即可，半途许退教，称“太平去”。又文弟子运气炼功，武弟子习拳棒。习拳棒者有经咒：“千手挡、万手遮，盖世英雄就是咱。青龙、白虎、朱雀、玄武等神齐招在我身，求天天就助，拜地地就帮。”王伦性情慷慨，济贫扶危，为人治病不受报酬，在乡民中享有很高的威望，徒众遍及各地。乾隆三十九年（1774）八月二十九日夜，王伦集结清水教教徒发动起义。在占领寿张县城后，沿运河北上，攻打东昌、临清，占领临清土城。后与清军展开激战，因寡不敌众，起义最终失败，王伦焚楼自尽，清水教从此一蹶不振，湮没无闻。

民间宗教是潜伏于社会下层中的一股文化力量，它对人们的思想教化作用是不可低估的，与传统宗教和民间信仰也有着密切关系。从信仰宗教的人数的数量的多寡和对社会生活影响的深度和广度而言，民间宗教往往要比佛教、道教、伊斯兰教等正统教门居于领先地位，特别是在清代和近代。在封建社会发展到晚期，各种社会变革正在孕育产生的时候，民间宗教在人们的精神及日常生活行为诸方面起着心理安慰、娱乐生活、互助互济、精神寄托等多方面的重要作用。

三　运河与社会风俗的变化

山东运河区域在明代以前是一个典型的农耕社会，长期以来，民众在封建国家的长期掌控和灌输下，形成了以重农轻商、循规蹈矩和安贫乐道为核心内容的传统心态与生活方式。但是明中叶以后，伴随着运河城镇的崛起和商品经济的发展，运河两岸城乡社会生活中的商业色彩大大加强，出现了许多有悖于这一区域传统风俗的新景象。

（一）重义轻利到逐末趋利

“重义轻利”是我国数千年的传统价值观念，尤其是在孔孟之邦的山东，“农本商末”“君子言义不言利”的价值定位更为明显，在山东人的眼中，“士人重于义”，“商人重于利”，只有低贱的商人才与“利”发生联系。但是从明朝中叶起，随着商品经济在运河区域的普遍发展，在市场价值规律的作用下，山东人奉为圭臬的“重义轻利”的价值观念受到强烈冲击，人们逐渐变得重视钱财，追求“末利”。因而，自明朝中期开始，在山东运河区域各城乡出现了一股重商重利之风，成为明清时期这一区域社会风俗变化最突出的特征。

在明代以前，经商嗜利，往往为封建士大夫所不齿，“号为诸生，不窥市门，不入酒肆，或有干谒嗜利，辄共讪笑，游宦而以货归，士论亦鄙之”。[①] 而自明中期以后，则变为“君子弃义而逐利”，“逐末者多衣冠之族”。[②] 昔日正襟危坐，埋首经史的儒生们，或抵不过金钱物欲的吸引，或家徒四壁无以生存，也只好降尊纡贵，悄悄加入经商者的行列，以至于有的人竟变成了“儒服市心，力求垄断，满口驵侩”[③] 的嗜利之徒。兖州府自古称为君子之国，“家家颜闵，人人由求，读先王之书，文质彬彬乎过人，弦诵洋洋乎盈耳，圣人之遗泽也。人务耕桑，朴而不华，有古风趣”。[④] 而到了明朝，由于地近漕河，风俗大变。万历《兖州府志》在记述本地的风俗变迁时概括为“民逐末利”，济宁州地当“河漕要害之冲，江淮百货走集，多贾贩，民竞刀锥，趋末者众”。[⑤] 东昌府的聊城县，“由东关溯河而上，李海务、周家店，居人陈椽其中，逐时营殖”。[⑥] 聊城城厢内，更是商贾云集，店铺林立，就连白发老妪也会抱布登门求售，以赚蝇头。[⑦] 张秋镇在

---

① （清）李贤书修，吴怡等纂道光《东阿县志》卷2《方域志·风俗》，中国地方志集成·山东府县志辑第92册，凤凰出版社，2004，第35页。

② （明）万历《东昌府志》卷2《地理志·风俗》；转引自李泉、王云《山东运河文化研究》，齐鲁书社，2006，第293页。

③ （清）康熙《济宁州志》卷2《风俗》引万历州志文；转引自孔勇，孔茜编著《济宁民风民俗》，中国社会出版社，2011，第18页。

④ （明）嘉靖《山东通志》卷7《风俗》；转引自姜生等主编《鲁商文化史》，山东人民出版社，2010，第340页。

⑤ （清）乾隆《济宁直隶州志》卷2《舆地·风俗》引万历旧志文；转引自李泉、王云《山东运河文化研究》，齐鲁书社，2006，第294页。

⑥ （清）陈梦雷、蒋廷锡等辑《古今图书集成·方舆汇编·职方典》卷254《东昌府风俗考》，中华书局，1986，第10050页。

⑦ 涂可国主编《鲁商文化概论》，山东人民出版社，2010，第236页。

漕河上，"五方杂厝，风俗不纯，大抵仰机利而华侈"。临清的经商之风则更甚，不但城中居民皆"仰机利而食"，就是四乡之民也是"逐末者多，力本者少"①，至清乾隆时，已是"舟车毕集，货财萃止，服贾之民亦什居其六焉"。② 总之，由明中期到清前期，重商逐利之风在山东运河区域发展漫延，成为明清社会风俗的新内涵。

（二）朴素俭约到浮华奢侈

自古以来，山东西部平原土地平旷，适宜耕织，是典型的农业耕作区，几千年来一直保持着男耕女织的传统生产和生活方式。正是受这种小农经济的制约，加上孔孟之乡的伦理纲常说教的长期盛行，使这一区域的民风一向以节俭、质朴为其特色。

随着运河的开通和商贸活动的频繁，传统的民风民俗遇到了前所未有的冲击，引起了广泛而深入的社会变革，"风俗自淳而趋于薄也，犹江河之走下，而不可返也"。③ 山东运河区域的社会风俗变化尤为明显。由于漕运的兴盛，南北人流、物流周转的频繁，沿运城镇如济宁、张秋、临清等，都出现了由俭渐奢的风气转变。临清州志中就有"士女嬉游，故户到珠玑，家称歌舞，饮食燕乐，极耳目之欢"；④ "仆亦绮罗，婢皆翡翠，陈歌设舞，不必缙绅，婚丧之仪越礼制而不顾，骄奢相效，巧成伪风"等记载。⑤ 东昌府风俗历来"务织啬"，成化年间尚"服食朴素"，至嘉靖年间"生齿日繁，盖藏露积"，开始出现侈靡不伦现象："里党之燕会少长不均齿席而坐。隆庆后，风恣侈靡，庶民转相仿效，器服诡不中度。游闲公子舆马相矜，盛饰蜉蝣之习意气扬扬，娉鄙闾里。濒河诸城尤甚。"⑥ 东昌府

① （清）王俊等修纂乾隆《临清州志》卷1《旧序·贺王昌序》，载临清市人民政府编《临清州志》，山东地图出版社，2001，第187页。

② （清）雍正《山东通志》卷23《风俗》；转引自谭景玉、胡广洲《齐鲁商贾传统》（明清卷），齐鲁书社，2014，第127页。

③ （明）范濂：《云间据目抄》卷2，《笔记小说大观》第13册，江苏广陵古籍刻印社，1983，影印本，第110页。

④ （清）王俊等修纂乾隆《临清州志》卷1《旧序·贺王昌序》，载临清市人民政府编《临清州志》，山东地图出版社，2001，第187页。

⑤ （清）王俊等修纂乾隆《临清州志》卷首《王俊序》，载临清市人民政府编《临清州志》，山东地图出版社，2001，第175页。

⑥ （清）陈梦雷、蒋廷锡等辑《古今图书集成·方舆汇编·职方典》卷254《东昌府风俗考》，中华书局，1986，第10050页。

博平县，成化以前民风“犹淳且厚”，嘉靖以后，则“流风愈下，惯习骄吝，互尚荒佚，以欢宴放饮为豁达，以珍味艳色为盛礼”。[①] 翻阅明清时期运河沿岸州县的地方志，类似的记载数不胜数。运河区域社会风俗的由俭到奢成为一股不可遏止的潮流，反映出这一区域的生活习尚出现了一个前所未有的新变化。

（三）崇礼重道到“违礼越制”

在中国古代社会，自从等级制度确立以后，民众的衣食住行等生活行为就受到政治力量的限控，这在服饰消费方面表现得尤为突出。明朝初年，朱元璋实行高度的中央集权，极力强化等级制度，对百官服制和士庶着装都做了苛细的规定，力图以此来明确社会层级分野，强化人们的等级意识，时刻提醒人们要循规蹈矩，安分守己，以此达到社会的稳定。洪武十三年（1380）颁布的《大明律》专设“服舍违式”条，对违礼僭用的服饰、车舆、房舍、器皿作了严厉的惩处规定。这些政府干预民间生活的律条，在洪武至永乐年间基本得以执行，因为这个时期自然经济刚刚恢复，君主集权高度强化，民众的生活也以传统的俭素勤朴为信条，民风淳厚，对政府的规定能够认同，故极少有人擅越雷池。正如明人张瀚所言：“国朝士女服饰，皆有定制，洪武年间，人尊画一之法”[②]，“平民不论贫富，皆遵国制”。[③]

到明朝中期，随着社会的稳定和经济的发展，物质财富渐渐充裕，人们对美的追求也越来越强烈，因而在着装上追求华丽，违礼越制的现象开始出现。成化年间，江南地区由于经济文化的高度繁荣，得风气之先，成为服饰变迁的发源地，“士夫峨冠博带，而稍知书为儒童者，亦方巾彩履色衣，富室子弟或僭服之”。[④] 山东运河区域借运河之便，与江南联系密切，故而服饰流变之风也迅速蔓延开来，士庶着装逐渐突破政府禁令，华侈相尚，僭服无度。万历年间，东昌府博平县，“市井、贩鬻、厮隶、走卒”之辈，“亦多缨

---

① （清）杨祖宁修，乌竹芳纂道光《博平县志》卷5《民风解》，中国地方志集成·山东府县志辑第86册，凤凰出版社，2004，第503页。

② （明）张瀚：《松窗梦语》卷7《风俗纪》，中华书局，1985，第140页。

③ 华梅等：《中国历代〈舆服志〉研究》，商务印书馆，2015，第429页。

④ 丁世良、赵放主编《中国地方志民俗资料汇编》（第9册），国家图书馆出版社，2014，第289页。

帽湘鞋，沙裙细裤”；① 兖州府汶上县，“宫室服饰什器之类，即品官所不敢备者，富民又惟意所适，不问宪典矣”；② 对此，一些地方官员只能感叹曰：“闾阎服饰，恣所好美，亦僭滥无限度。男子冠巾丝履，妇女珠翠金宝，绮縠锦罗纨，但有财尽能索尔……凡此皆五十年前所无也。”③

明清时期山东运河区域独特社会风俗的形成与变迁，有其深厚的社会背景。首先是大运河的贯通，将山东与江南密切联系在一起，运河将江南社会的奢华之风带到山东运河区域是十分自然的事情。明清笔记中记载最多的就是江南、苏州、扬州一带士大夫纸醉金迷的消费生活。北来的漕船商舶、官宦举子将江南的这些崭新的信息通过大运河带到山东沿运城镇，引起仿效；再者，大量南方人士定居山东，也将他们的生活习俗带到侨寓地，导致山东运河区域的社会风气发生变化。其次，大运河的贯通为山东运河城镇民风的由俭变奢提供了物质基础。④ 可以说，没有运河的贯通，就没有山东运河区域社会风俗如此明显的变迁。

第三节　儒、释、道思想的渗透及影响

民间信仰虽然只表现在民众日常生活中，但与占中国传统文化主导思想地位的儒家文化有着密不可分的关系，儒家文化潜移默化地塑造了中国传统民间信仰的独特性格。民间信仰往往是自发性的，缺乏系统的教理教义，也没有完整的组织体系；而佛教、道教是有组织的成熟宗教，其理论体系，包括神灵谱系在内，都比民间信仰更系统，也更占优势。虽然在组织性、仪式性等方面，民间信仰与佛教、道教等“制度化宗教”有着显著差异，但二者之间也存在着紧密联系。佛教和道教为民间信仰提供了丰富的养分，其所缺乏的众多要素在佛、道二教的文化体系中得到了补充。本

① （清）杨祖宁修，乌竹芳纂道光《博平县志》卷5《民风解》，中国地方志集成·山东府县志辑第86册，凤凰出版社，2004，第503页。

② （清）陈梦雷、蒋廷锡等辑《古今图书集成·方舆汇编·职方典》卷230《兖州府风俗考》，中华书局，1986，第9832页。

③ （清）陈梦雷、蒋廷锡等辑《古今图书集成·方舆汇编·职方典》卷230《兖州府风俗考》，中华书局，1986，第9825页。

④ 李泉、王云：《山东运河文化研究》，齐鲁书社，2006，第316页。

节在相关史料的基础上，探讨儒、释、道思想对民间信仰的影响。

一　儒家思想的渗透

在中国古代社会，儒家思想占据统治地位，儒家的忠孝节义观念受到了历朝统治者的推崇，士绅阶层和普通民众对儒家思想也给予了高度认可。儒家文化强有力地积淀在中国普通民众的传统价值观念体系之中，以思维方式、价值取向、行为方式、道德风尚、风俗习惯等形式表现出来，自然会显性或隐性地影响着中国传统的民间信仰。

中国传统文化和儒家思想的影响给神灵信仰打上了深刻的功利性烙印。儒家对民间信仰中神灵的描述和评价一般用“功、德”来概括，它对神灵的功德的赞颂可谓不遗余力，试图为民间信仰奠定与儒家价值观与政治理念相合拍的基调。儒家试图通过对民间信仰的阐释，使其所信奉的理论、价值观念等逐渐渗入民间信仰，从而成为民间信仰价值批判的准则。“虽然儒家也主张祭祀鬼神，但这并非出于对鬼神的虔诚，而是出于对鬼神的利用”。[①] 也就是说，儒家推崇祭祀礼仪，是为了帮助统治阶级更好地统治民众，而他们自己并不太相信鬼神。“儒家这种既要利用宗教的教化作用又并不真正相信宗教、鬼神，始终与宗教保持一定距离的实用主义态度，也深深地影响到了底层的民众，使人民既相信鬼神，又与鬼神保持距离。”[②] 民众对于神灵的选择，往往只讲究对人是否有利，而不管神灵之间的差异及其在各种宗教中的不同意义。无论是本土的神灵还是外来的神灵，只要他们认为对自己有用，能给自己带来好处和实惠，就采取“拿来主义”的手法，将其奉为信仰和崇拜的对象。这种功利化倾向主要体现在修建庙貌时的世俗性要求、祈神“应验”后的修庙建祠、祈神不应时的谴责与威胁三个方面，其中前两种较为常见，第三种则属于极端个例，较为罕见。有关祈神“应验”后重修庙貌、酬神报功的记载，在山东运河区域州县地方志中可谓比比皆是。

---

① 罗彩娟：《论汉族民间信仰的功利性》，《广西民族学院学报》（哲学社会科学版）2005 年第 3 期。

② 罗彩娟：《论汉族民间信仰的功利性》，《广西民族学院学报》（哲学社会科学版）2005 年第 3 期。

中国民间信仰具有现世性和功利性的特点，其信徒大多关注于眼前的实际利益，对于人生和宇宙的探究缺乏热情，所以对神灵的世界不会刨根究底，况且民间信仰的主体大多为社会底层的普通民众，他们受教育的机会少，文化素养较低，对民间信仰缺乏深层次的了解，不可能从哲学的角度予以说明。而儒家汲汲于民间信仰的教化作用，用儒家哲学的原理来对民间信仰进行解释，力图使民间信仰从根本上符合儒家的理念。

在民间信仰中，天是最高的神灵；儒家注重天人之间的关系，天即自然，儒家认为人与自然是一种和谐统一的关系。在儒学的发展过程中，天逐渐衍化出几个方面的意思：一是指客观存在的物质性的天；一是指义理之天；另外儒家的“天”的理念中也有神化的形象，为宇宙的最高主宰，是至高无上的神。董仲舒在《春秋繁露·郊义》中这样对“天”进行解释：“天者，百神之君，王者之所最尊也。”① 儒家对民间信仰中关于“天”的论述，主要是讲天人感应，这种观点经过董仲舒的阐述而蔚为大观，认为天与人之间存在着精神道德的感应，如果人违背了天意，那么天就会给人间降下灾难以示谴责；反之，如果能够克己修身，人们也可以通过精神和行动来感动上天，从而化解灾难，给人间带来祥瑞和幸福。将“天人感应”的概念引入民间信仰，容易为广大民众所接受，因为民众对神灵的祈祷有时灵，有时又不灵，而这可以用“天人感应”来解释。

夏津县城隍庙在县治东南，明洪武间建。② 明万历年间，夏津知县余志道在其所作《城隍灵应碑记》云：

> 尝谓神人和，则阴阳理，而民可登于治，夫神与人迹殊事，即所谓曷据而云尔，亦自其不见者，见之于祈祷应感之间而已。稽古制度，天下郡县各设之城隍，各守令之祭，祭告祝拜极诚敬以奉神，而神依人以有生矣。由是时风雨，节水旱，祛灾告，捍患难，俾境内翕然称治者，神固阴有以骘之，而后，神之职始尽，人之所依赖于神者始不孤，而神人用是以和；不（否）尔，则神不效灵，人方以其不

① （西汉）董仲舒著，周琼编《春秋繁露》，远方出版社，2005，第 125 页。

② （清）方学成修，梁大鲲纂乾隆《夏津县志》卷 5《典礼志·秩祀》，中国地方志集成·山东府县志辑第 19 册，凤凰出版社，2004，第 82 页。

时、不节、不祛、不捍者咎归于神，而民物咸失所矣，和将安在哉？[①]

儒家在民间信仰中表达的哲学理念反映了儒家对民间信仰中鬼神观念的态度和看法，是儒家世界观在民间信仰中的体现，“一方面可以看出儒家试图将民间信仰纳入正统所做的理论上的努力，另一方面，这也是儒家理念的世俗化，试图通过这种形式可以使儒学为更多的大众所接受”[②]。

“从马克思主义唯物史观看来，宗教与道德都是社会意识的一种，同属上层建筑的范畴。社会经济基础是二者的共同源泉，宗教是以幻想的超人间形式来表现现实世界中支配人们日常生活的异己力量；道德伦理观念则是以社会舆论和传统习俗所表现的行为规范的形式来调节和维系现实社会中人与人之间的社会关系。”[③] 这段话虽然讲的是宗教和道德的关系，但也同样适用于描述民间信仰与伦理道德之间的关系。

儒家“尚义”而“轻利”，认为有大德行的人都是不言“利”的。如《论语·里仁》所说的“君子喻于义，小人喻于利”，精辟地指出君子和小人的差别。在孔子看来，追求财利是庶人们所做的事，君子是不屑于求利的，因此，孔子“罕言利”，并且把“义”作为评判人们的思想、行为的道德原则。《论语·阳货》中有“君子义以为上”，意即君子应当认为义是最可尊贵的。只有追求道义而不陷身于物质利益中，特别是做到“上好义”，才能使“民莫敢不服”。孟子甚至认为生与义“二者不可得兼”，要“舍生而取义”。儒家的这种“义利观”代表了中国传统社会的价值理念，因而在后世备受推崇。

儒家“义”的思想在民间信仰中的体现，在山东地区最具代表性的是“鲁义姑信仰”。鲁义姑，刘向《烈女传》称“鲁义姑姊”，民间称“鲁义神姑”“鲁姑奶奶”，是鲁西民间代表性的女神之一。“义姑姊，鲁人，史佚其姓字，齐伐鲁，姑姊避兵，弃子抱侄，齐将高其义，为之退师，详刘

---

① （清）方学成修，梁大鲲纂乾隆《夏津县志》卷10《艺文志》，中国地方志集成·山东府县志辑第19册，凤凰出版社，2004，第175页。

② 李修龄：《儒家与民间信仰——以明清时期的山东为视角》，硕士学位论文，曲阜师范大学，2006，第27页。

③ 吕大吉：《宗教学通论新编》（下册），中国社会科学出版社，1998，第750页。

向《列女传》，至今犹称其故里曰南义村，立祠祀之。"① 有学者考证，鲁义姑故事发生的时间应为春秋后期，其故里为宁阳县南义村（今泰安市宁阳县磁窑镇南驿村）。② 鲁义姑是鲁西地区特有的乡土神灵，承载着地方的历史和文化，因而相较其他神灵更具生命力和延续性，至今在茌平、宁阳等地区依然保持着其庙宇遗迹和祭祀风俗，对地方社会发展产生了深远影响。

中国传统伦理精神包括宽厚、包容、中庸、仁爱、忍让、和谐、忠诚、义务、责任及自我约束等，其中大多都在民间信仰中有所反映。"儒家知识分子在民间信仰中溶入他们的思想理念，通过民间信仰这一媒介，来对民众思想观念施加影响。儒家知识分子自幼熟读儒家经典，形成了儒家的世界观和方法论，对于民间信仰，精英阶层自然会用儒家的理念来做出解释，但是有的时候，儒家也会对民间信仰有意识地进行改造，剔除与儒家思想相悖的因素，把民间信仰控制在政府的管理范围之内，利用民间信仰达到教化民众的目的。"③ 在下文中，笔者还将展开详细论述。

二　佛教对民间信仰的影响

佛教传入中国已有两千余年，在这一漫长的历史过程中，佛教与中国民间信仰不断渗透，不断影响，不仅与传统文化融为一体，也使佛教自身日益中国化，而且远远超出了宗教范围，渗透到中国文化的各领域，成为中国传统文化的有机组成部分。佛教丰富了民间信仰的内容，在一定程度上甚至取代了原有的信仰对象。佛教传入之前，人们基本上都是将与自己生活有密切关系的自然作为崇拜的对象，民间供奉和膜拜的也多是与之有关的神灵；佛教传入中国之后，佛教教象人物逐步走向民间，民间的供奉发生了变化，佛祖、弥勒、观世音菩萨逐渐走入家庭，最后，出现了神佛不分的现象，到了明清时期，甚至出现了"家家观世音，户户弥陀佛"的景象。④

① （清）高陞荣修，黄恩彤纂光绪《宁阳县志》卷16《列女传·贤淑》，中国地方志集成·山东府县志辑第10册，凤凰出版社，2004，第316页。

② 魏伯河：《"鲁义姑姊"故事源流考辨》，《山东女子学院学报》2015年第5期。

③ 李修龄：《儒家与民间信仰——以明清时期的山东为视角》，硕士学位论文，曲阜师范大学，2006，第37~38页。

④ 蒋守丰：《论佛教文化与中国民间信仰的相互渗透与影响》，《正法眼》网站，2009年3月4日；陈必昌：《佛教核心教义对中国民间信仰的影响》，《民俗研究》2005年第3期。

佛教与中国民间生活联系最深的神灵莫过于观音菩萨。观音菩萨，又名“观世音菩萨”或者“观音大士”，是佛教四大菩萨之一，因其常手持净瓶、杨柳，身着白衣，故民间又称其为“白衣观音”。观音信仰最早于魏晋佛教盛传时进入我国，因菩萨原有梵文名音节多且长，不易记，人们将其意译为“观世音”，取其观世人苦难音声而施以救助之意。唐朝以前，民间供奉的观世音菩萨多为男相。南宋以后，观世音多以女相出现，广受民众的欢迎。到了明清时期，观世音菩萨除了已有的救苦救难的职司外，又被赋予了招财送子的职能，其信仰也相较之前更为普遍。据传，观世音菩萨圣诞在农历二月十九日，每到这一天，各地观音庙中香火极盛。

观音信仰是明清时期山东运河区域较为常见的俗神信仰之一，各州县几乎都有观音堂或白衣堂的分布。康熙《临清州志》记载临清城内白衣堂在上湾，观音堂在大宁寺前，观音阁在鳌头矶，白衣阁在大宁寺西南，观音祠在三里铺，白衣祠在南华堂南。[①] 恩县观音堂在县西北四十里孔和庄。[②] 博平县观音堂有两处：一在南郭之南，一在西南五里许。[③] 清平县观音堂在县城西门里，明成化年间，探花张天瑞所建，雍正十三年（1735）重修碑记云城西有香火田六十八亩；[④] 白衣堂在县前街，明万历年间重修。[⑤] 阳谷县观音寺在城南门内，元至元二十二年（1285）建；观音堂寺在城北五十里七级，明嘉靖三十四年（1555）重修。[⑥] 寿张县白衣观音庙在城西南隅北向，基址尚存；观音庙有两处，一在南门外百步，一在西门后街，俱北向。[⑦]

---

① （清）于睿明修，胡悉宁等纂康熙《临清州志》卷2《庙祀》，转引自临清市人民政府编《临清州志》，山东地图出版社，2001，第64页。

② （清）汪鸿孙修，刘儒臣、王金阶纂宣统《重修恩县志》卷3《营建志·寺观》，中国地方志集成·山东府县志辑第18册，凤凰出版社，2004，第53页。

③ （清）杨祖宁修，乌竹芳纂道光《博平县志》卷2《坛庙》，中国地方志集成·山东府县志辑第86册，凤凰出版社，2004，第431页。

④ 梁锺亭、路大遵修，张树梅纂民国《清平县志·建置六·庙祠》，中国地方志集成·山东府县志辑第89册，凤凰出版社，2004，第239页。

⑤ 梁锺亭、路大遵修，张树梅纂民国《清平县志·建置六·庙祠》，中国地方志集成·山东府县志辑第89册，凤凰出版社，2004，第240页。

⑥ （清）董政华修，孔广海纂光绪《阳谷县志》卷9《寺观》，中国地方志集成·山东府县志辑第93册，凤凰出版社，2004，第269页。

⑦ （清）刘文煃修，王守谦纂光绪《寿张县志》卷2《建置·坛庙》，中国地方志集成·山东府县志辑第93册，凤凰出版社，2004，第374页。

张秋镇观音堂有四处：一在大车营，一在柴市街，一在显惠庙街，一在南关。[①] 鱼台县观音堂有两处：一在三官庙南，一在南关外。[②]

中国古代社会极为盛行的龙神信仰，其形成和发展亦受到佛教文化的深刻影响。[③] 从龙王称谓的出现、龙王形象的形成到龙王神职的扩大、龙王庙宇的修建，我们可以明显看到其受佛教文化影响的痕迹。“龙王的拟人化始于唐代，是印度文化影响的结果。在此之前，龙在中国人心目中只是一种虚拟动物。拟人化的结果不但没有使传说的传奇色彩受到丝毫影响，相反，贴近人间生活的龙王形象更容易激发起人们的创作热情。”[④] 中国民间文学中所言龙王、龙宫之事，如龙王的呼风唤雨职能、龙宫多宝等等几乎全受到了佛经故事的启发，在其演绎的过程中，文人们充分发挥想象，冲破佛教文化的桎梏，创造出了众多人格化的龙王形象。

佛教改变了民间信仰的性别结构，把以男性为主的民间信仰变为以女性为主。女性在中国民间信仰中大都被排除在祭祀之外。佛教传入之前，中国的民间信仰者主要以男性为主，祭祀活动更是男人的活动。长期以来，妇女社会地位低下，没有参加宗教信仰的机会。佛教传入中国后，尤其是观音被确立为崇拜的偶像后，中国民间信仰的性别结构发生了很大的变化。祭祀活动开始出现女性，尤其是庙会，成为以女性为主的活动。“佛教走入民间之后，女性成为民间信仰的积极支持者和虔诚信仰者，也成为民间信仰发展的推动者。”[⑤]

三　道教对民间信仰的影响

鲁迅先生曾说：“中国文化的根柢全在道教，以此读史，有许多问题

---

① （清）林芃修，马之骦纂康熙《张秋志》卷2《建置志·寺观》，中国地方志集成·乡镇志专辑第29册，江苏古籍出版社，1992，第35页。

② （清）冯振鸿纂修光绪《鱼台县志》卷1《寺观》，中国地方志集成·山东府县志辑第79册，凤凰出版社，2004，第62页。

③ 关于佛教文化与中国龙王信仰关系的研究，详见张培锋《中国龙王信仰与佛教关系研究》，《文学与文化》2012年第3期；张玉霞《佛教文化与中国龙王信仰的形成》，硕士学位论文，中南民族大学，2012。

④ 苑利：《华北地区龙王庙主神龙王考》，《西北民族学院学报》2002年第4期。

⑤ 蒋守丰：《论佛教文化与中国民间信仰的相互渗透与影响》，《正法眼》网站，2009年3月4日；陈必昌：《佛教核心教义对中国民间信仰的影响》，《民俗研究》2005年第3期。

可以迎刃而解。”[①] 土生土长的道教对中国文化的影响极深，这种影响既表现在道教的教义、哲理等思想层面，又表现在道教宫观、道教仪式等宗教层面，同时也表现在具体的世俗生活层面。相较而言，道教与大众的关系最为紧密，对民间信仰的影响也更为深刻。

道教的多神崇拜在民众中影响最为深远。对神灵的信仰崇拜，自古以来便存在于民众生活中。民间信仰往往是自发性的，缺乏系统的教理教义，也没有完整的组织体系，结构松散。而道教是有组织的成熟宗教，其理论体系，包括神仙谱系在内，都比民间祭祀宗教更系统，也更占优势，并且道教作为全国性的宗教，能够突破地域的限制，其影响力也为民间祠祀所不能及。民间信仰向道教靠拢，使其所缺乏的众多要素在道教这一更大的文化体系中得到了补充。另一方面，道教为了招揽信徒、扩大影响力，就不得不迎合百姓的需求，吸收和整合民间信仰，将各种民间鬼神有选择地纳入道教的神系。[②]

真武大帝，又称玄天上帝、玄武大帝、佑圣真君玄天上帝，全称“真武荡魔大帝”；道家经典中称他为“镇天真武灵应佑圣帝君”，简称“真武帝君”；民间称其为荡魔天尊、报恩祖师、披发祖师。道教信奉的真武大帝，来源于中国古代宗教中的玄武崇拜。东汉末年，道教产生后，玄武随着“四象”崇拜进入道教神系，充任四方守护神中的北方之神。根据阴阳五行来说，北方属水，故北方之神即为水神。《后汉书·王梁传》曰：“玄武，水神之名，司空水土之官也。”[③]《重修纬书集成》卷六《河图》云：“北方七神之宿，实始于斗，镇北方，主风雨。”[④] 真武受到官方祭祀的文献记录出现在北周，唐代已有专祠。到宋代，自宋真宗封真武为“灵应真君”以后，真武神格逐渐提高，成为官方及民间极为尊崇的道教大神。真武信仰的鼎盛时期是在明代。《明史·礼志四》记载：“北极佑圣真君者，乃玄武七宿，后人以为真君，作龟蛇于其下。宋真宗避讳，改为真武。靖

① 潘显一、冉昌光主编《宗教与文明》，四川人民出版社，1999，第130页。

② 关于道教与中国民间信仰的关系，详见李丰楙、朱荣贵主编《仪式、庙会与社区——道教、民间信仰与民间文化》，台北“中央研究院”中国文哲研究所，1996；刘仲宇《中国民间信仰与道教》，台北东大图书公司，2003。

③ （南朝宋）范晔：《后汉书》卷22《列传第十二》，中华书局，1965，第774页。

④ 宗力、刘群：《中国民间诸神》，河北人民出版社，1986，第63页。

康初，加号佑圣助顺灵应真君。……太祖平定天下，阴佑为多，当建庙南京崇祀。及太宗靖难，以神有显相功，又于京城艮隅并武当山重建庙宇。两京岁时朔望各遣官致祭，而武当山又专官督祀事。”① 道光《夏津县志》记载：“真武者，北方元武七宿也。宋靖康元年，诏封佑圣真武灵应真君，加号佑圣助顺真武灵应真君。元大德中，封为元圣仁威元天上帝。至明太祖，成祖皆以神有显相功，立庙崇祀武当山，又专官督祀事。宪宗复范金为像，备极尊奉。”②

三官大帝，即天官、地官、水官三帝的合称，亦称“三元大帝”“三官帝君”。三官属道教神灵，其形成源于东汉末年的“三官手书”。东汉时期，张道陵创立五斗米道，认为天、地、水三官能通鬼神，因此设鬼吏为病人请祷禳灾，其消灾治病方式是将病人姓名以及认罪忏悔之意写成文书三份，分别置于高山、埋藏于地下、沉入水中，以此来向三官告解忏悔并祈求安康，谓之“三官手书”。天官、地官、水官三帝治理天、地、水三界，考校神仙及凡人功过，司众生祸福，是道教神仙体系中出现较早、地位较高的三位神祇。传说天官赐福，地官赦罪，水官解厄。农历正月十五日、七月十五日和十月十五日为神诞之日，这三天也被称为“上元节”“中元节”“下元节”，民间通常会举行一系列祭祀活动，以祈福消灾。由于三官大帝同民众的祸福命运息息相关，民间对三官大帝的信仰非常普遍。

玉皇大帝，即“昊天金阙无上至尊自然妙有弥罗至真玉皇上帝”，是道教神话传说中的天地的主宰，又称“太上开天执符御历含真体道昊天玉皇上帝”“玉皇大天尊”等，民间则俗称其为“老天爷”。犹如人间的皇帝，玉皇大帝上掌三十六天，下辖七十二地，掌管神、仙、佛、圣、人间、地府的一切事务，管理天地万物的兴隆衰败、吉凶祸福。据史籍所载，从秦汉、魏晋至隋唐，诸代皆有帝王祀天之大典，但当时所祀的“天”，乃纯粹是指大自然的天，即“苍天”“昊天”。道教兴起以后，逐渐将宇宙穹苍人格化，称之为“玉皇大帝”。宋真宗时，崇奉道教，真宗皇帝亲自为其造像，并加其尊号为“太上开天执符御历含真体道玉皇大天

---

① （清）张廷玉等：《明史》卷50《礼志四》，中华书局，1974，第1308页。
② （清）方学成修，梁大鲲纂乾隆《夏津县志》卷5《秩祀志》，中国地方志集成·山东府县志辑第19册，凤凰出版社，2004，第84页。

帝”。随着时间的推移，玉皇大帝在民间逐渐成为“上天”的代名词。但我们也应该看到，中国古代皇帝所祭之“上天”“皇天”与民间所祭“玉皇大帝”“老天爷”，二者之间仍有着明显的不同。

文昌帝君为民间和道教尊奉的掌管士人功名禄位之神。文昌本星名，亦称文曲星或文星，古时认为是主持文运功名的星宿。其成为民间和道教所信奉的文昌帝君，与梓潼神张亚子有关。《明史·礼志四》记载：“梓潼帝君者，神姓张，名亚子，居蜀七曲山，仕晋战殁，人为立庙祀之。唐宋屡封至英显王。道家谓帝命梓潼掌文昌府事及人间禄籍，故元加号为帝君，而天下学校亦有祠祀者。景泰中，因京师旧庙辟而新之，岁以二月三日生辰，遣祭。”[①] 元仁宗延祐三年（1316），敕封张亚子为“辅元开化文昌司禄宏仁帝君”，于是梓潼神张亚子遂被称为“文昌帝君”。

吕洞宾，名岩，字洞宾，道号纯阳子，自称回道人，河东蒲州河中府（今山西芮城永乐镇）人。关于吕洞宾其人所处的时代，历来说法不一，最早以其为唐太宗时人，最迟以其为唐僖宗时人。[②] 较为普遍的说法，认为他是唐末五代人。他最初从锺离权处得道，后“时降人间，化度有缘学仙之士，出入隐显不可测识，其先后游戏人间，事迹详载诸书”。由于吕祖信仰在民间根深蒂固，影响极大，因此历代皇帝也都对他大加敕封。宋徽宗于宣和元年（1119）七月诏赐吕洞宾为“妙通真人”。其后，元世祖忽必烈于至元六年（1269）下诏云：“大道开名，可敬元为之化；至真在宥，成不宰之功。朕以祖宗获成基构，若稽昭代，雅慕玄风”，故封吕洞宾为“纯阳演正警化真君”。元武宗至大三年（1310），再封吕洞宾为“纯阳演正警化孚佑帝君”。到了明代前期，因明太祖朱元璋欲一扫元朝的影响，因此不承认元朝对吕洞宾“帝君”的封号，但到了笃信道教的明嘉靖皇帝时期，因频频出现吕洞宾“显灵”事件，所以吕洞宾的“纯阳孚佑帝君”封号又得到了恢复。王重阳创立全真道后，因吕洞宾被奉为“北五祖”之一，故道教又尊称他为“吕祖”。全国各地广建吕祖祠庙，岁时祭祀，至今香火不断。相传吕祖诞辰为农历四月十四日，道教信徒多于此日设斋醮以志纪念。

---

① （清）张廷玉等：《明史》卷50《礼四》，中华书局，1974，第1308页。

② 马晓宏：《吕洞宾神仙信仰溯源》，参见吴光正主编《八仙文化与八仙文学的现代阐释：二十世纪国际八仙研究论丛》，黑龙江人民出版社，2006，第273～293页。

二郎神，又称二郎显圣真君、灌口二郎、二郎真君、灌江神、赤城王、昭惠灵显真人、清源妙道真君等，是道教和中国古代民众信仰的重要神灵。在中国古代民间信仰中，二郎神崇拜曾产生过相当广泛的影响。自它产生后的一千多年里，随着社会历史条件的变化，二郎神的形象及神迹也发生了相应的变化。[①] 关于二郎神到底是谁，历史上有二郎独健、李二郎、赵二郎、杨二郎（杨戬）等多种说法，其中以秦蜀郡太守李冰次子（李二郎）和隋嘉州太守赵昱（赵二郎）两种说法最为盛行。[②] 笔者检阅山东运河区域各州县地方志，发现绝大多数州县的二郎神庙宇中供祀的二郎神都是嘉州太守赵昱，而非李冰次子李二郎。赵昱二郎神形象的产生，与道教的造神活动有关，这从其神迹（从道士李珏隐青城山）及封号（清源妙道真君）就可以看出。[③] 赵昱作为道教积极推动的神灵，其在民间的影响力之所以能超过官方倡导的李二郎，除道教在中国古代社会固有的影响力以外，与宋元时期《二郎神醉射锁魔镜》《二郎神锁齐天大圣》《灌口二郎斩健蛟》等二郎神戏剧的传播也有重要关系。[④] 明清时期，随着《西游记》《封神演义》等小说的广泛传播，二郎神杨戬的形象日益深入人心，杨二郎杨戬又取代了赵昱的地位，成为近代民间流传最广、影响最大的二郎神。

在传统民俗节日中，处处也能见到道教的影响。“从我国人日常生活的习惯和宗教的信仰看来，道的成分比儒的多，我们简直可以说支配中国一般人的理想与生活的乃是道教的思想。”[⑤] 道教文化对中国传统节日影响

---

① 有关二郎神信仰的发展演变情况，详见干树德《二郎神信仰的嬗变》，《文史知识》1995年第6期；焦杰《灌口二郎神的演变》，《四川师范大学学报》（社会科学版）1998年第3期；殷军领《二郎神剧及其二郎神信仰流变研究》，硕士学位论文，上海师范大学，2012。

② 除以上说法外，还有一种说法认为二郎神为东晋名将邓遐。嘉靖《仁和县志》卷七《坛庙》记载仁和县二郎神庙：“在忠清里，神姓邓讳遐，字应远，陈郡人也。自幼勇力绝人，气盖当时，人方之樊哙。桓温以为参军，数从征伐，历冠军、将军、数郡太守，号为名将。襄阳城北沔水中有蛟，数出害人，遐拔剑入水，蛟绕其足，遐挥剑截蛟数段而出，自是患息。乡人德之，为立祠祀之。以其尝为二郎将，故尊为二郎神。”

③ 干树德《二郎神信仰的嬗变》与焦杰《灌口二郎神的演变》皆认为赵昱二郎神形象的产生是道教徒为抗衡佛教二郎独健而推出，属道教神灵。

④ 焦杰：《灌口二郎神的演变》，《四川师范大学学报》（社会科学版）1998年第3期。

⑤ 许地山：《道教史》，华东师范大学出版社，1996，第177页。

深远，其中的多种民俗均来自道教祭祀活动，如正月十五奉天官赐福，三月拜东岳庙，十月城隍出巡，腊月底祭灶王免过等。四时八节、五行八作，各有所奉神灵及仪式活动。于是道教的信仰便超出宗教的范围，而与普通民众的生产活动和文化娱乐水乳交融，成为人们生活风俗的重要内容。

“三元”的说法主要来自道教，道教以农历正月十五为上元，七月十五为中元，十月十五为下元。“三元”中又以“上元”“中元”最为有名。农历正月十五是上元节，又称元宵节、元夜、灯节，是中国传统民俗节日之一。汉武帝时，正月十五日祭祀泰一神，第一次把正月十五日称为“上元燃灯节”。到东汉时，佛教传入中国，正月十五燃灯增加了节日的又一层意义。由于统治者的提倡，自唐中期以后，上元灯会、元宵赛灯和看灯已成为元宵节的主要内容。在上元节期间，除了赏花灯、吃元宵、猜灯谜，还会举行舞龙、耍狮、踩高跷、扭秧歌、跑旱船等丰富多彩的活动。乾隆《临清州志》记载了临清城内每年农历正月十五“元灯夜市”的盛况：“旧在永清门、大宁寺、天桥三处，大宁寺内多南人所制宝料、犀革及青州琉璃珠子灯，永清门、天桥皆本地剪造楮灯，土人输钱竞买。元宵三日，各神庙、街店结彩张挂，阖城士女出游，四方来观者甚众。”[①] 道光《东阿县志》记载有张秋镇上元节风俗：“元夕张灯为乐，食元宵，放花爆，宴集歌呼达旦不禁。捏面为灯，注香油，各处散之。”[②] 道光《武城县志续编》记载的武城县上元节之盛景：“（上元）食元宵，街衢设灯彩，竞笙歌，为火树银花，高吐数丈，聚观喧填，夜分乃罢。”[③] 此外，道教以中元节为地官判别人间、鬼蜮善恶的日子，所以民间多有请道士在这一天设醮诵经为人间囚徒和阴间鬼魂解脱罪恶的习俗。光绪《阳谷县志》记载：“中元日，设醮祭墓。”[④] 十月十五日为下元节，民间亦有祭墓、送寒衣的习俗。道光《武城县志续编》记载：“十月朔，祭扫先墓，剪纸为衣焚之，曰

① （清）王俊等修纂乾隆《临清州志》卷11《寺观志》，载临清市人民政府编《临清州志》，山东地图出版社，2001，第481页。

② （清）李贤书修，吴怡等纂道光《东阿县志》卷1《方域志·风俗》，中国地方志集成·山东府县志辑第92册，凤凰出版社，2004，第36页。

③ （清）万秀芳纂修道光《武城县志续编》卷7《风俗·物产》，中国地方志集成·山东府县志辑第18册，凤凰出版社，2004，第428页。

④ （清）董政华修，孔广海纂光绪《阳谷县志》卷1《风俗》，中国地方志集成·山东府县志辑第93册，凤凰出版社，2004，第190页。

送寒衣。”①

祭灶神，又称“送灶神”，农历腊月二十三过小年，民间多于此日礼拜灶王爷，通过对神灵的祭祀，以求达到保佑全家的目的。相传他掌管一家人的生死祸福，道教崇尚此神，是因为灶君掌管饮食及烟火。道家一般敬灶时都要上表酬神，有送灶科仪，包括净灶、祀灶、净橱、送灶、迎灶几个部分的内容，腊月二十四后灶王爷回宫，所以又要迎接他下凡回宫，希望能主一家之事，奏善定福。《古今图书集成·兖州府风俗考》记载：“（十二月）二十四日，扫舍，设糖饼果菜，祀灶。”② 道光《武城县志续编》记载：“（腊月二十三日）祀灶神，荐以饴糖，俗云涂神口，不使言罪过于天曹。”③ 民国《临清县志》记载：“十二月二十三日为视灶之期，例用瓜枣、锡糖为祭品。”④ 民国《冠县志》记载：“二十三日为祭灶日，设糖饴、酒食、豆草等物祭灶神，并祭灶神之马，谓为灶王升天。”⑤

儒家文化长期以来处于中国传统文化的主导地位，对民间信仰性格的塑造起着举足轻重的作用。民间信仰有其发生、发展的自身规律，有着很强的独立性，但是它又与儒家文化有着密不可分的关系。由于佛、道二教在民间社会的广泛影响力，再加之二者在信仰对象和信仰诉求上有着高度的契合，使得民间信仰不可避免地沾染到其浓厚的宗教气息。山东是儒学的发祥地，儒学传统的文化积淀深厚。相较佛教和道教，山东运河区域民间信仰受儒家思想的影响更为明显。

第四节　自然灾害与信仰崇拜

在人类社会的漫长过程中，自然灾害一直是人类生存的最大威胁。“人

---

① （清）万秀芳纂修道光《武城县志续编》卷七《风俗·物产》，中国地方志集成·山东府县志辑第18册，凤凰出版社，2004，第429页。

② （清）陈梦雷、蒋廷锡等辑《古今图书集成·方舆汇编·职方典》卷230《兖州府风俗考》，中华书局，1986，第9822页。

③ （清）万秀芳纂修道光《武城县志续编》卷7《风俗·物产》，中国地方志集成·山东府县志辑第18册，凤凰出版社，2004，第429页。

④ 张自清修，张树梅、王贵笙纂民国《临清县志·礼俗志三·节序》，中国地方志集成·山东府县志辑第95册，凤凰出版社，2004，第184页。

⑤ 侯光陆修，陈熙雍纂民国《冠县志》卷1《地舆志·风俗》，中国地方志集成·山东府县志辑第91册，凤凰出版社，2004，第35页。

类在与旱灾、涝灾、蝗灾、瘟疫等灾害的长期抗争中，经常因科学技术的欠缺、经验的不足而往往借助于超自然力量来克服所面临的困境，我们把这种对超自然力量的信仰或崇拜称为灾害信仰。”[①] 与基督教、佛教、伊斯兰教等正统宗教信仰一样，灾害信仰对人类社会的发展也有着重要的作用，在相当程度上影响着人们的生活模式。本节以明清时期山东运河区域为视角，探讨自然灾害与民间信仰的关系。

一　水旱灾害与神灵信仰

山东是旱作农业区，水旱灾害是影响农业丰歉的主要因素之一。山东受暖温带季风气候影响，各地区年际降水分配不均衡，“6～8月份各地降水量一般占当地全年降水量的60%～70%”[②]。降水持续发生容易造成水涝灾害的出现，影响正常粮食生产，严重者甚至危及民众生命财产安全及社会稳定，是以对山东地区社会经济发展影响极大的自然灾害主要是水灾。山东境内水系四通八达，河流众多，“流长10公里以上的河流1500余条，比较重要的河流有黄河、运河、沂河、沭河、徒骇河、马颊河等。”[③] 这些河流分属于不同的水系。山东境内河流数量虽多，分布也颇为密集，但是大部分河流水流落差较大，因为其源头多在山区。再加上山东地区降雨多集中在夏季，因此河流在汛期极易发生水灾。明代，对山东地区产生重要影响的主要是黄河、大运河。“易淤、易决、易徙”的黄河与当时明政府的“保漕”政策都是影响山东地区水灾频发的重要因素。[④]

根据学者的统计，明代济南府发生水灾32次，东昌府发生水灾21次，兖州府发生水灾43次，青州府发生水灾29次，莱州府发生水灾20次，登州府发生水灾18次。[⑤] 济南府、东昌府、兖州府、青州府多位于平原地带，是明代山东主要的农业区，人口也较为密集，水灾发生带来的影响较大，记录比较多。

---

① 周启航：《灾害信仰的功能研究——以民国时期江南地区为例》，《今日南国》2010年第2期。

② 陈龙飞：《山东省经济地理》，新华出版社，1992，第15页。

③ 孙昭民：《山东通史》，山东人民出版社，1992，第2页。

④ 张秀：《明代山东水灾研究》，硕士学位论文，安徽大学，2016，第8页。

⑤ 张秀：《明代山东水灾研究》，硕士学位论文，安徽大学，2016，第14页。

由于自然和人为的原因，清代是山东水旱灾害多发的时期。据袁长极统计，在清代268年中，山东曾出现“旱灾233年次，涝灾245年次，黄运洪灾127年次，潮灾45年次”。除仅有两年无灾外，每年都有不同程度的水旱灾害。按清代建制全省107州县统计，共出现旱灾3555县次，涝灾3660县次，黄运洪灾1788县次，潮灾118县次，全部水旱灾害达9121县次之多，平均每年被灾34县，占全省县数31.8%。[①] 由此可见，清代山东水旱灾害十分频繁，灾情也是比较严重的。整个清代，山东发生了三次特大旱灾，分别出现于康熙四年（1665）、乾隆五十年（1785）和光绪二年（1876）；三次特大涝灾，分别出现于康熙四十二年（1703年）、雍正八年（1730）及乾隆十二年（1747）。特大旱灾和特大涝灾对农业生产的影响几乎是毁灭性的。另外，还发生了17次大旱灾和10次大涝灾。[②]

济宁直隶州及其所属的金乡、鱼台、嘉祥三县，以及兖州府汶上县、寿张县、滕县、峄县，泰安府所属东平州等运河以西地区水灾最为严重。如济宁直隶州“州境滨湖带河，尤多水患，非惟沴气，抑亦地势为之。今赓绪前志，自道光二十二年迄宣统三年，凡灾祥之数皆著于篇末，而水患斗居六七云”[③]。可见，在所有的自然灾害中，济宁直隶州的水灾是最主要的。鱼台县“鱼邑水患，历世堪悲，书史所传，十一而已”[④]。据《清代黄河流域洪涝灾害档案史料》中的1736～1911年黄河流域洪涝州县所占年次表和《清代淮河流域洪涝灾害档案史料》中1736～1911年淮河流域洪涝州县所占年次表的统计，本区大部分州县的水灾都十分严重，在从1736年到1911年的175年间，济宁州仅上报的水灾次数就达81次，平均两年多一点就有一次水灾，可见水灾之严重。其他州县的水灾次数也大多在40

① 袁长极、郑洪文、邱艾生：《清代山东水旱自然灾害》，载山东省地方史志编纂委员会编《山东省史志资料》（第二辑），山东人民出版社，1982，第150～151页。

② 赵士文：《论清代山东对水旱自然灾害的防治》，硕士学位论文，曲阜师范大学，2008，第6～7页。

③ 潘守廉修，袁绍昂、唐烜纂民国《济宁直隶州续志》卷1《五行志》，中国地方志集成·山东府县志辑第77册，凤凰出版社，2004，第249页。

④ （清）冯振鸿纂修光绪《鱼台县志》卷4《艺文志》，中国地方志集成·山东府县志辑第79册，凤凰出版社，2004，第189页。

次以上，平均4年多就一次。[①] 考虑到这些州县在报灾过程中一定还存在隐匿、漏报等情况，实际上发生的水灾可能更多。

运河北段的聊城、临清、德州等地的水患也很严重。这一区域主要包括东昌府、临清州所属各州县，兖州府的寿张县和阳谷县，泰安府东平州的东阿以及济南府的德州等地。这一地区的运河水灾在临清以南主要集中在运河西岸，临清以北则两岸都有，但以西岸更为严重。[②] 民国《冠县志》记载冠县在漳卫合流后，“每夏秋霖雨，常有涨决之患。清光绪间，河水漫堤而溢者两次，吾冠半成泽国。余则或决或溢，十年中率三四见焉！急宜修固堤防，以免吾民其鱼之叹”[③]。民国《夏津县志》记载夏津县卫河“上游水行地中”洪水涨发时一般漫溢为灾，以下则成为地上河，伏秋时经常决口，卫河在夏津县有险工六处，都筑有月堤以防河决，“自明清至民国，屡筑屡决，民甚苦之”。雍正十年（1732），知县方学成修筑各险，加高加厚，以后数十年河患稍轻。嘉庆之后，水利失修，河患始多。光绪二十一年（1895），“知县赵尔萃督夫筑塞各险，益加高厚，本境卫河始少溃决之患”[④]。民国《临清县志》记载：“自明代漳水入卫河，决临清者数次。至康熙四十七年，全漳入卫以后，河之决口更为频数。雍、乾至同、光为时仅百余年，河决不下数十次。”[⑤] 特别是道光三年（1823）河决十余处，“县境民宅行船，二十年县境大水，沿卫河二十四州县皆水，为向来未有之奇灾”。每次决口，沿岸居民阳禾被淹没，房屋被冲毁，财产损失不可数计。[⑥]

山东地区处于半湿润季风气候带，降水年际变率很大，不仅水灾发生

---

① 水利电力部水管司科技司、水利水电科学研究院编《清代黄河流域洪涝灾害档案史料》，中华书局，1993，第13、第20～21页。

② 苏远渠：《清代山东运河水灾与两岸农村社会经济》，硕士学位论文，曲阜师范大学，2005，第13页。

③ 侯光陆修，陈熙雍纂民国《冠县志》卷1《山川》，中国地方志集成·山东府县志辑第91册，凤凰出版社，2004，第30页。

④ 谢锡文修，许宗海纂民国《夏津县志续编》卷1《疆域志·河道》，中国地方志集成·山东府县志辑第19册，凤凰出版社，2004，第286页。

⑤ 张自清修，张树梅、王贵笙纂民国《临清县志·疆域志·河渠》，中国地方志集成·山东府县志辑第95册，凤凰出版社，2004，第81页。

⑥ 张自清修、张树梅、王贵笙纂民国《临清县志·疆域志·河渠》，中国地方志集成·山东府县志辑第95册，凤凰出版社，2004，第81页。

频繁，旱灾也非常严重。据学者统计，《明实录》中，在从1368年到1644年之间的276年，山东有83年有旱灾记录。[①] 从有明确地域界定的记录看，济南府54年有旱灾记录，兖州府29年有旱灾记录，东昌府30年有旱灾记录，青州府33年有旱灾记录，莱州府13年有旱灾记录，登州府14年有旱灾记录。位于东北部冲积平原的济南府、青州府农业开发较早，是山东主要农业区，发生旱灾较多。济南府、兖州府、东昌府、青州府作为山东地区的主要农业区，发生旱灾影响较大，所以旱灾记录多集中在这些地区。[②] 据统计，清代山东地区共出现旱灾233年次，占清代年数的87%，被灾3555年县次。[③] 虽然清代山东地区旱灾次数没有水灾的次数多，但是旱灾的影响要比水灾严重得多，这是因为水灾主要发生在河、湖沿岸地势低洼地带，而旱灾的发生却很少受地势限制，往往是大面积成灾，即通常所说的"水灾一条线，旱灾一大片"。[④]

地方志中有很多有关旱灾的描述。据嘉庆《东昌府志》记载，成化二十年（1484），"旱，人相食"；弘治五年（1492），"旱，大饥疫，斗米百钱"。[⑤] 此外，旱灾往往引发蝗虫、瘟疫、饥荒等灾害，因此这类记载也比比皆是。嘉庆《东昌府志》记载，隆庆三年（1569）夏，"蝗飞蔽日，后蝻生遍野伤禾殆尽"[⑥]。乾隆《兖州府志》记载康熙五十八年（1719）："旱，六十年大旱；六十一年大旱，无麦，蝗蝻遍地，人多饥死。"[⑦] 光绪《峄县志》记载崇祯十三年（1640）："大饥，前此旱蝗频年，至是赤地，民

① 崔永胜：《旱魃为虐，如惔如焚——明代山东旱灾研究》，硕士学位论文，江西师范大学，2010，第12页。

② 崔永胜：《旱魃为虐，如惔如焚——明代山东旱灾研究》，硕士学位论文，江西师范大学，2010，第13页。

③ 袁长极、郑洪文、邱艾生：《清代山东水旱自然灾害》，载山东省地方史志编纂委员会编《山东省史志资料》（第二辑），山东人民出版社，1982，第155页。

④ 孙百亮、梁飞：《清代山东自然灾害与政府救灾能力的变迁》，《气象与减灾研究》2008年第1期。

⑤ （清）嵩山修，谢香开、张熙先纂嘉庆《东昌府志》卷3《五行》，中国地方志集成·山东府县志辑第82册，凤凰出版社，2004，第77页。

⑥ （清）嵩山修，谢香开、张熙先纂嘉庆《东昌府志》卷3《五行》，中国地方志集成·山东府县志辑第82册，凤凰出版社，2004，第79页。

⑦ （清）觉罗普尔泰修，陈顾联纂乾隆《兖州府志》卷30《灾祥志》，中国地方志集成·山东府县志辑第71册，凤凰出版社，2004，第644页。

掘草根，剥木皮皆尽，父子相食，白骨纵横。次年春，疫疠继起，死亡强半，蓬蒿遍四野，民间鸡豚之类亦荡然无存，实数百年未有之奇变也。”[①]

“灾害作为一种客观存在必然要反映到人们的头脑中来，并通过社会实践对人们的心理和行为发生影响。”[②] 由于山东运河区域地理环境的特殊性，水旱灾害在对当地农业生产和地方社会秩序构成危害的同时，也严重威胁着漕粮运输的畅通。运道水量过大或过小，都会导致漕船无法通行，保障运道畅通以及河漕治理的现实需要使得金龙四大王等河神信仰在漕运群体和治河官员中间极为盛行。频繁发生的水旱灾害对农业生产和民众生命财产造成巨大损失，也直接导致了民间龙王、真武、三官、城隍等治水神和祈雨神信仰的盛行。此外，水旱灾害作为一种特殊的社会现象，其发生自然会对地方社会秩序产生严重冲击，基于应对灾害、安抚民众的需要，地方官员也会自觉或不自觉地参与到信仰活动之中。

二　蝗灾与驱蝗神信仰

蝗灾是由蝗虫引发的一种生物性灾害。蝗虫的繁殖、发育、成长，需要充足的光照、适宜的温度和湿度。蝗灾的发生受气候变迁影响很大，一般在气候比较干燥的年份，蝗灾发生的概率较大，所以历史记载往往是旱、蝗并发。山东地区春末夏初时，天气一般比较干燥，非常适宜蝗虫的繁殖、发育和成长，所以历史时期蝗灾发生比较频繁。《明实录》中关于灾害记载总共有 132 次，水灾 68 次，占一多半；旱灾 41 次，仅次于水灾；蝗灾 12 次。灾害数量分布依次为直隶、北平、河南、山东、陕西、山西、湖广、浙江、江西、广东和云南。由此可以看出，蝗灾多发生在山东、陕西、北平、河南诸省，南方地区不易产生大的蝗灾。而纵观明代从洪武元年（1368）到崇祯十七年（1644）享国 276 年中，蝗灾发生年有 205 个，占明朝总年数的 74.3%，这是前所未有的纪录。[③] 而在这 205 个蝗灾发生年中，山东就有 137 个，占整个明朝蝗灾发生年的 66.8%，而且山东蝗灾

---

① （清）王振录、周凤鸣修，王宝田纂光绪《峄县志》卷 15《灾祥》，中国地方志集成·山东府县志辑第 9 册，凤凰出版社，2004，第 158 页。

② 汪汉忠：《从水旱灾害对苏北区域社会心理的负面影响看水利的作用》，《江苏水利》2003 年第 3 期。

③ 郝文：《试论明代山东蝗灾中的政府行为》，《农业考古》2012 年第 1 期。

具有连续发生、灾害波及范围大、时间长的特点。[①] 清代 268 年中，山东地区共发生蝗灾 138 年次。[②]

地方志中有关蝗灾的记载也数不胜数。光绪《峄县志》记载，嘉庆十七年（1812）春，“正月辛卯，大风昼晦；二月乙巳，又风，无麦，夏蝗。……是岁，麦苗尽枯，蝗自西南来，平地深半尺，所过谷菜俱空，入室食人食，啮衣服，人多流亡”。[③] 光绪《阳谷县志》记载，成化二十一年（1485），“春至秋不雨，蝗蝻满地，人相食”[④]。康熙六年（1667），“旱，蝗蝻遍野，田禾尽损。”[⑤] 嘉庆二十三年（1818），“春旱，秋，飞蝗蔽野”[⑥]。乾隆《兖州府志》记载，成化二十一年（1485），“春至秋不雨，蝗蝻满地，人相食”[⑦]。嘉靖十二年（1533），“阳谷春夏不雨，至秋七月，飞蝗遍野。（嘉靖）十四年，阳谷飞蝗蔽天，苗稼灾。（嘉靖）十五年，阳谷飞蝗遍生”[⑧]。光绪《峄县志》记载，嘉庆七年（1802）夏，“大旱，蝗。是岁，蝗飞蔽天，食禾豆几尽，邑大饥。（嘉庆）八年夏，弥月不雨，蝗败稼”[⑨]。

蝗灾产生的严重危害使得山东运河区域驱蝗神信仰极为盛行。明清时期，山东的驱蝗神主要有八蜡、刘猛将军、金姑娘娘、沂山庙神、东平王等神灵，其中以刘猛将军、八蜡影响范围较大。[⑩] 翻阅山东运河区域各州县地方志，各地几乎都有刘猛将军、八蜡等驱蝗神庙宇的分布。

八蜡是中国古代社会所祭祀八种与农业有关的神祇。乾隆《夏津县

① 郝文：《试论明代山东蝗灾中的政府行为》，《农业考古》2012 年第 1 期。

② 孙源正、原永兰主编《山东蝗虫》，中国农业科技出版社，1999，第 254－277 页。

③ （清）王振录、周凤鸣修，王宝田纂光绪《峄县志》卷 15《灾祥》，中国地方志集成·山东府县志辑第 9 册，凤凰出版社，2004，第 159 页。

④ （清）董政华修，孔广海纂光绪《阳谷县志》卷 9《灾祥》，中国地方志集成·山东府县志辑第 93 册，凤凰出版社，2004，第 270 页。

⑤ （清）董政华修，孔广海纂光绪《阳谷县志》卷 9《灾祥》，中国地方志集成·山东府县志辑第 93 册，凤凰出版社，2004，第 271 页。

⑥ （清）董政华修，孔广海纂光绪《阳谷县志》卷 9《灾祥》，中国地方志集成·山东府县志辑第 93 册，凤凰出版社，2004，第 271 页。

⑦ （清）觉罗普尔泰修，陈顾联纂乾隆《兖州府志》卷 30《灾祥志》，中国地方志集成·山东府县志辑第 71 册，凤凰出版社，2004，第 643 页。

⑧ （清）觉罗普尔泰修，陈顾联纂乾隆《兖州府志》卷 30《灾祥志》，中国地方志集成·山东府县志辑第 71 册，凤凰出版社，2004，第 643 页。

⑨ （清）王振录、周凤鸣修，王宝田纂光绪《峄县志》卷 15《灾祥》，中国地方志集成·山东府县志辑第 9 册，凤凰出版社，2004，第 159 页。

⑩ 秦永洲：《山东社会风俗史》，山东人民出版社，2011，第 487 页。

志》卷五《典礼志·秩祀》云："按《郊特牲》云：天子大蜡八：一先啬、二司啬、三农、四邮表畷、五猫虎、六坊、七水庸、八昆虫。先啬者，神农也；司啬者，后稷也；农者，田畯也；邮者，邮亭之舍也；标表田畔相连，畷处造为邮舍，田畯居之，以督耕者，故谓之邮表畷，今祀其始事之人也；猫食田鼠，虎食田豕，迎其神而祭之也；坊者谓昔为堤防之人，使吾御水患也；水庸者，谓昔为畎浍沟洫之人，使吾备旱涝也；昆虫者，谓蝗螨螟虫蚕螣之属，有所司之神能驱除之也。"①

中国古代社会以农为本，八蜡神的祭祀有着悠久的历史，再加上其与农业生产密切相关，故倍受官方和民间的重视，山东运河沿岸各州县几乎都有八蜡庙的分布。武城县八蜡庙在北关，每岁以十二月初八日致祭。②德州八蜡庙在城南七里铺，十二月初八日祭。③夏津县八蜡庙在县治北，创建无考。雍正十一年（1733），知县方学成捐建，春秋仲月上戊日祭。④东昌府八蜡庙在府城南。⑤恩县八蜡庙在迎薰门外左，嘉靖四年（1525），知县崔云因五龙庙改建；万历十七年（1589），知县吴永裕重修。馆陶县八蜡庙在北门外。⑥堂邑县八蜡庙在东门外，清康熙七年（1668），知县张茂建；康熙四十九年（1710），知县卢承琰重修。⑦东平八蜡庙在北门内，旧在州志南一里，乾隆三十二年（1767），知州沈维基创建。道光四年，吏目王焕倡修。⑧济宁八蜡庙在城东寨河外，旧有庙，颇高敞，后圮。⑨滋

① （清）方学成修，梁大鲲纂乾隆《夏津县志》卷5《典礼志·秩祀》，中国地方志集成·山东府县志辑第19册，凤凰出版社，2004，第83页。

② （清）骆大俊纂修乾隆《武城县志》卷5《祀典》，中国地方志集成·山东府县志辑第18册，凤凰出版社，2004，第265页。

③ （清）王道亨修，张庆源纂乾隆《德州志》卷5《建置·坛庙》，中国地方志集成·山东府县志辑第10册，凤凰出版社，2004，第106页。

④ （清）方学成修，梁大鲲纂乾隆《夏津县志》卷5《典礼志·秩祀》，中国地方志集成·山东府县志辑第19册，凤凰出版社，2004，第83页。

⑤ （清）嵩山修，谢香开、张熙先纂嘉庆《东昌府志》卷10《秩祀上·坛庙》，中国地方志集成·山东府县志辑第82册，凤凰出版社，2004，第187页。

⑥ （清）赵知希纂修，张兴宗增修雍正《馆陶县志》卷8《祀典·祠庙》，中国地方志集成·河北府县志辑第62册，上海书店出版社，2006，第87页。

⑦ 康熙《堂邑县志》卷6《祠祀》，第38页。

⑧ （清）左宜似等修，卢崟等纂光绪《东平州志》卷6《建置考·坛庙》，中国地方志集成·山东府县志辑第70册，凤凰出版社，2004，第115页。

⑨ （清）徐宗幹修，许瀚纂道光《济宁直隶州志》卷5《秩祀志·坛庙》，中国地方志集成·山东府县志辑第76册，凤凰出版社，2004，第238页。

阳县八蜡庙造西关拱极门外。[①] 泗水县八蜡庙在城北门外。[②] 邹县八蜡庙在城南二里，万历六年（1578），知县冯中州重修，后毁于兵火；崇祯二年（1629），知县黄应祥又重建；康熙七年（1668），邑人再次加以重修。[③] 嘉祥县八蜡庙在独坐山东关内，每岁以十二月祭，后改以春秋二仲月上戊日祭。[④] 金乡县八蜡庙在东郊外，明主簿方伯辉建。[⑤] 宁阳县八蜡庙在县城东北，明万历元年（1573），知县尹校创建。[⑥] 鱼台县八蜡庙在西门外。[⑦]

刘猛将军，传说中灭蝗保穑之神，关于刘猛将军究竟是谁，历史上有多种说法。道光《济宁直隶州志》卷五《秩祀》对刘猛将军的由来进行了考证："按刘猛将军之列在祀典，自雍正二年始从直隶总督李维钧之请也。或云曾封'中天王'，然神之讳传闻不一。《姑苏志》以为宋武穆公锜之弟锐，弱冠成神；或云元指挥吴川刘公承忠，见《饶阳县志》。本泰州牧唐君《扶鸾录》，而以为武穆者居多。《坚瓠集》载《怡庵杂录》，宋理宗景定四年三月八日敕略云'迩年以来，飞蝗犯境，敕尔神力扫荡然无余尔，故提举江州太平兴国淮南江东浙西制置使刘锜，今特敕封为扬威候天曹猛将之神'，似为可据。然今庙貌皆为弱冠之容，未知何故。"[⑧] 由方志记载来看，山东各地所祀刘猛将军以刘承忠者为最多，其中最重要的一条原因与刘承忠载入清代祀典不无关系。从刘承忠的相关事迹来看，他弱冠临戎，江淮缉盗，安定社会秩序，获得"猛将军"封号无可置疑；挥剑驱蝗，保护农业生产，又与驱

① （清）莫炽修，黄恩彤纂光绪《滋阳县志》卷 4《秩祀志·坛庙》，中国地方志集成·山东府县志辑第 72 册，凤凰出版社，2004，第 62 页。

② （清）赵英祚修，黄承虪纂光绪《泗水县志》卷 8《秩祀志·坛庙》，中国地方志集成·山东府县志辑第 74 册，凤凰出版社，2004，第 353 页。

③ （清）娄一均修，周翼纂康熙《邹县志》卷 1《庙祠》，中国地方志集成·山东府县志辑第 72 册，凤凰出版社，2004，第 406 页。

④ （清）章文华、官擢午纂修光绪《嘉祥县志》卷 1《祀典志·神庙》，中国地方志集成·山东府县志辑第 79 册，凤凰出版社，2004，第 248 页。

⑤ （清）李垒纂修咸丰《金乡县志略》卷 5《秩祀·坛壝》，中国地方志集成·山东府县志辑第 79 册，凤凰出版社，2004，第 410 页。

⑥ （清）觉罗普尔泰修，陈顾联纂乾隆《兖州府志》卷 20《祠祀志》，中国地方志集成·山东府县志辑第 71 册，凤凰出版社，2004，第 396 页。

⑦ （清）徐宗幹修，许瀚纂道光《济宁直隶州志》卷 5《秩祀志·坛庙》，中国地方志集成·山东府县志辑第 70 册，凤凰出版社，2004，第 258 页。

⑧ （清）徐宗幹修，许瀚纂道光《济宁直隶州志》卷 5《秩祀志·坛庙》，中国地方志集成·山东府县志辑第 70 册，凤凰出版社，2004，第 241 页。

蝗联系起来；元明鼎革，自沉于河，成为忠义的化身。相较于刘承忠，刘宰不过是一个颇负文名，曾毁淫祠的儒士，刘锜不过是一员武将，本传并未载其驱蝗事迹，而且刘锜的光环背后是抗金名将，这正是清统治者所忌讳的。相比而言，刘承忠作为驱蝗神最为符合统治阶层的需要。[①]

由于蝗灾的频发，再加上官府的倡导和推动，明清时期山东运河沿岸各州县几乎都有刘猛将军庙的分布。德州刘猛将军庙在城西，创建时间不详。[②] 武城县刘猛将军庙在县城南关外，雍正十一年（1733），知县王殿显奉旨新建，春秋致祭。[③] 道光二十一年（1841），邑人王峋、刘焕文、刘如水等重修。[④] 夏津县刘猛将军庙在八蜡庙之右，雍正十一年（1733），知县方学成捐建，致祭、行香皆与八蜡庙同。[⑤] 恩县刘猛将军庙在南门内路西。[⑥] 东平刘将军庙在县城北门内，即八蜡庙之前。[⑦] 济宁刘猛将军庙在曾坑崖，雍正二年（1724）奉文修建；道光十八年（1838），知州徐宗幹重修。[⑧] 滋阳县刘将军庙在县城西关龙神庙南。[⑨] 嘉祥县刘猛将军庙在八蜡庙左，与八蜡祭同，雍正二年（1724）入祀典。[⑩] 泗水县刘猛将军庙在县城

① 有关清代山东境内刘猛将军人物原型的考证，详见代洪亮《民间记忆的重塑：清代山东的驱蝗神信仰》，《济南大学学报》（社会科学版）2002 年第 3 期。

② （清）王道亨修，张庆源纂乾隆《德州志》卷 11《丛记祠庙》，中国地方志集成·山东府县志辑第 10 册，凤凰出版社，2004，第 304 页。

③ （清）骆大俊纂修乾隆《武城县志》卷 5《祀典》，中国地方志集成·山东府县志辑第 18 册，凤凰出版社，2004，第 265 页。

④ （清）万秀芳纂修道光《武城县志续编》卷 5《祀典》，中国地方志集成·山东府县志辑第 18 册，凤凰出版社，2004，第 420 页。

⑤ （清）方学成修，梁大鲲纂乾隆《夏津县志》卷 5《典礼志·秩祀》，中国地方志集成·山东府县志辑第 19 册，凤凰出版社，2004，第 81 页。

⑥ （清）汪鸿孙修，刘儒臣、王金阶纂宣统《重修恩县志》卷 3《营建志·祠祀》，中国地方志集成·山东府县志辑第 18 册，凤凰出版社，2004，第 46 页。

⑦ （清）左宜似等修，卢崟等纂光绪《东平州志》卷 6《建置考·坛庙》，中国地方志集成·山东府县志辑第 70 册，凤凰出版社，2004，第 115 页。

⑧ （清）徐宗幹修，许瀚纂道光《济宁直隶州志》卷 5《秩祀志·坛庙》，中国地方志集成·山东府县志辑第 70 册，凤凰出版社，2004，第 241 页。

⑨ （清）莫炽修，黄恩彤纂光绪《滋阳县志》卷 4《秩祀志·坛庙》，中国地方志集成·山东府县志辑第 72 册，凤凰出版社，2004，第 62 页。

⑩ （清）章文华、官擢午纂修光绪《嘉祥县志》卷 1《祀典志·神庙》，中国地方志集成·山东府县志辑第 79 册，凤凰出版社，2004，第 248 页。

北门外，与八蜡庙邻。[①]

除八蜡和刘猛将军外，山东运河区域的金姑神也有驱蝗的功能。金姑娘娘，是山东较重要的驱蝗神之一。清人褚人获《坚瓠余集》卷四记载了金姑娘娘驱蝗的事迹："康熙癸未夏，吴中乏雨，有人自江北来，传有一妇趁柴舡，行数里即欲去。云：'我非人，乃驱蝗使者，即俗所称金姑娘娘。今年江南该有蝗灾，上帝不忍小民乏食，命吾渡江收取麻雀等鸟，以驱蝻蝗，汝传谕乡民，只要蝗来，称我名即可除。船钱在汝家门首，可归取之。'俄不见，已而常州一县果有蝗从北来，乡农书'金姑娘娘'名号，揭竿祭赛，蝗即去……予家庭中，秋间果无鸟雀，至冬复集。"[②] 就目前所发现的资料来看，金姑娘娘信仰主要流传于邹平、历城、齐河、济宁等地，当地的金姑娘娘庙宇多为乾隆年间所建。[③] 济宁金姑神庙在东岳庙西，乾隆三十年（1765），权知州事、曹州府同知龚孙枝建。[④]

小　结

明清时期的京杭运河南北全长 3000 余里，"由于各河段源文化的差异及各河段自然地理环境、河道设施（闸坝码头等）、管理方式、社会结构等方面不尽相同，所以在运河文化区域中，不同河段所流经的地区又呈现出不同的文化特点"[⑤]。运河的流经在促进山东运河沿线区域商品经济发展的同时，也使运河区域社会结构变得日趋复杂多元。复杂的社会交往和频繁的社会流动，使得运河文化中的开放特色更为明显。[⑥] 运河的贯通使得运河两岸城乡社会生活中的商业色彩大大加强，出现了许多有悖于这一区域传统风俗的新景象。作为儒家思想的发源地，儒家文化对民间信仰也有

① （清）赵英祚修，黄承艭纂光绪《泗水县志》卷 8《秩祀志·坛庙》，中国地方志集成·山东府县志辑第 74 册，凤凰出版社，2004，第 353 页。

② （清）褚人获撰《坚瓠余集》卷 4，《坚瓠集》第 4 册，浙江人民出版社，1986，第 561 页。

③ 代洪亮：《民间记忆的重塑：清代山东的驱蝗神信仰》，《济南大学学报》（社会科学版）2002 年第 3 期。

④ （清）徐宗幹修，许瀚纂道光《济宁直隶州志》卷 5《秩祀志·坛庙》，中国地方志集成·山东府县志辑第 76 册，凤凰出版社，2004，第 241 页。

⑤ 李泉：《中国运河文化的形成及其演进》，《东岳论丛》2008 年第 3 期。

⑥ 李泉：《中国运河文化及其特点》，《聊城大学学报》（社会科学版）2008 年第 4 期。

深刻的影响。佛、道二教在民间社会的广泛影响力，再加上二者在信仰对象和信仰诉求上有着高度的契合，使得民间信仰不可避免地沾染到其浓郁的宗教气息。自然灾害作为一种客观存在必然会对人们的心理和行为产生影响，频发的水、旱、蝗等灾害直接导致了民间治水神、祈雨神和驱蝗神信仰的盛行。这些自然和社会因素都在无形之中对民间信仰产生了深刻影响，使得运河区域民间信仰呈现出与其他区域不同的发展趋势。

第二章
漕运与治河：金龙四大王信仰的建构及影响

京杭大运河作为沟通我国南北地区的交通大动脉，在促进沿线区域社会经济发展和南北经济文化交流的同时，繁忙的漕运和频繁的河工对沿线区域民间信仰也产生了重要影响。运河的流经所带来的漕粮运输和河漕治理活动导致了水神信仰的盛行。在众多的水神信仰中，最有代表性的莫过于对黄河河神和漕运保护神金龙四大王的祭祀和崇拜。对金龙四大王信仰这一运河区域特殊的社会文化现象进行研究和解读，对于我们深化运河文化史和区域社会史的研究，探讨明清国家的祭祀体系及社会群体心理，无疑都具有重要而深远的意义。本章依据相关史料，在对明清时期山东运河区域的金龙四大王信仰建构及传播过程进行梳理的同时，重在探讨其在山东运河沿线区域的地域分布情况及其对明清国家河漕治理和沿岸民众社会生活的影响，分析信仰、人群、区域社会三者之间的互动关系。

第一节　金龙四大王信仰的建构

金龙四大王，名谢绪，南宋诸生，杭州钱塘县北孝女里（今浙江杭州市馀杭区良渚镇安溪村）人，隐居在安溪下溪湾。因其排行第四，读书于金龙山，故称“金龙四大王”。[①] 南宋亡，赴水死。明太祖征战吕梁洪时，

① 有关金龙四大王信仰的起源地，学界存在争论。王云《明清时期山东运河区域的金龙四大王崇拜》（《民俗研究》2005 年第 2 期）认为金龙四大王信仰最早兴起于山东运河区域；申浩《近世金龙四大王考——官民互动中的民间信仰现象》（《社会科学》（转下页注）

据说谢绪的英灵曾骑白马率潮水助阵，遂被封为水神。元至明清三代定都北京，朝廷供需仰给东南，物资运输主要依靠京杭大运河，而黄河屡屡溃决，冲毁运道，治河、保漕成为朝廷要务。兴起于民间的金龙四大王因迎合国家的祭祀政策，由民间护佑漕运的水神上升为国家祭祀的黄河和运河之神。本节在论述金龙四大王信仰兴起背景的同时，重在探讨信仰传播的原因及其庙宇分布情况，以此阐释运道、漕运与信仰建构的关系。

一 金龙四大王信仰的兴起

最早记载谢绪生平事迹的是南宋遗民吴县徐大焯的《烬余录》："谢绪，会稽人，秉性刚毅，以天下自任。咸淳辛未，两浙大饥，尽散家财赈给之，知宋祚将移，构望云亭于金龙山祖陇，隐居不仕。作望云亭诗云：'东山渺渺白云低，丹凤何时下紫泥。翘首夕阳连旧苑，漫看黄菊满新蹊。鹤闲庭砌人稀迹，苔护松荫山径迷。野老更疑天路近，苍生犹自望云霓。'未几，国亡，绪北向涕泣，再拜曰：'生不报效朝廷，安忍苟活。'即草一诗云：'立志平夷尚未酬，莫言心事付东流。沦胥天下谁能救，一死千年恨未休。湘水不沉忠义气，淮淝自愧破秦谋。苕溪北去通流塞，留此丹心灭寇仇。'吟毕赴水死。"[①]从以上记载中，我们可以看出，此时的谢绪还只是一个忠义、有气节的文人形象。

明代中后期以后，有关金龙四大王谢绪的记载逐渐增多。明人徐渭所撰《金龙四大王庙碑记》云："王，姓谢，名绪，宋会稽诸生，晋太傅安之裔也。祖达，某有兄三人，曰纪、曰纲、曰统。王最少，行第四，居钱塘之安溪，后隐金龙山白云亭。……元末，我太祖与元将蛮子海牙战于吕梁，元师顺流而下，我师将溃，太祖忽见空中有神披甲执鞭、驱涛涌浪，河忽北流，遏截敌舟，震动颠撼，旌旗闪烁，阴相协助，元师大败，太祖

（接上页注①）2008年第4期）则认为金龙四大王信仰起源于江南地区，后沿运河向北传播；褚福楼《明清时期金龙四大王信仰地理研究》（暨南大学2010年硕士学位论文）认为钱塘安溪并非金龙四大王信仰最早的起源地，其最初源头或与徐州吕梁洪的金龙崇拜有关。明初实行漕粮民运，江南地区民众漕运负担最为沉重，有着较为强烈的信仰需求，金龙四大王信仰的最初起源地虽不可考，但无疑有着显著的江南背景。

① （元）徐大倬：《烬余录·甲编》，巴蜀书社，1993，第265页。

异之。是夜梦一儒生，披帏语曰：‘余为宋会稽谢绪也，宋亡，赴水死，行间相助，用纾宿愤。’太祖嘉其忠义，诏封为金龙四大王。金龙者，因其所葬地也；四大王者，从其生时行列也。自洪武迄今，江淮、河汉、四渎之间屡著灵异。”[①]《古今图书集成·神异典》对谢绪由人到神的经过亦做了详细的记载：“谢绪，达之孙也。元人外啮谢太后，中制于权奸，绪以戚畹，故恚尤切，建望云亭读书其中。……太后北辕，叹曰：‘生不能图报朝廷，死当奋勇以灭贼。’作诗自悼，书讫，赴水死。水势汹涌高丈许，若龙斩状，尸为不充，颜色如生人，咸异之。元末，预梦乡人曰：‘吾饮恨九泉百余年，今幸有主，越数日，黄河北徙，其验也，汝辈当归新主。明春吕梁之战，吾其助之。’丙午春，黄河北徙，九月，明太祖取杭州，丁未二月，傅有德与贼大战吕梁，见金甲神人空中越马横槊擒贼，众大溃。成祖议海道不便，修漕运，凡河流淤壅能开之，舟将覆溺力能拯之，神之显著于黄河尤甚。嘉靖中，奉敕建庙鱼台县。隆庆中，遣兵部侍郎万恭致祭，封‘金龙四大王’。”[②]

金龙四大王谢绪的事迹在明清文人笔记中多有记载，无非是谢绪是宋室外戚、重臣之后，元末徐州吕梁洪大战时，曾骑马披甲助阵，协助明军大败元军之事。首先，据学者考证，谢绪是被钱塘安溪谢氏家族主动纳入谢氏家谱，所以并非外戚、重臣之后。[③] 其次，吕梁洪“显灵”助战的说法带有明显的神话色彩，显系民间传说，多为当时文人和民众伪造。[④] 考之正统《彭城志》、成化《杭州府志》等史料，徐州吕梁洪、钱塘安溪均无明太祖敕封之事或敕建金龙四大王庙宇。这显然是后人附会之词，无非是想通过对谢绪形象的改造以达到获得官方认可的目的。

谢绪的形象由文人转化为水神，是在明代，明代以前并无专门的运河水神和漕运保护神，明代定都北京，漕运成为封建王朝的经济命脉，其重要性不言而喻。明代京杭大运河全长三千余里，漕船航行其上，需遭遇诸

---

① （明）徐渭撰《徐渭集》补编《金龙四大王庙》，中华书局，1983，第1298页。

② （清）陈梦雷、蒋廷锡等辑《古今图书集成·博物汇编·神异典》卷27《西读河水之神部·纪事》，中华书局，1986，第60087页。

③ 褚福楼：《明清时期金龙四大王信仰地理研究》，硕士学位论文，暨南大学，2010，第10～13页。

④ 王云：《明清山东运河区域社会变迁》，人民出版社，2006，第272页；陈述：《杭州运河历史研究》，杭州出版社，2006，第167页；褚福楼：《明清时期金龙四大王信仰地理研究》，硕士学位论文，暨南大学，2010，第8页。

多险阻，其中主要有江面风险、湖泊风险、黄河之险、徐州洪和吕梁洪之险、山东段运河过闸之险，因此运河水神的出现成为一种必需。① 基于漕运的重要性，有关运河水神的崇祀自然引起统治者的高度重视，这也是造成金龙四大王等运河水神信仰在明代逐渐形成并日益盛行的主要原因。

二　金龙四大王信仰的传播

明清官方赋予了金龙四大王防洪护堤、护佑漕运等职能，将其列入国家祀典，使之成为官方正统的河神。明代大学士陈文（1405～1468）《重建会通河天井闸龙王庙碑记》记载，济宁天井闸旧有金龙四大王庙，建造时间不详，“凡舟楫往来之人皆祈祷之，以求利益，岁久颓毁”，漕运参将汤节率僚属于正统十三年（1448）捐资重修。② 官方记载最早的一座祭祀金龙四大王的专祠建于景泰七年（1456）的沙湾，但在前一年（1455）所建的沙湾感应祠中已供奉有金龙四大王神像。景泰六年（1455），由于黄河屡次在沙湾境内决口，以致“自沙湾抵临清，皆淤塞不通”。为消弭沙湾河患，敕建感应祠，祭祀大河之神，“其左祀护国金龙四大王及平浪侯晏公、英佑侯萧公，以春秋二仲及起运、运毕凡四祭，北河郎中主之”。③ 景泰七年（1456），“建金龙四大王祠于沙湾，命有司春秋致祭，从左副都御史徐有贞奏请也”。④ 这说明最晚在景泰七年（1456）之前，金龙四大王信仰就已出现并存在，但这一时期的金龙四大王究竟是谁，其神迹如何，仍有待考证。⑤

清朝建立后，继承明朝的传统，将官方和民间对金龙四大王的崇祀推至顶峰。从顺治二年（1645）开始，清朝历代皇帝不断给金龙四大王敕加封号。至光绪五年（1879），金龙四大王最后的封号为“显佑通济、昭灵

---

① 有关明代漕河之险和金龙四大王信仰兴起的关系，详见台湾学者蔡泰彬《明代漕河四险及其守护神——金龙四大王》，（台北）《明史研究专刊》1992 年第 10 期。

② （明）谢肇淛：《北河纪》卷 8《河灵纪》，《景印文渊阁四库全书》第 576 册，台北商务印书馆，1986，第 716 页。

③ （明）谢肇淛：《北河纪》卷 8《河灵纪》，《景印文渊阁四库全书》第 576 册，台北商务印书馆，1986，第 711 页。

④ 《明英宗实录》卷 273，景泰七年十二月戊申条，台北“中央研究院”历史语言研究所校勘，1962，第 5765 页。

⑤ 有关金龙四大王起源地的考证，详见褚福楼《明清时期金龙四大王信仰地理研究》，硕士学位论文，暨南大学，2010，第 6～13 页。

孝顺、广利安民、惠浮、普运、护国、孚泽妥疆、敷仁、保康、赞翊、宣诚、灵感、辅化、襄猷、溥靖、德庇、锡佑、浦佑金龙四大王”，达44字之多（详见表2－1）。

表2－1 清代敕加金龙四大王封号一览

加封时间	加封封号	奏请官员
顺治二年	显佑通济	河道总督杨方兴
康熙四十年	昭灵孝顺	河道总督张鹏翮
乾隆二十二年	广利安民	无考
嘉庆二十五年	惠浮	无考
咸丰二年	普运	漕河总督杨殿邦
咸丰四年	护国	山东巡抚崇恩
咸丰七年	孚泽妥疆	帮办河南剿匪大臣胜保
同治二年	敷仁	河道总督谭廷襄
同治四年	保康	漕河总督张之万
同治五年	赞翊	山东巡抚阎敬铭
同治六年	宣诚	河道总督苏廷魁
同治七年	灵感	山东巡抚丁宝桢
同治七年	辅化	湖广总督李鸿章
同治七年	襄猷	安徽巡抚英翰
同治八年	溥靖	河道总督苏廷魁
同治八年	德庇	山东巡抚丁宝桢
光绪元年	锡佑	山东巡抚丁宝桢
光绪五年	溥佑	漕河总督文彬

资料来源：（清）仲学辂《金龙四大王祠墓录》卷首《封号》，《丛书集成续编·史部》第59册，上海书店，1994，第660页。

除明清官方外，往来于运河之上的漕军、运丁和商人等群体也在金龙四大王信仰的传播过程中发挥了重要作用，众多金龙四大王庙宇为漕军、运丁和商人所建。乾隆《杭州府志》云：“凡舟行黄河者神应如响，宿迁、吕梁及凡有漕运之地并立庙。”① 万历四十五年（1616），杭州右卫指挥使

① （清）郑澐修，邵晋涵纂乾隆《杭州府志》卷83《忠臣》，《续修四库全书》史部·地理类第701册，上海古籍出版社，2002，第236页。

蔡同春参与修建邳州直河口金龙四大王庙。[①] 丹徒县金龙四大王庙“在城西西津坊关帝庙左……万历末，运军及商贾建庙江口”。[②] 石门县金龙四大王庙“在甘露庵左，即靳公祠故址，国朝康熙初运丁公建，久圮。乾隆二十八年，复醵金重建，别建靳公祠于左。”[③] 此外，商人商帮亦是信仰传播的重要媒介。康熙六十年（1721），济宁商人于苏州府吴江县盛泽镇建金龙四大王庙。聊城山陕会馆大殿奉关帝，南殿祀火神，北殿崇祀的就是金龙四大王。会馆内保存有嘉庆十四年（1809）山陕众商重勒的《金龙四大王行略碑》，详细叙述了金龙四大王谢绪由人到神的经过。

文人、谢氏宗族对金龙四大王谢绪事迹的颂扬亦推动了信仰的扩展。文人笔记、文集中有关金龙四大王事迹的大量记载，成为传播金龙四大王信仰的重要载体。明人刘荣嗣《简斋先生集》云：“前从夏镇见金龙四大王碑记，是姚现老笔序，其义不仕元及国初显应事甚悉，顾未知其为晋太傅裔也，得大作为之爽然。”[④] 清人陆陇其《三鱼堂日记》亦云：“（夏镇）又有金龙四大王庙极壮丽，有姚公希孟碑文，大略言：‘金龙四大王’，余初以为必龙神，及观朱平涵相国所著《涌幢小品》载神事甚详”。[⑤] 清人彭孙贻《客舍偶闻》载：“长江大河之上，金龙四大王之神最为显赫，予意以为称金龙必神物之长水族者也，及读庙碑乃知神为宋诸生，浙东人，姓谢氏，兄弟四人。”[⑥] 运河沿岸留下大量碑刻，往来于大运河上的文人深受影响，而文人又将谢绪事迹付诸诗文，推动了信仰的扩展。

“任何一种民众祠神信仰，其最初产生及信众都具有一定的区域性。”[⑦]

---

① （清）仲学辂编《金龙四大王祠墓录》卷4《外录》，《丛书集成续编·史部》第59册，上海书店出版社，1994，第693页。

② （清）何绍章、冯寿镜等修纂光绪《丹徒县志》卷5《庙祠》，中国地方志集成·江苏府县志辑第29册，凤凰出版社，2008，第118页。

③ （清）许瑶光、吴仰贤等修纂光绪《嘉兴府志》卷10《坛庙》，中国地方志集成·浙江府县志辑第12册，上海书店出版社，1993，第305页。

④ （明）刘荣嗣：《简斋先生集》卷2《文选·与陈眉公》，《四库禁毁书丛刊·集部》第46册，北京出版社，2000，第406页。

⑤ （清）陆陇其：《三鱼堂日记》卷1，《续修四库全书》第559册，上海古籍出版社，1996，第465页。

⑥ （清）彭孙贻：《客舍偶闻》，《续修四库全书》第1175册，上海古籍出版社，1996，第426页。

⑦ 皮庆生：《宋代民众祠神信仰研究》，上海古籍出版社，2008，第204页。

学界有关金龙四大王信仰的起源地有多种说法，但金龙四大王信仰兴起于运河区域，当无可争议。中国古代社会所有的官方信仰几乎全部产生于民间，其能否进入官方祀典，成为国家正祀，其依据主要有两个：第一，是否符合国家的现实需要，有利于维护封建统治；第二，民间对神灵的改造是否成功，能否符合官方的要求。“中国古代民间信仰的形成过程，往往都是官民互动的结果。只是因为官民互动力量的对比不同，造成了民间信仰命运走向的不同。”[①] 正如上文所言，漕粮运输和河漕治理的现实需要是金龙四大王能够得到官方崇祀的主要原因。金龙四大王之所以能够由一个地方神或区域性神灵上升为备受官民崇祀的全国性河神，与官方赋予的防洪护堤、护佑漕运、御灾捍患等职能密不可分。中国古代社会代表朝廷的官方力量一直居于强势地位，对民众的人身和思想有着巨大的影响力。“民众在塑造谢绪成神传说的过程中，吸收了与朱元璋有关的历史事件，借此虚构神灵与皇帝的关系，旨在强调神灵的正统性和合法性。”[②] 官方的认可和支持增强了神灵的正统性和合法性，扩大了其在民间社会中的影响力，进一步推动了信仰的传播和盛行。明清时期往来于运河之上的漕军、客商、船工、水手，甚至普通民众无不虔诚祭祀金龙四大王，以求神佑。金龙四大王信仰从兴起到盛行，无疑是明清国家和运河区域民众互动的结果。

三　金龙四大王庙宇的分布

明清时期，山东段运河因地势及气候原因，水源不足，漕船常有胶浅之患，漕运官员督漕北上时，多祭祀金龙四大王，故山东运河沿岸的济宁、东昌、临清、德州、峄县等地都建有金龙四大王庙（详见表2-2）。

表2-2　金龙四大王庙宇分布情况

州县名称	数量	庙址及修建情况	资料来源
德州	2	一在城西门外，嘉靖间，知县赵浚谷建；一在北厂，顺治七年建	道光《济南府志》卷18

① 申浩：《近世金龙四大王考——民间信仰中的官民互动现象》，《社会科学》2008年第4期。

② 褚福楼：《明清时期金龙四大王信仰地理研究》，硕士学位论文，暨南大学，2010，第8页。

续表

州县名称	数量	庙址及修建情况	资料来源
夏津	1	在渡口驿御河南岸，康熙四十五年重修	乾隆《夏津县志》卷5
武城	1	在西外河东岸，建时不详	乾隆《武城县志》卷5
临清	5	在窑口渡，万历三十二年建	乾隆《临清州志》卷11
		在州治新开闸东，顺治十五年，知州郭鄤重修	乾隆《临清州志》卷11
		在汶河南浒	乾隆《东昌府志》卷12
		在卫河西浒，康熙十四年，晋商韩思维等建	乾隆《临清州志》卷11
		在卫河南水门内，又称龙王庙，清初祀金龙四大王	民国《临清县志》卷7
清平	1	在戴湾西岸	民国《清平县志》卷2
聊城	2	一在东关馆驿前河岸；一在山陕会馆内	乾隆《东昌府志》卷12
寿张	2	一在关圣庙西，光绪二十二年，知县庄洪烈等建；一在十里堡	光绪《寿张县志》卷2
济宁	1	在天井闸，正统间建	道光《济宁直隶州志》卷5
鱼台	1	在新河堤上，嘉靖间，吏部左侍郎朱衡建	《金龙四大王祠墓录》卷4
峄县	3	一在台庄运河北，嘉庆十年重建；一在韩庄湖口北，一在丁庙闸月河内	光绪《峄县志》卷10

由表2－2可以看出，明清时期山东运河区域共有金龙四大王庙宇20座，当然实际庙宇数量远不止此数，众多神灵庙宇或因规模较小，或因地处偏远未被收录进地方志之中。金龙四大王庙宇主要分布于德州、临清、聊城、济宁、峄县等地，这些地方都属于我们通常所说的运河“典型区域”。庙宇主要位于运河岸边的闸坝、码头、河堤等处，由此我们亦可以看出金龙四大王信仰与运河关系之密切。

第二节　河漕治理与金龙四大王信仰

金龙四大王信仰是典型的官方正祀，其传播也与明清官方关系密切。信仰的兴起与漕运、河患关系密切，信仰的主要功能也是为漕粮运输和河漕治理服务，所以探究明清时期山东运河区域的金龙四大王崇拜，必须首先从其与漕粮运输、河漕治理的关系入手。本节依据正史、奏折、地方志、文集等史料，主要论述漕运群体、治河官员群体与金龙四大王信仰的关系，以此探讨信仰对漕粮运输、河漕治理活动的影响。

一　漕运群体与神灵信仰

徐州至临清680里运道被称为“闸漕”。《明史·河渠志》记载：“闸漕者，即会通河。北至临清，与卫河会，南出茶城口，与黄河会，资汶、洸、泗水及山东泉源。……自南旺分水北至临清三百里，地降九十尺，为闸二十有一；南至镇口三百九十里，地降百十有六尺，为闸二十有七。其外又有积水、进水、减水、平水之闸五十有四。……其后开泇河二百六十里，为闸十一，为坝四。运舟不出镇口，与黄河会于董沟。”① 此段运道位于山东丘陵，在地势上，因汶上南旺为运河水脊，故由此向南北呈现倾斜状，所以运道之河水容易向南北方向流失，而且，此段运道两岸没有大河川能接济运道，在此形势下，为确保其能全年通行漕船，必须在河道上设置水闸，以便调节水量，“闸漕”之名由此而来。闸险因船只过闸不易而产生，这在明人文集中多有描述。李流芳《檀园集》载：“济河五十闸，闸水不濡轨。十里置一闸，蓄水如蓄髓。一闸走一日，守闸如守鬼。下水顾其前，上水还顾尾。帆樯委若弃，篙橹静如死。京路三千余，日行十余里。迢迢春明门，何时能到彼。”② 顾璘《息园存稿》云：“三日不下一闸门，几时端可到清源。老夫白饭尚可饱，漕卒赤拳谁可论。”③ 姚之骃《元明事类钞》云：“新河十里分三闸，闸束水奔河势狭。万艘昂昂拥不前，我愁渡闸如渡峡。”④

漕运官员的主要职责是保障漕粮运输的畅通无阻，漕运官员若未能按

---

① （清）张廷玉等：《明史》卷85《河渠三·运河上》，中华书局，1974，第2090页。

② （明）李流芳：《檀园集》卷1《闸河舟中戏效长庆体》，《影印文渊阁四库全书》第1295册，台北商务印书馆，1986，第301页。

③ （明）顾璘：《西园存稿诗》卷14《阻浅拨闷十首》，《影印文渊阁四库全书》第1263册，台北商务印书馆，1986，第446页。

④ （清）姚之骃：《元明事类钞》卷2《地理门·渡闸》，《影印文渊阁四库全书》第884册，台北商务印书馆，1986，第29页。

时完成漕粮运输任务，则要面临严重的处罚。《明史·食货志》载："宪宗立运船至京期限，北直隶、河南、山东五月初一日，南直隶七月初一日，其过江支兑者，展一月，浙江、江西、湖广九月初一日。通计三年考成，违限者，运官降罚。"① 嘉靖八年（1529）规定，漕船经过淮安的时间："江北官军兑本府州县粮者，限十二月里过淮，南京、江南直隶官军兑应天等府州县粮者限正月以里过淮，湖广、浙江、江西三总官军兑本省粮者限三月以里过淮"，山东、北直隶二总因不必过淮，兑本处粮者限正月完纳，遮洋总兑山东、河南粮者限三月完纳。② 隆庆六年（1572）六月，"定漕运程限，每岁十月开仓，十一月兑完，十二月开帮，二月过淮，三月过（徐州）洪入闸，四月到（张家）湾，永为定例"。③ 漕船按期或先期抵达者，领运官被记录荐举，备升迁时参考，迟误则受处罚。处罚规定亦逐步详备，至隆庆四年（1570）规定：十一月终军卫不到水次，领运把总、指挥、千百户罚俸半年，过一月罚俸一年，过二月降二级，三月终不过淮者督押司道等官及领运把总以下各降一级，四月终不过洪者一体参究。④ 隆庆六年（1572）十一月河道总理万恭奏准："三月过洪者以上劳叙，四月过者次之，延至五月后者议罚，因而遇水漂没者从重议拟。"⑤ 隆庆五年（1571），巡仓御史唐炼还奏准漕船冻阻五十只以上送法司重处，不得照常拟罪。⑥ 此外，违限寄囤也要处罚。弘治十二年（1499）规定，把总所管漕船有一半违阻寄囤者提问并降一级，一半以下者提问；嘉靖二年（1523）规定，守囤、守冻把总至三千石，指挥二千石，千户一千石，百户五百石，每次降一级。⑦ 漕粮运输的艰辛及其自身肩负的职责，使得漕运官员无不企

---

① （清）张廷玉等：《明史》卷79《食货三·漕运》，中华书局，1974，第1921页。

② （明）申时行等修，赵用贤等纂《大明会典》卷27《会计三·漕运》，《续修四库全书》，史部·政书类第789册，上海古籍出版社，1995，第488~489页。

③ 《明神宗实录》卷2，隆庆六年六月庚申条，台北"中央研究院"历史语言研究所校勘，1962，第60页。

④ （明）王在晋：《通漕类编》卷3《漕运》，台北学生书局，1970，影印本，第221~222页。

⑤ 《明神宗实录》卷7，隆庆六年十一月庚戌，台北"中央研究院"历史语言研究所校勘，1962，第274页。

⑥ 《明穆宗实录》卷63，隆庆五年十一月乙酉条，台北"中央研究院"历史语言研究所校勘，1962，第1525~1526页。

⑦ （明）申时行等修，赵用贤等纂《大明会典》卷27《会计三·漕运》，《续修四库全书》，史部·政书类第789册，上海古籍出版社，1995，第490页。

望漕运顺畅，当人力无所施，则祈求神灵的保佑。

漕运官员为祈佑漕运畅通，大多虔诚祀神。乾隆二十七年（1772）十月，新任山东通省运河兵备道陆燿上任后首要之事是祭祀金龙四大王，其《告金龙四大王文》云："惟神秉忠贞之节，殁有余荣，著赫濯之威，功成利济。黄流劈箭，每偕河伯以分猷运道，衔舻聿送天庾而效顺。自中河以达漳卫，行地中者千里有奇，从宋代以迄今，兹戴神庥者万年无厌。某钦承宠命，受任监司泉源，则南北分流，须浚洸沂之脉，堤岸则东西并筑，冀安齐鲁之氓。顾以短策而御长途，实恐贻讥负职，苟获天时而洽人事，益昭降鉴无私，用布丹忱，敬祈显佑，谨告。"[①] 道光五年（1825）十月，漕船回空至武城县搁浅，"捞浅，则大不胜其寒冱也；起剥，则船既回空，无物可起矣；守冻，则来年正供必于是船以起运。尺水不波，一筹莫展，弁若丁有束手已耳。乃隆冬之初，陡然长水，滞漕克济，岂非神之力为之哉"。于是，漕运总督讷尔经额、下河通判萧以霖等主持重修大王庙。[②] 德州北厂金龙四大王庙建于顺治七年（1650），道光十五年（1835）重修。山东督粮道张祥河《重修德州金龙四大王庙碑记》云："余督漕山左，每岁冬送军船出临闸，守冻则拜神于临清庙中，而闸外北厂之庙间一展谒。乙未春，谋于德卫备弁等，重加修葺。"[③] 咸丰二年（1852），浙江漕船抵临清时已入冬季，卫河水少，难以济运，漕船阻滞，"经督运文武各员先后诣金龙四大王庙暨漳神庙虔诚叩祷，俾重运漕船得以全数出闸"。[④]

漕军、运丁负责国家漕粮的运输，常年往返于运河之上，涉江过河，艰险无比。景泰年间，总督漕运王恕奏疏云："况涉历江湖、过闸、过坝、盘滩、剥浅，辛苦万状，或不幸又有遭风覆没之虞，四五个月不得到京。"[⑤] 明

---

① （清）陆燿：《切问斋集》卷9，《四库未收书辑刊》第10辑第19册，北京出版社，2000，第381页。

② （清）万秀芳纂修道光《武城县志续编》卷14《艺文下·记》，中国地方志集成·山东府县志辑第18册，凤凰出版社，2004，第479页。

③ （清）王赠芳、王镇修，成瓘、冷烜等纂道光《济南府志》卷68《艺文四》，中国地方志集成·山东府县志辑第3册，凤凰出版社，2004，第491页。

④ 中国第一历史档案馆编《咸丰同治两朝上谕档》（第2册），咸丰二年十一月二十一日条，广西师范大学出版社，1998，第414页。

⑤ （明）陈子龙等选辑《明经世文编》卷39《议事奏状》，中华书局，1962，第1册，第302页。

人陈时明奏疏云："况漕运之粟，近亦千数百里，远者往返万余里，计其程途，非周岁不能至。有江湖风涛之险，有洪坝搬运之劳，有开渠闸浅之患。当夫秋冬之交，河水流澌，犹裸身入水牵舟，不幸舟败米漂，则货家易产以偿官，犹不足，则逃窜四方。"① 险恶的航行条件使得漕粮运输过程中漂溺、沉没之患在所难免，一旦漕粮漂没，漕船翻覆，漕军、运丁生命财产往往得不到保障。即使有幸保住性命，也要面临偿付漕粮之责，其中艰辛不言而喻，故所经之处，往往建庙祀神，祈求保佑。《金龙四大王碑记》云："至我国家长运特仰给于河，而役夫皆兵，沙梗风湍，岁以为患，四百万军储舳舻衔尾而进，历数千里始达京师。缘是漕储为命脉，河渠为咽喉，兵夫、役卒呼河神为父母，蔑不虔戴而尸祝之。"② 山东运河段多闸坝，过闸是最为危险及困难的事情。临清会通、南板、新开三闸俱建有金龙四大王庙。《清门考源》记载漕帮："粮船至三大闸时，先在大王庙内焚香唱戏谢神。人集如山，百官照料，而后过闸。过闸船由下而上，非神功不能做到安渡危境。"③ 漕军、运丁是漕粮运输的主要从事者，在整个漕运过程中，不但要从事繁重的体力活动，还要面临诸多的艰难险阻，承受漕船倾覆或漕粮漂没的风险。相对漕运官员借酬神以报功，漕军、运丁崇祀金龙四大王的原因比较单纯，更多的是从祀神活动中获得心理上的慰藉。

二　治河官员与神灵信仰

明代前期和清代后期，山东境内黄、运交汇，频发的黄河水患在给沿岸民众带来深重灾难的同时，也对明清国家的漕运构成了严重威胁。当遭遇险工或河漕治理艰难时，治河官员多奏请敕加封号、修建庙宇、隆重祭祀金龙四大王等河神，以求消弭河患，保障漕运畅通。

明代前期南至徐州、北到张秋的运河段受黄河干扰严重。景泰年间，张秋、沙湾累次决口。景泰七年（1456），"建金龙四大王祠于沙湾，命有

① （明）陈子龙等选辑《明经世文编》卷229《严武备以壮国威疏》，中华书局，1962，第3册，第2403页。

② （清）仲学辂编《金龙四大王祠墓录》卷2《祠墓》，《丛书集成续编·史部》第59册，上海书店出版社，1994，第676页。

③ 陈国平：《清门考源》，台北文海出版社，1974，第220页。

司春秋致祭，从左副都御史徐有贞奏请也”。① 嘉靖四十四年（1565），黄河在沛县决口，“上下二百余里运道俱淤”，朱衡抵达济宁议开新河。次年九月，南阳新河开通，“漕舟悉达京师”，“奉敕命建庙鱼台县新河堤上，以答神庥”。② 朱衡在其所作《鱼台县新建金龙四大王庙记》中叙述了鱼台县金龙四大王庙修建的原因：“嘉靖四十四年乙丑八月十七日，工部以黄河水决沛县，横截运道，弥漫数百里题请。先帝忧之，命举才望大臣往治。时臣衡以吏部侍郎擢南京刑部尚书，将行，会推河道工部尚书，命抵济宁，议开新河。越丙寅九月九日，河通，漕舟悉达京师，行次德州，先帝下谕，问奉敕命建庙鱼台新河堤上，以答神庥。不数月而工成，因识其缘起于石。”③ 隆庆三年（1569），河决沛县，“自考城、虞城、曹、单、丰、沛抵徐州俱受其害，茶城淤塞，漕船阻邳州不能进”。④ 隆庆六年（1572）六月，遣总理河道、佥都御史万恭至山东鱼台致祭金龙四大王和分水龙王之神。祭文曰：“兹者漕河横溢，运道阻艰，特命大臣总司开浚。惟神职主灵源，功存默相，式用遣官，备申祭告。伏望鉴兹重计，纾予至怀，急竭洪澜，佑成群役，俾运储以通济，永康阜于无疆，谨告。”⑤

清咸丰五年（1855）六月十九日，河决兰阳铜瓦厢，二十日全河夺溜，流向西北，淹封丘、祥符（今开封）；折转东北，淹及兰仪、考城、长垣等县村庄，于长垣县兰通集溜分两股：“一股由赵王河下注，经山东曹州府迤南穿过运河；一股由长垣县小清集行至东明县之雷家庄。在东明雷家庄又分为两股：一股由东明县南门外下注，水行七分，经山东曹州府迤北下注，与赵王河下注漫水汇流入张秋镇穿运；一股由东明县北门外下注，水行三分经茅草河，由山东濮州城及白阴阁集、逯家集、范县迤南折向东北，至张秋镇穿运。统计漫水分三股行走，均汇至张秋穿运，夺大清河至利津县

① 《明英宗实录》卷273，景泰七年十二月戊申条，台北“中央研究院”历史语言研究所校勘，1962，第5765页。

② （清）仲学辂：《金龙四大王祠墓录》卷4《外录》，《丛书集成续编·史部》第59册，上海书店出版社，1994，第692页。

③ （清）仲学辂编《金龙四大王祠墓录》卷4《外录》，《丛书集成续编·史部》第59册，上海书店出版社，1994，第692~693页。

④ （清）张廷玉等：《明史》卷85《河渠三·运河上》，中华书局，1974，第2089页。

⑤ 《北河纪》卷8《河灵纪》，第713页。

注入渤海。”[①] 这是黄河历史上的第六次，也是最后一次大改道。

作为黄、运交汇之地的张秋，在国家治黄与保漕的大背景下，当地的河神信仰更为盛行。同治十一年（1872）十月，“本年江北漕船行至八里庙阻浅，经运河道等诣大王庙虔诚祈祷，旋得大雨，河水涨发，米船得以畅行，实深寅感。著南书房翰林恭书匾额一方，发交乔松年祗领，敬谨悬挂山东张秋镇大王庙，用答神庥”[②]。以神灵“显应”，颁山东张秋镇大王庙匾额曰“宣流济运”。[③] 同治十二年（1873）十月，“本年寒露以后，中河厅中牟下汛三堡险工迭出，仰赖河神显应，化险为夷。又山东临清闸、张秋八里村地方，近年黄汛愆期，每至漕船阻滞，经江、安粮道等祈祷辄昭灵应，实深寅感，朕亲书匾额三方，交乔松年祗领，敬谨悬挂中河九堡大王庙、临清漳神庙、张秋河神庙，用答神庥”[④]。以神灵显应，颁张秋镇河神庙御书匾额曰“利运安流”。[⑤] 同治十三年（1874）六月，以河运漕船迅速，颁山东张秋镇金龙四大王庙御书扁额曰“神功济运”。[⑥] 光绪五年（1879）六月，“本年四五月间，河运漕船由运入黄，水源枯落，经文彬虔赴各大王、将军庙祈祷，当即连霈甘霖，得以迅速浮送，实深寅感。著南书房翰林恭书匾额各一方，交文彬祗领，分诣张秋镇金龙四大王、朱大王、黄大王、栗大王、宋大王、白大王、陈九龙将军、元将军庙敬谨悬挂，以答神庥”[⑦]。以河神显应，颁山东张秋镇金龙四大王庙匾额曰“沐浴福应”，朱大王庙匾额曰“德盛化均”，黄大王庙匾额曰“式扬利泽”，栗大王庙匾额曰“令问不忘”，宋大王庙匾额曰“播润千里”，白大王庙匾额曰“旬液应序”，陈九龙将军庙匾额曰“荟蔚云雾”，元将军庙匾额曰“嘉承天佑”。[⑧]

---

① 《黄河水利史述要》编写组编《黄河水利史述要》，水利出版社，1984，第 349 页。
② 中国第一历史档案馆编《咸丰同治两朝上谕档》，广西师范大学出版社，1998，第 22 册，第 208～209 页。
③ 《清穆宗实录》卷 343，同治十一年十月辛未条，中华书局，2008，第 51 册，第 518 页。
④ 中国第一历史档案馆编《咸丰同治两朝上谕档》，广西师范大学出版社，1998，第 23 册，第 232～233 页。
⑤ 《清穆宗实录》卷 358，同治十二年十月甲午条，中华书局，2008，第 51 册，第 739 页。
⑥ 《清穆宗实录》卷 367，同治十三年六月乙酉条，中华书局，2008，第 51 册，第 54724 页。
⑦ 中国第一历史档案馆编《光绪宣统两朝上谕档》，广西师范大学出版社，1996，第 5 册，第 220～221 页。
⑧ 《清德宗实录》卷 97，光绪五年六月甲子条，中华书局，2008，第 53 册，第 56166 页。

光绪七年（1881）八月，因陶城埠杨四将军、金龙四大王等河神“显应”，山东巡抚周恒祺奏请敕加封号并颁赐匾额：

前因张秋运口黄溜改道南趋，恐江北漕船有阻滞之虞，当经奏请在陶城埠地方另开新河，使漕船于渡黄后，而由史家桥顺流而至阿城闸入运。该处迎接大溜，当工程吃紧之际，正值桃汛盛涨之时，坝口属于险工，势将冲漫，均荷大王涌现，俾黄水到坝却消。五月间，船只抵口候汛株守。至七月初间，黄水尚乏来源，臣心万分焦灼，司漕各员虔求神助。臣于初七、八等日，朝夕在庙焚香默祷，旋于初九、初十日陡长水四五尺，顺势起坝放船，新口门较为宽畅……五百余号重船一律催趱进口，实为滋来未有。东昌府知府程绳武等禀称，长水之际，蒙杨四将军化身临工，亲驻坝口，若监视船只入运。……现拟在新口门更新建立金龙四大王庙暨杨四将军庙，附祀各位大王、将军，禀请具奏敕加杨四将军封号并颁赐匾额以答神庥。①

治河官员奏请酬谢神灵的原因和漕运官员极为类似。治河官员负有治理水患的职责，治理失败，往往会面临夺俸、降级、罢免、革职等惩处，故治河过程中，治河官员精神上一直处于焦虑不安、高度紧张的状态，即心理学上所说的应激反应。在遭遇险工时，治河官员往往会祭祀河神，以求神佑，并借此缓解心理压力。当决口堵塞或河工告竣后，紧张的心理得以解除，对河神显灵更是深信不疑，于是通过奏加封号、颁发匾额、修建庙宇、隆重祭祀等方式以酬谢神灵。酬神的目的在于报功，通过上奏河神显灵事迹，把治河的成功归结于神灵显佑的结果，不仅为自己的治河活动披上了神圣的外衣，也更有助于彰显自己的治河功绩。

第三节　商人商帮与金龙四大王崇拜

明清时期金龙四大王信仰极为盛行，由于金龙四大王为黄河河神和漕

① 山东巡抚周恒祺：《奏为陶城埠杨四将军金龙四大王神灵显应请恩加封号并颁颁赐匾额事》，光绪七年八月初三日，《录副奏折》，档号：03－5536－058。

运保护神，故其庙宇主要分布于黄、运沿岸地区。上自封建皇帝、河漕官员和地方官吏，下到漕军、船工、水手、渔民、商人等，基于各种需要，无不对其崇敬有加。“官方对金龙四大王的崇祀，完全是基于保障漕运、维系国计民生的政治经济利益的需要。而在民间，百姓则祈望从对金龙四大王的祈祷中得到更多方面的保护，举凡河决洪涝、久旱不雨、渔业不丰、冰雹伤稼、生老病死等等，都会以祭祀的方式向金龙四大王祈愿。”①有关金龙四大王信仰的研究，学界已取得大量成果，以往研究偏重于官方，对于商人商帮、船工、水手、渔民等民间群体则缺乏关注。本节依据相关史料，在论述商人所建金龙四大王庙宇地域分布情况的同时，重在分析商人商帮崇祀神灵的原因，探讨金龙四大王信仰对商人商帮社会活动的影响。

一　商人崇祀神灵的表现

聊城山陕会馆位于运河西岸，大殿奉关帝，南殿祀火神，北殿崇祀的就是金龙四大王。会馆内保存的嘉庆十四年（1809）《金龙四大王行略碑》详细叙述了金龙四大王谢绪由人到神的经过：

> 王，姓谢讳绪，会稽学生员，居钱塘之安溪，晋大夫安石（谢安）之裔也。素有壮志，知宋鼎将移。不果，仕隐于金龙山巅、达白云亭以诗书自娱。……太祖高皇帝与元将蛮子海牙战于吕梁，虏势顺流直冲，我兵大溃。太祖忽见空中有三将，身披甲，手执鞭，拥黄河而北流，虏众大败。太祖因祷天将，系何姓名，乞示我以便封酬。是夜，梦一生头戴儒冠，身挂青衿，披帷入告曰：“吾宋时会稽学生员谢绪是也，祖名达，父叔三人，予手足四人，纪、纲、统、绪，余居四，恶元乱中华，力不能勤赴苕溪，死尸葬金龙麓，饮恨九泉百余年矣。今幸圣主出，特为拥河北流，以伸平生志也。”……言已，王出。太祖醒，即传旨封为“金龙四大王”。②

---

① 李泉、王云：《山东运河文化研究》，齐鲁书社，2006，第275页。

② 陈清义、刘宜萍编著《聊城山陕会馆》，华夏文化出版社，2003，第86～87页；有关金龙四大王谢绪的神迹，在明清文人笔记、文集中多有记载，在此不再详细论述。

酬神报功亦是商人修建金龙四大王庙宇的重要原因。当人员、货物安全抵达目的地后，人们便会认为这是神灵护佑的结果，故建庙酬神。明万历三十二年（1604），杭州商人闻镰等在汶河南岸的旧窖口渡创建大王庙，供奉金龙四大王，“壮伟可观”。[①] 随后，山西商人也集资修建金龙四大王庙。临清市博物馆藏万历四十六年（1618）《新建金龙四大王神庙碑记》称：“敕封金龙四大王……威镇江河津流，率土敷储运保商舟，神功浩荡不容复赘，凡我西晋易闽赣者，咸荷顺风以护送，而大江鄱阳毫不为患，信仁圣之庇佑焉，为答谢金龙四大王的庇佑，西商们‘捐资助金皆乐施，不假他募’，修成大殿三楹，而殿之上又宗其楼焉……灿然壮观。”此庙具体位置，碑记中没有记载，只记载了侯尚人、樊希贤等捐资人的姓名。[②] 康熙十四年（1675），山西茶商韩四维等又在卫河西浒的广济桥旁边创建了一座大王庙，州人董上新为作《广济桥西岸大王庙记》云：“茶船至清源（临清古称），或更舟而北，或舍舟而陆，总以输运西边，西边之人仰赖惟殷，是以诸商皆乐于修建王庙，非众力辐辏亦不能告成事”。[③]

共同修建庙宇、祭祀神灵等活动，亦在一定程度上起到增进乡谊、扩大交流、凝聚人心的作用。山东张秋镇金龙四大王庙为晋商所建，寿张主簿马之骦《重修金龙四大王庙碑记》云：“张秋镇当会通之中，天庾御衣之龙舸，王师国旅之艨艟，朝士通人之鹢首游泂街尾，如络如织，莫不祈望神庥以资利济。……旧有祠，肇自明崇祯中，为西商朱元运、梁儒英鸠同里众商鼎建，规模故宏敞，榱题埏埴，故藻丽坚致，迄今阅三十余年，数罹兵燹，不无毁伤剥蚀矣。兹晋人张孝、秦人陈良观桑梓之前猷，动缁食之继好，尽己捐金，鼓人成玉，爰有众商齐登进步，共效合力，遂致堂构尊严，廊庑娩美，垣墉表卫，门屏扬辉。”[④]

---

① （清）王俊等修纂乾隆《临清州志》卷 11《市廛志》，临清市人民政府编《临清州志》，山东地图出版社，2001，第 472 页。

② 临清博物馆藏《新建金龙四大王神庙》碑文拓片，参见王云《明清山东运河区域社会变迁》，人民出版社，2006，第 279 页。

③ （清）王俊等修纂乾隆《临清州志》卷 11《市廛志》，转引自临清市人民政府编《临清州志》，山东地图出版社，2001，第 473 页。

④ （清）林芃修，马之骦纂康熙《张秋志》卷十《艺文志》，中国地方志集成·乡镇志专辑第 29 册，江苏古籍出版社，1992，第 124～125 页。

二　济宁商人与金龙四大王崇拜

明清两朝山东运河区域的金龙四大王崇拜，由官府到民间，由客商到土著，成为一种十分突出的共同信仰。在金龙四大王崇拜向外传播的过程中，鲁南重镇济宁是这一新兴信仰的传播中心。济宁是京杭运河的漕运咽喉，东有汶泗环绕，西有大湖浩邈，水系发达，居民多从事渔业及水上运输，故大王崇拜盛行。此地不仅有出现最早的“金龙四大王庙”，庙貌巍然，每日进香者络绎不绝，而且济宁人渐渐地把大王神变成了自己的乡土神，每到一地经商修建会馆，总是在会馆中供奉金龙四大王。

从明朝中期起，随着运河的畅通和漕运的兴盛，济宁商业经济的迅速繁荣，济宁商人势力也迅速崛起。清代前期，济宁商帮已能在晋商、徽商、洞庭商等强手如林的商场上占据一席之地。他们经商的足迹遍及运河流域及通都大邑及至山陬海滋，金龙四大王崇拜也随之漫延开来，在四出经营的同时，济宁商人把盛行于家乡的金龙四大王崇拜传播到大江南北。康熙年间，济宁布帛商到江南布业重镇盛泽立足经商，集体捐资修建了“济宁会馆”，会馆中“正殿供奉金龙四大王神像”，故当地人把济宁会馆称作“大王庙”。这座大王庙，成为以后百数年间联结济宁商人的精神纽带，从乾隆到嘉庆年间，又先后五次重修，每次都有众多山东商人捐资，而且修建所用砖瓦木料及工匠，皆从家乡远道运来，足见济宁商人势力在吴江之盛。《敕封黄河福主金龙四大王庙碑记》云：“金龙四大王，河神也。立庙祭献，淮扬济泗间称极盛。吾江邑向无大王庙，其有于盛湖滨者，则自济宁州诸大商始。盖盛湖距县治五六十里，为吾邑巨镇。四方商贾，云集辐辏，所建神祠不一，而惟大王一庙，尤为巨丽。……其庙制也，一仿北地祠宇，凡斧斤垩墁以及雕绘诸匠，悉用乎北。……而济宁之大商，因盛湖诸亲友，鱼书还往，时时晋谒……独济宁诸商贾，尤敬且信。”[①]

三　商人崇祀神灵的原因

在金龙四大王信仰传播过程中，商人商帮成为重要的媒介。“各地商

① 王国平、唐力行主编《明清以来苏州社会史碑刻集》，苏州大学出版社，1998，第529~530页。

帮都崇奉固定的神祇，如福建、广东这些以航海为主的商帮以及其他沿海商帮都崇奉蹈海救难、屡显灵验的化身天妃，如果不是在当地，天妃宫往往就是这些商帮的会馆所在地；徽商、宁国商人、山陕商人、江浙商人、山东东齐商人等，崇奉忠肝义胆、正义伟力的象征关羽关老爷；山东济宁、江淮的商人崇奉宋末殉节、庇佑河运的生员谢绪为金龙四大王，各地的大王庙往往为这些商帮所建；江西商帮崇奉曾为旌阳县令的许逊为许真君，有的会馆直接称为旌阳会馆。这些神化了的忠义、力量的化身，经历代渲染，都成了护佑一定地域或行业的功德神，已经超出了乡土神的范围。奉祀这些神祇，既可以祈求保佑，又可以借以树立各地域商帮特有的形象。”[①] 我们可以看出，信仰金龙四大王的多是客籍商人，其中以晋、陕、豫三地商人数量最多。众多周知，山陕商人普遍供奉关帝为乡土神，但他们又为何供奉与自己没有地缘情结的金龙四大王呢？笔者认为主要有以下几个原因。

古代社会人员、货物的运输无非水路和陆路两种方式，水路运输比陆路运输有着明显的优势，故通过水路运输商品和货物，成为商人、商帮的首选。水路相比陆路交通，虽然具有货运量大、成本低等优点，但是在生产力水平低下、科学技术落后的古代社会，航运于江河湖泊之上，仍然有极大的危险性，以致人员、货物沉溺事件时有发生。由于金龙四大王具有保障水上航运安全的职能，故依赖水路运输的商人商帮成为信仰神灵的重要群体。商人所建庙宇多分布于水陆交通便利的商业城镇和通都大邑，因为只有水陆交通便利的地方才会商贾云集。金龙四大王信仰主要盛行于北方地区，故信仰神灵的商人中以晋、陕、豫三地居多。“以博取赢利为目标的商人，是封建社会最具有务实精神的人群，故使得明清工商会馆中的神灵崇拜超越了一般的神灵祭祀活动，充满了世俗性和功利性。”[②] 祈求神佑、酬神报功往往是商人商帮修建金龙四大王庙宇的直接原因。借助崇祀神灵增进乡谊、凝聚人心则是商人商帮信仰神灵的最终目的。通过修

---

① 范金民：《身在他乡不是客——清代商人会馆的功能》，《寻根》2007 年第 6 期。

② 有关明清商人会馆神灵崇拜世俗性和功利性的表现，详见李刚、曹宇明《明清工商会馆神灵崇拜多样化与世俗性透析——以山陕会馆为例》，《西安文理学院学报》（社会科学版）2011 年第 1 期。

建庙宇、崇祀神灵等活动亦在客观上促进了商人商帮与当地官绅民众的文化交流，为自身创造出良好的经营环境，为其融入当地社会打下了坚实的基础。

官方的倡导和推动。在金龙四大王信仰的形成及传播过程中，官方赋予了金龙四大王护佑漕运、防洪护堤等职能。这种职能的赋予使得金龙四大王与明清国家的河漕治理活动密切相关，故不断得到明清官方的加封。在官方的倡导和推动下，祭祀金龙四大王的庙宇遍布黄运沿岸地区。中国古代社会代表朝廷的官方力量一直居于强势地位，对民众的人身和思想有着巨大的影响力。官方的褒奖和敕封在增强神灵合法性的同时，亦扩大了神灵的影响力和知名度。金龙四大王是官方正祀河神，具有浓厚的官方色彩，商人商帮通过崇奉金龙四大王，在保持与官方信仰一致的同时，亦可以增强其会馆和经营活动的正统性、合法性。

谢绪的忠义精神亦是信仰传播的重要原因。在中国古代社会，儒家思想占据统治地位，基于维护封建统治的需要，儒家的忠孝节义观念受到了历朝统治者的推崇，士绅阶层和普通民众对儒家思想也给予了高度认可。在儒家思想的影响下，中国古代社会历来有"崇儒尚道""重义轻利"的思想传统。商人整天与金钱、货物为伍，难免给人一种"唯利是图""见利忘义"的印象。虽然明清时期商人的社会地位相比以前有了很大提高，但由于传统"重农抑商"思想的存在，使得精英阶层和普通民众对商人仍然抱有一定的怀疑和轻视。中国的商业神崇拜有着浓厚的儒家文化色彩。"民间的商业神崇拜，即使是小工匠、小商贩的神祇信仰，虽然与正统的儒家文化有相当的距离，但其向儒家文化靠拢的姿态仍然是十分明显的。"[①] 更何况那些从事长途货运贸易的都是财力丰厚的豪商巨贾，更加看重其在客居地的形象和地位。明代中后期，经过文人改造之后的谢绪，完全成为忠义的"化身"。基于儒家思想在中国传统社会的巨大影响力，信奉具有忠义精神的金龙四大王谢绪，无疑可以彰显自己的"儒商""义商"形象，在提升自身社会地位的同时，也更易获得当地社会的认同。

---

① 宋长琨：《儒商文化概论》，高等教育出版社，2010，第280页。

小　结

金龙四大王信仰在山东运河区域的盛行并不是偶然现象，而是有着深刻的自然和社会原因。明清官方赋予了金龙四大王护佑漕运、防洪护堤等职能，漕粮运输和河漕治理的现实需要是导致其在山东运河区域盛行的主要原因。在中国古代社会，儒家思想占据统治地位，基于维护封建统治的需要，儒家的忠孝节义观念受到了历朝统治者的推崇，士绅阶层和普通民众对儒家思想也给予了高度认可。经过文人改造之后的谢绪，成为忠义的化身，这无疑也是导致其传播和盛行的重要原因。中国古代社会代表朝廷的官方对民间社会有着巨大的影响力，官方对金龙四大王的肯定和认可进一步促进了其在民间的广泛传播。山东运河沿岸城镇商品经济发达，商人商帮数量众多，基于酬谢神灵、增进乡谊、扩大交流等利益诉求，商人商帮成为信仰传播的重要媒介。考察金龙四大王崇拜在山东运河区域的形成及传播过程，可以发现：一是这种崇拜主要是由于运河漕运的长期维持才产生的，带有强烈的官方色彩，当运河淤塞，漕运废止之后，金龙四大王信仰失去了其赖以存在的土壤，便不可避免地走向衰落。二是谢绪由人鬼变成神灵，是由明清政府和运河沿岸民众的共同造神运动完成的，完全是为了满足人们治运保漕、祈雨祈晴、御灾捍患等心理需求而出现的。三是信仰具有很强的流动性，漕军运丁、商人商帮成为信仰传播的重要媒介。“这种民间信仰的互相影响和交融，正是京杭运河贯通为山东运河区域带来的一种前所未有的社会文化现象。”①

① 王云：《明清时期山东运河区域的金龙四大王崇拜》，《民俗研究》2005 年第 2 期。

第三章
忠义与教化
山东运河区域的关帝信仰

关帝是后世帝王对三国武将关羽死后的封号，关帝崇拜可以说是中国的神灵崇拜中一个相当独特的现象。在中国历史上，各种英雄人物数不胜数，但只有关羽在死后地位一路攀升，由将而侯，由侯而公，由公而王，直到成为“关圣大帝”。应该说，在中国历史悠久又形式多样的人格神崇拜中，只有对“万世师表”的孔子的崇拜可以与关羽崇拜相提并论；而在其影响的广度上，关羽崇拜又明显地超过了孔子崇拜。这种现象蕴含着极其丰富、极其深刻的文化信息。本章主要对明清时期山东运河区域的关帝信仰进行考察，在论述其庙宇分布和盛行原因的同时，探讨商人商帮在信仰传播中的作用以及地方士绅、普通民众与关帝信仰的关系。

第一节　关帝信仰发展概况

关帝信仰是指对三国历史人物关羽的信仰和崇拜，是中国最具代表性和影响力的一种人格神信仰。关帝即关羽，从三国时期号称“万人敌”而功业未终的勇将，到地位凌驾于历代所有武将的“武圣人”，再到让芸芸众生顶礼膜拜的“关圣帝君”，关羽崇拜遍及海内外，其影响持续千余年，成为中国传统文化中一种十分独特的现象。由于运河的流经，明清时期山东运河区域既是经济繁荣、文化昌盛之地，也是关帝信仰极为盛行的地区，祭祀关帝的庙宇数量众多，遍布运河沿岸的城镇和乡村。

一　关帝庙宇的分布情况

山东是关羽信仰比较发达的地区，明清两朝，山东几乎所有的州县都建有关帝庙。“自通都大邑以逮穷乡僻壤、异域遐陬，莫不立祠肖像，岁时瞻礼。”① 山东运河区域由于地近山西，北通京师，关帝信仰就更加普遍，翻检各州县地方志，涉及关帝庙的记载数不胜数。“盖其威灵赫，若天下后世，人人若亲，见面俨然如在目前。虽儿童妇女、愚劣狂瞽亦无弗尊信钦仰者，斯祀自古以来，惟一关王耳。”② 东昌府治聊城在清季时关帝庙遍布大街小巷，据称，城区内外足有百十座，其著名者有运河岸边的山陕会馆依西门城墙而建的关帝庙，南城门城上、城下的“一步三关庙”（意为在城门下穿过时，头上一座，脚下左、右各一座），还有东关运河西岸的“赤帝当阳庙”，粮市街的阳谷庙（由阳谷武生员集资建立），东关大街的“庙上庙”（因庙有两层，下祀财神，上祀关公）等。明清时期聊城店铺林立，商贾云集，因而商人会馆中也多供奉关帝。位于聊城东关、运河西岸聊城山陕会馆建于乾隆八年（1743），其大殿供奉的就是关帝。在德州、临清、济宁、兖州等地，关帝庙的数量同样难以计数（详见表3-1）。

表3-1　地方志中所载关帝庙宇分布情况

州县名称	数量	庙宇名称	庙址及修建情况	资料来源
德州	12	关帝庙	一在学宫东南，一在南门城上，一在小西门城上，一在上码头，一在递运所街，一在水官驿，一在西门瓮城，一在北厂东南，一在北厂西南，一在教场，一在税务司街，一在柘园镇	乾隆《德州志》卷5、卷11
武城	1	关圣庙	在县治西	乾隆《武城县志》卷5
夏津	1	关帝庙	在县治东察院之左，元至元年间建，明天顺年间、清康熙年间重修	乾隆《夏津县志》卷5

① （清）李维诚纂修光绪《博平县续志》卷9《艺文志》，中国地方志集成·山东府县志辑第86册，凤凰出版社，2004，第600页。

② （清）陈庆藩修，叶锡麟、靳维熙纂宣统《聊城县志》卷13《艺文志》，中国地方志集成·山东府县志辑第82册，凤凰出版社，2004，第189~190页。

续表

州县名称	数量	庙宇名称	庙址及修建情况	资料来源
馆陶	1	关帝庙	在县十字街北，创建无考，明正德八年重修	雍正《馆陶县志》卷8
恩县	1	关帝庙	在城东北隅，知县刘黄钟建	宣统《重修恩县志》卷3
聊城	2	关帝庙	一在东关河东岸，一在西城上	宣统《聊城县志》卷2
临清	1	关帝庙	在旧城广积门外，明正统二年，太监苏罗、守御千户所刘方增扩建。隆庆元年，知州刘志业重修	乾隆《临清州志》卷10
堂邑	3	关侯庙	一在北门内，一在南门外，一在城东	康熙《堂邑县志》卷6
清平	3	关帝庙	一在东门内，明弘治元年重修。一在菜市北首，一在北大街	民国《清平县志》第4册
博平	4	关公庙	一在东郭外之东，一在西郭外之北，一在莎堤漕河浒，一在南城楼之西	道光《博平县志》卷2
冠县	3	关帝庙	一在和会街，一在北关，一在城西南隅山西会馆	民国《冠县志》卷5
东阿	2	关帝庙	在县治东，嘉靖年间重修。乾隆八年，改建会馆	道光《东阿县志》卷8
		东两村关帝庙	在安平店庄北，明末创修，清代雍正、乾隆、道光、光绪年间多次重修	民国《东阿县志》卷3
阳谷	4	关帝庙	一在县治东北，称铁马关帝庙，明洪武十八年，乡民杜成会众重修。万历二十四年，典史何耀重修。康熙四十六年，知县苏名杰增修。一在县西关外，邑都御史吴铠建。万历三十三年，知县范宗文命义民董宪章捐资重修。一在县东关外，邑义民李联芳建。一在荆门闸，明正德间建	光绪《阳谷县志》卷3
寿张	3	关圣庙	一在县治西大门东，一在西关北街，一在曹家堌前	光绪《寿张县志》卷2
张秋	3	武安王祠	在显惠庙左，万历十年，郎中屠元沐建	康熙《张秋志》卷2
		关王庙	一在荆门闸，正德间建。一在张秋镇纸店街	

续表

州县名称	数量	庙宇名称	庙址及修建情况	资料来源
滋阳	2	武庙	在韦园	光绪《滋阳县志》卷4
		关圣行宫	在北门内三元宫西，明末，邑人尹志高建	
邹县	3	关圣庙	一在县治东首，明万历年间，知县王一桢建。一在九龙山，康熙十年重修。一在万章村，康熙元年，乡民重修	康熙《邹县志》卷1
东平	1	关帝庙	在州署南	光绪《东平州志》卷6
济宁	4	关帝庙	一在学宫东，创始无考，康熙二十二年重修。一在南门瓮城，学正宋守塘有记。一在东门内稍北，一在河东大碳沟	道光《济宁直隶州志》卷5
鱼台	1	关帝庙	在西门内，正德年间重修	道光《济宁直隶州志》卷5
金乡	1	关帝庙	旧在东关，顺治三年，移于县治西南，寿官莫志孔建，知县麦子淳重修	咸丰《金乡县志略》卷5
嘉祥	1	关帝庙	在东关，嘉靖间建。崇祯年间，知县江文淳重修	光绪《嘉祥县志》卷1
滕县	1	伏魔大帝庙	在守御所，祀汉寿亭侯关公，有司与所官朔望朝之，无常祭，而乡村民自祠者尤众	道光《滕县志》卷4
峄县	1	关帝庙	在城西门外，金天眷时创建，明万历六年，知县李如金重修	光绪《峄县志》卷10

由表3－1我们可以看出，明清时期山东运河区域共有关帝庙宇59座。当然这只是地方志中有明确记载的庙宇，众多庙宇由于规模较小、离城镇较远等原因没有被纳入地方志的记载。康熙《张秋志》记载，除荆门闸和纸店街两处关王庙外，“四郊祠者十三，不暇悉举”。[①] 此外，众多由商人所建的庙宇亦没有被收录其中，故庙宇的实际数量将远高于此数。张秋一镇即有关帝庙宇十余座，粗略估计，明清时期山东运河区域关帝庙宇当不下三四百座，由此可见关帝信仰之盛行。

① （清）林芃修，马之骦纂康熙《张秋志》卷2《建置志·寺观》，中国地方志集成·乡镇志专辑第29册，江苏古籍出版社，1992，第36页。

二　信仰传播的社会环境

关帝信仰是中国传统社会最具代表性和影响力的一种人格神信仰。历史上的关帝，只是三国时期的一员武将，但由于官方的支持、佛道两教的推崇、儒兵二家的赞扬以及文学艺术的渲染，关帝完成了由人向神的角色转变，并且在世俗社会之圣贤群体和宗教社会之神灵系统当中的地位迅速提高。伴随着其职能的多元化，关帝受到各社会阶层的普遍崇拜，超越儒释道三教各位神圣，成为民间信仰和官方信仰的主神之一。这其中，官方的推崇为关帝地位的变迁提供推波助澜的强大动力。

在宋代以前，关羽的形象在民间影响并不大。对此，赵翼在其《陔余丛考》中评论说："鬼神之享血食，其盛衰久替，亦若有运数而不可意料者。凡人之殁而为神，大概初殁之数百年，则显著灵赫，久则渐替，独关壮缪在三国、六朝、唐宋皆未有禋祀。"[①] 宋代以后，随着理学的盛行，集忠孝节义于一身的关羽受到封建统治者和文人士大夫的格外重视和推崇。而且，宋代君主多信奉道教，热衷于为民间鬼神加封晋爵。从宋哲宗开始，关羽便获朝廷的封赠，并先由侯被追封为公，继而由公封为王；封号也由二字增至四字、六字、八字，身份也越来越显赫，至最后加封其为"壮缪义勇武安英济王"。元朝帝王虽笃信佛教，但却视关羽为佛教护法，更仿效宋朝，加封关羽为"显灵义勇武安英济王"。

明代因《三国演义》开始在民间广泛流传，关羽作为忠、诚、信、义的豪杰典范而进一步深入人心。万历二十三年（1595），明神宗敕封关羽为"三界伏魔大帝神威远镇天尊关圣帝君"。天启、崇祯年间，由于内祸外患的迫急，明朝统治者更加祈求神灵的庇护，因而一次次抬高关羽的地位，甚至将他与"万世师表"的孔圣人相提并论，希望他"协天护国""伏魔"荡寇。由此，"关帝"的称号正式登上了封建朝廷的政治殿堂。清代统治者对关羽的崇祀有增无减。顺治九年（1652），封其为"忠义神武关圣大帝"；乾隆三十三年（1768），又加封其为"忠义神武灵佑关圣大帝"；嘉庆十九年（1814），又在乾隆朝封号上加"神勇"二字；咸丰年间，又陆

① （清）赵翼：《陔余丛考》卷35《关壮缪》，河北人民出版社，1990，第622页。

续敕加“护国”“保民”“精诚”“绥靖”；到光绪五年（1879），关羽的封号为“忠义神武灵佑仁勇威显护国保民精诚绥靖翊赞宣德关圣大帝”，达26字之多。封建统治者对关羽的崇拜可谓达到了顶峰。由于宋元明清数百年间统治集团的竭力营造，关羽由人变成了神，再加上明清时期家喻户晓的《三国演义》故事对关羽忠义形象的渲染，关羽最终被塑造成了上可协天护国，下可型范世人，又能消灾祈福、招财利市的多功能的尊神。

明清时期山东运河区域关帝信仰的兴盛，除了历代王朝的不断推崇、竭力营造之外，还有来自民间社会的几个重要因素。

关羽忠信仁义的精神品格与当地民风相契合。运河流经的鲁西地区为孔孟故乡，忠义、诚信的观念早已是这一区域人文精神的核心；宋元以降，这一带历经兵燹和灾荒，人们在颠沛流离的生活环境中，特别推崇强力和信义，强力可以抗拒天灾人祸，信义可以相濡以沫，共度危难。由此，这一带形成了尚武好义的民风。这样的民风正是关羽崇拜在鲁西大行其道的深厚文化心理基础。明人张凤翔《重建关圣帝君庙碑记》云：“夫忠义无日不在天地，则英灵亦无日不在天地，其自汉迄今千三百余年，祠宇所在皆然。夫牧竖妇人女子靡不瞻顾，只事奔走，肃将恐后，非偶然而已也。帝君为人臣，则止于忠；为人弟，则止于友；与朋友交，则止于信。凡君臣、兄弟、朋友之伦，无日不在天地，则英灵亦无日不在天地。”①

大量山西移民的存在是关帝信仰盛行的社会基础。明朝前期，政府从山西迁移大量人口充实山东西部，东昌、兖州二府接受移民尤多，据目前的研究成果，洪武年间，东、兖二府共接受来自山西省的移民近60万人，其中东昌府的山西移民人口几乎占到当地人口总数的90%，兖州西部平原地区的山西移民人口也占到了当地人口总数的60%左右。② 大量的山西移民被迫背井离乡，被安置在当时满目荒芜的鲁西平原，深深的思乡情结使他们更加崇奉故乡的先贤，因而，在鲁西的山西移民家中，大多供奉着关羽的神像，这既是他们故乡情怀的精神寄托，也是山西人借以联乡谊、敦亲情的纽带，同时还是他们在异地他乡谋生的乡土保护神。除此之外，以

---

① （清）陈庆藩修，叶锡麟、靳维熙纂宣统《聊城县志》卷13《艺文志》，中国地方志集成·山东府县志辑第82册，凤凰出版社，2004，第199页。

② 曹树基：《洪武时期鲁西南地区的人口迁移》，《中国社会经济史研究》1995年第4期。

晋商为主体的山陕商人亦在信仰传播中发挥了显著作用。

第二节　商人商帮与关帝信仰

明清时期，山东运河区域关帝信仰的一个重要特征就是以晋商为主体的山陕商人成为信仰传播的重要媒介。关公最令世人崇敬的品格是“忠义神勇”“诚信仁义”“义薄云天”，在晋商看来，关公就是儒家文化塑造出来的公众形象，是信与义的化身。在商业活动中，信义既是他们经商的基本理念，又是他们行为的规范。在晋商看来，关公还是他们的保护神、乡土神。关公是晋商的同乡，是他们的骄傲，也是他们的精神支柱，可以为他们祛灾禳祸，能让他们获得心灵的庇护，因而他们崇信关公，敬奉关公。

一　商人商帮所建关帝庙宇

“宋代以来，商人的实力随着商品经济的发展不断壮大，而外出经商的风险使他们迫切需要宗教信仰提供心理安慰，所以他们逐渐成为支持民间信仰的重要力量。”① 明清时期，大量山西商人纷纷来山东运河区域经营，对关帝信仰的盛行起到了推波助澜的作用。山西商人的关帝信仰，不像历代官府所倡扬的那样从政治、军事角度崇信，而更多的是从经济利益的角度去祈祷和供奉。山西商人几乎每到一地必建会馆，而每座会馆必奉祀关羽。

表 3－2　山东运河区域所建山西会馆一览②

序号	会馆名称	地址	创建时间	创建人	资料来源
1	山西会馆	德县	清代	山西商人	民国《德县志》卷 4
2	山西会馆	恩县	道光	山西商人	光绪《恩县乡土志》
3	山西会馆	武城四女寺	清代	山西商人	田野调查
4	山西会馆	馆陶	乾隆	山西商人	光绪《馆陶乡土志》卷 8
5	山西会馆	南馆陶	乾隆	山西商人	光绪《馆陶乡土志》卷 8

① 王见川、皮庆生：《中国近世民间信仰》（宋元明清卷），上海人民出版社，2010，第 117 页。

② 李泉、王云：《山东运河文化研究》，齐鲁书社，2006，第 196～197 页。

续表

序号	会馆名称	地址	创建时间	创建人	资料来源
6	山西会馆	冠县	道光	山西商人	道光《冠县志》卷2
7	太汾会所	聊城	康熙	山西商人	聊城山陕会馆碑记
8	山陕会馆	聊城	乾隆	山西、陕西商人	聊城山陕会馆碑刻
9	山西会馆	朝城	清代	山西商人	光绪《朝城乡土志》
10	运司会馆	阳谷阿城	乾隆	山西盐商和盐运司	现存遗址
11	山陕会馆	阳谷张秋	康熙	山陕商人	现存遗址
12	山西会馆	阳谷张秋	不详	陕西商人	田野调查
13	山西会馆	东阿	道光	山西典当商	道光《东阿县志》卷2
14	山西会馆	梁山靳口镇	不详	山西商人	《梁山文史资料》第8辑
15	山西会馆	东平	不详	山西商人	民国《东平县志》卷15
16	西晋会馆	汶上	乾隆	山西典当商	现存碑刻

由表3－2可以看出，山东运河区域由山西商人所建（或与陕西商人合建）的会馆共有16座。明清两代的商人会馆多为馆庙合一，既是会馆，又是神庙。“祭拜神灵，联络乡情，是会馆的基本功能。”① 这些会馆在一定程度上亦可视为商人所建的关帝庙宇。上述会馆多建于清代乾隆、道光年间，这一时期，晋商真正崛起，并逐渐走向全国。晋商成为关帝信仰传播的重要媒介，这也是山东运河区域关帝信仰的显著特色。

二　商人商帮崇祀关帝的原因

聊城山陕会馆是山西、陕西商人为作“祀神明而联桑梓”集资合建的一座神庙与会馆相结合的建筑群。从会馆内现存碑刻记载看，会馆始建于清乾隆八年（1743），至光绪年间先后七次扩建、重修。

山陕会馆第一次重修始于乾隆二十八年（1763），至乾隆三十一年（1766）完成。此次重点对戏楼加以重修，并在正殿东北和东南侧增建南北看楼，以供山陕客商游乐赏戏。乾隆三十一年（1766）四月，时任兵部武选清吏司员外郎、乐昌人行日昌在其所撰《山陕会馆重修戏台建立看楼

① 李刚、曹宇明：《明清工商会馆神灵崇拜多样化与世俗性透析——以山陕会馆为例》，《西安文理学院学报》（社会科学版）2011年第1期。

碑记》中论述了重修会馆的原因：

> 圣人子膺图御寓，久道化成，厚滦泽，光被四表，居者不闭户，行者无戒心。是故通都大邑，商贾云集之处，莫不各建会馆，以时宴会，聚集于其中。盖客旅见乡人，联桑梓，通款洽，情倍亲也。山陕会馆之设，创自乾隆八年，中祀关圣帝君，殿宇临乎上，戏台峙其前，群楼列其左右，固已美轮美奂，炳若蠡皇矣。岁时伏腊，凡我商贾，或割牲以报神，或饮醵而赏胜，于时言言，于时语语，犹木之欢同根、水之欢同源也，迄于今历有二十有一年矣。……因念吾人里居，亲戚邻鄙，朝夕聚首，及出而走四方，蓬飞萍漂，靡所定止。唯此会馆，可以悦亲戚之情话，慰良朋之契阔，虽在齐右，何异登华巅而泛汾波也！[①]

第四次重修始于嘉庆八年（1803），迄嘉庆十四年（1809），历时 7 年，是光绪以前诸次重修中规模最大的一次。时任直隶总督的温承惠在其所撰《山陕会馆众商重修关圣帝君大殿财神大王北殿文昌火神南殿暨戏台看楼并新建飨亭钟鼓楼序》中详细记载了此次重修的经过：

> 东昌为山左名区，地临运漕，四方商贾云集者不可胜数，而吾山陕为居多。自乾隆八年创建会馆以祀神明而联桑梓，迄嘉庆八年复从而修之。……中殿祀关圣帝君，其后建春秋阁，已勒诸贞珉，兹不复赘。北殿祀财神大王，南殿祀文昌火神，三殿居西，正大高明，为诸神凭依之所。东有演戏台，而看楼对峙，山门屏列，此仍旧制而新之者也。殿前飨亭九间，陈俎豆于此，肃拜跪于此，联乡谊而饮福酒亦于此。……其经营也，起癸亥，讫己巳，七年而工告竣，迹虽修也，而功倍于创。……当甫议此举，人皆有同心而乐于损赀，漫以厘头之铢积寸累者补其不足，是以取精多而用物宏，结构宏广，遂开百世之

① 山西省政协《晋商史料全览》编辑委员会编《晋商史料全览：会馆卷》，山西出版集团，2007，第 230 ~ 231 页。

伟观。成功之易如此，虽曰人工，岂非神力哉！①

神庙与会馆合一是多数商业会馆的重要特征。正如温承惠在其所撰碑文中所言："国家重礼神之典，祈报隆立庙之规，我皇上成民而致力于神，肃雍奏格。上以答在天之灵笈，下以祈生民之福庥。"② 国家风气如此，作为同乡人在异地的一处精神家园，会馆的祀神功能更是显得格外重要。会馆中所祀神灵不仅是同帮商人的精神寄托，同时也是商人商帮行为准则和商业伦理的一种展示。嘉庆十四年（1809），时任刑部湖广清吏司主事的贾履中在其所撰《春秋阁碑文》中论述了众商崇祀关帝的原因：

东昌府治，东省之大都会也，近圣人之居东，风醇俗美；席表海之盛，物阜民殷。以故人烟辐辏，士商云集。……爰建山陕会馆，祀关圣帝君，以致崇奉之诚，而联商梓之谊，此亦情事之固然，无足异者。而吾独取夫春秋阁之建，有以窥圣人授受之源流，而表章夫生平得力之所在者，则是举之所系良非浅鲜矣。……帝君际炎汉之末，去孔子几千载，而心心相印，若合符节，故于《春秋》微文粤义，洞悉底蕴。虽造次颠沛，未尝或违，用是精忠贯天地，大义炳日星，浩然之气亘古常留，使天下后世之人莫不尊亲。盖观于《春秋》一书，而大圣人之心事昭然若揭，则斯阁亦安可以不建，而斯阁之建又安可以不志也？③

山陕会馆东西长 77 米，南北宽 43 米，占地 3311 平方米。整个建筑由山门、过楼、戏楼、夹楼、鼓钟二楼、南北看楼、南北碑亭、南中北三殿、春秋阁、望楼、游廊、南北跨院等组成。在气势雄伟的会馆大门上方，悬挂着蓝底描金"协天大帝"巨幅竖匾，明确无误地告诉人们，关羽

① 山西省政协《晋商史料全览》编辑委员会编《晋商史料全览：会馆卷》，山西出版集团，2007，第 230 页。

② 山西省政协《晋商史料全览》编辑委员会编《晋商史料全览：会馆卷》，山西出版集团，2007，第 229 页。

③ 山西省政协《晋商史料全览》编辑委员会编《晋商史料全览：会馆卷》，山西出版集团，2007，第 228～229 页。

是这所宏阔会馆的正神，而大门两侧的木质方柱上的楹联，显示出西商对他们的乡土神的至高推崇："本是豪杰作为，只此心无愧圣贤，洵足配东国夫子；何必仙佛公德，惟其气充塞天地，早已成西方至人。"在山陕商人的心目中，关帝的功德比起齐鲁之邦的孔圣人及仙佛始祖，毫不逊色。楹联对关羽的歌颂，体现了会馆即是关帝庙的宗旨。

山东运河区域的山陕商人们之所以如此推崇备至地歌颂关羽，一方面是祈祷这尊乡土神给予自己更多的护佑，另一方面则是借塑造关羽形象来提高山陕人在侨寓地的地位。"在乡土观念浓厚的古代社会，离井背乡的人在心理上总有一种漂泊感和不安全感，在现实社会中，也多多少少会受到土著人的排斥，因而他们需要有强健的精神支柱支撑他们在异乡坚持创业，关羽就是山陕商人保持强健精神力量的源泉。"[①]"晋商活动不仅把宗教伦理入世精神化为强大的实践理性，且将关公提升为塑造商业伦理的精神准则。"[②]在会馆里，商人们通过祭祀、迎神赛会、献戏等活动来表达对关羽的信仰，以求保佑自己生意兴隆、财源广进。

第三节　区域社会视野下的关帝信仰

美国学者杜赞奇在其《刻划标志：中国战神关帝的神话》一文中，从"文化象征"的角度探讨了关公神话被"刻划"的过程以及"关帝神话与帝国国家""大众文化中的关帝神话"等问题，力图说明在社会群体和机构中"象征标志范围的变化和历史的变化"之间错综复杂的关系，即不同社会群体对同一种"文化象征""信仰符号"有着不同的阐释和解读。[③]明清时期山东运河区域商人商帮对关帝的信奉毕竟是"特例"，信仰关帝更为普遍和广泛的群体则是地方官员、士绅和民众。他们基于各自的目的，站在不同的角度，对关帝信仰也有着不同的利益表达。

① 王云：《明清山东运河区域社会变迁》，人民出版社，2006，第301页。

② 董立清、卫东海：《关公信仰与明清晋商精神的发展》，《中共山西省委党校学报》2010年第4期。

③ 〔美〕杜赞奇：《刻划标志：中国战神关帝的神话》，详见〔美〕韦思谛编《中国大众宗教》，陈仲丹译，江苏人民出版社，2006，第93~114页。

一　地方官员与关帝信仰

崇祀神灵是地方官员的本职工作之一。《明史》规定，知府的职责是“掌一府之政……凡宾兴科贡，提调学校，修明祀典之事，咸掌之”。知县的职责是“掌一县之政……凡养老、祀神、贡士、读法、表善良、恤穷乏、稽保甲、严缉捕、听狱讼，皆躬亲厥职而勤慎焉”。[①] 清代地方官员的职责沿袭明代，如规定知县“掌一县治理。决讼断辟，劝农赈贫。讨猾除奸，兴养立教。凡贡士、读法、养老、祀神。靡所不综”[②]。其中知府职责中的“修明祀典之事”和知县职责中的“祀神”都关系到民俗信仰，包括祀典的整饬和定期祭祀，以及庙貌的修建，这是地方官到任后的首要事情。修庙祀神不仅是明清礼法对知府、知县职责的规定，而且关系到地方社会的发展。祠庙的兴废与地方社会关系重大，地方官员自身对此也颇为认同。

地方官员在上任以后，通常都会拜谒官方祀典中的祠庙，看到祠庙破落后，一般会倡议修建，并捐出俸禄以作表率，这不仅是他们的本职工作，也透露出他们对神灵佑护地方功能的确信。当然，修建祠庙的具体工程往往由其他官员主持，民众出力。道光八年（1828），东昌府知府刘煜重修西城关帝庙。其《重修西城关帝庙碑记》云：“今上御极之七年夏，余奉恩命来守东昌。下车后，凡祀典所载之庙，例应展谒。衡以‘能御大灾则祀，能捍大患则祀’之义，则莫如关庙。……肃拜既毕，周视内外，见殿寝门庭墙颓瓦谢，梁栋榱题半归凋落，为喟然者久之。乃进僚属及郡之绅耆而告之曰‘福国祐民，神之庇也；修举废坠，为政者责也。庙之修，弗可以已。’……乃捐廉为倡，鸠工庀材，凡六阅月而蒇事。董其事者训导杜君圻、郡人王基庆等。”[③] 光绪十年（1884），博平知县金熙彬《重修关帝庙碑记》云：“博平之有庙，由来久矣。庙在县治西，负城临水，遥对学宫，规制固巍然也。无如年远未修，祠宇半行剥蚀，每值朔望行香，目睹而心灰者屡矣。今年春，邑绅耆谋所以新之者商于余。余嘉其事之克举也，因捐廉以为之倡，而

① （清）张廷玉等：《明史》卷 75《职官志》，中华书局，1974，第 1580 页。

② 赵尔巽等撰《清史稿》卷 116《职官志》，中华书局，1977，第 3357 页。

③ （清）陈庆藩修，叶锡麟、靳维熙纂宣统《聊城县志》卷 13《艺文志》，中国地方志集成·山东府县志辑第 82 册，凤凰出版社，2004，第 209 页。

四方好义者咸争先乐输。于是，鸠工庀材，两月而毕是举也。非徒以饰轮奂、壮观瞻也，将博邑之官吏士庶祈于斯、报于斯，为我国家祝万年有道之长焉；亦于斯，凡骏奔而拜于祠下者，罔不油然生其忠义之心，则帝君之福佑此土也，又岂有既哉！故叙其缘起，以验来者。”①

二　地方士绅与关帝信仰

庙貌的修建是权力的象征。美国汉学家杜赞奇认为。宗教活动与公务活动的重合为乡绅们提供了施展其领导职能的舞台。一方面，在儒家思想占统治地位的中国，参与宗教活动，如敬神、修庙和补庙，是乡绅们“义不容辞”的“责任”。另一方面，假如天人合一的官僚体系是乡村精英进入世俗政治结构的一条重要途径，那么参加乡村宗教活动则是精英们表现其领导地位的大好时机。② 士绅是地方的精英，与普通民众相比，他们在地方社会既有一定的影响力，又有一定的经济能力，由他们组织修建庙貌也是常见之举。通过这样的活动，他们不仅领导和参与了地方公共事务，而且在活动中进一步确认了自己在地方社会的精英地位。除此之外，还有另一种原因：“士人群体乃是信奉、推动民间信仰的最主要力量之一。所以，对于他们出面主持、参与祠庙修建的行为也有必要从信仰内部考虑：他们之所以来修庙，首先是因为他们信神。”③

地方士绅往往借修建庙貌表达自己的祠祀理念。博平县城东五里堠有关帝庙。乾隆二十九年（1764），邑人李金枝《重修关帝庙碑记》云：“普天下莫不尊亲，通都大邑以及穷乡僻壤肖像而崇奉之者固无如关帝矣；赞颂之碑版，无不搜奇尽致以争，实与帝无与也。盖帝之圣神文武无须乎赞，亦实无可赞。……或曰如子之言，则帝不当祀耶！余曰吾讵谓帝不当祀者，但人不知所以祀耳！吾谓欲祀帝，宜知帝之为帝；欲知帝之为帝，仍以圣贤之语为归。夫子曰成仁，孟子曰配义，曾子曰大勇，子思曰至

① （清）李维诚纂修光绪《博平县续志》卷9《艺文志》，中国地方志集成·山东府县志辑第86册，凤凰出版社，2004，第600页。

② 〔美〕杜赞奇：《文化、权力与国家：1900－1942年的华北农村》，王福明译，江苏人民出版社，2006，第93～97页。

③ 王见川、皮庆生：《中国近世民间信仰》（宋元明清卷），上海人民出版社，2010，第107页。

诚，谓之志士也，可；仁人也，可；君子也，可；大丈夫也，可。可显之为常人之固有，深之为至人之不测。仰之为日月之经天，俯之为江河之行地。苟吾心光明磊落，即帝心也；帝心即天心也，祀帝即祀天也。”①

东阿县城北香山街旧有关帝庙宇一座，创建时间不详，光绪年间重修。邑人王善泽《重修关帝庙碑记》记载：“阿邑（东阿）城北香山街旧有帝君庙一座，庙貌虽不甚宏敞，而气之至大、至刚足配道义者，自若大莫载，亦小莫破类如斯也。第自道光年间重修后，迄今阅数十年，榷桷渐就倾圮，黝垩尽皆剥落。村中耆老不忍坐视，相与倡捐费财，重加修整，规模仍旧，而气象更新。殆以忠义之气激于心，所谓勃然而不可遏，浩然而无所馁者，其在斯乎！工竣，问序于余，余喜其勇于有为，而志足帅气可以持续，可以维名教也，于是乎书。”②

在祠庙修建问题上，地方士绅往往会与地方官员合作，谋求来自官方的肯定和支持，以彰显其事迹，扩大庙宇的影响力。“在官本位的传统中国社会，各级权力机构掌控着最主要的社会资源，也是民间信仰合法性的最主要来源，士绅在宗教等事务上普遍的做法不是竞争，而是与地方官合作，谋求官方的支持。”③ 这种情况在聊城境内亦较为常见。

聊城西城上有关帝庙，嘉靖十五年（1536 年）重修。“居民魏潮出资为铜像，而助者日至，得铜千五百余斤，为像高五尺八寸，而王之德容威状，又焕然可观，巍然可仰矣。”④ 工程完工后，邀请聊城籍官员、理学名家穆孔晖撰写碑记。穆孔晖（1479～1539），字伯潜，号玄庵，山东堂邑（今聊城市东昌府区）人。弘治十八年（1505）考中进士，历任翰林院检讨、南京礼部主事、翰林院侍讲学士、南京太常寺卿等官。穆孔晖在其撰写的《题灵义勇武安英济王铜像记》中云：“视王之今日显惠荣辱，虽万蓰其倍，不足以言，且曹操之奸雄，虽儿童妇女、愚劣狂瞽皆贱恶而贼谓

① （清）李维诚纂修光绪《博平县续志》卷 9《艺文志》，中国地方志集成·山东府县志辑第 86 册，凤凰出版社，2004，第 599 页。

② 周竹生修，靳维熙纂民国《东阿县志》卷 18《艺文》，中国地方志集成·山东府县志辑第 92 册，凤凰出版社，2004，第 484 页。

③ 王见川、皮庆生：《中国近世民间信仰》（宋元明清卷），上海人民出版社，2010，第 110 页。

④ （清）陈庆藩修，叶锡麟、靳维熙纂宣统《聊城县志》卷 13《艺文志》，中国地方志集成·山东府县志辑第 82 册，凤凰出版社，2004，第 190 页。

之，亦万世不可改矣。夫明则有礼乐，幽则有鬼神，明如此幽亦可知，惟是崇祀之义又不可不究。盖非神圣不足以膺上帝之命，非威武不足以柔百神之情，故随其所在，足以镇邪歼怪、祈答诚。往往耀灵于天下者，正与威也。然则神之于人无乃，惟为善者是祐，而凡举虔于神明者无乃，惟善事是思乎！……予郡人也，当为乡人表其诚，以阐其义。”①

崇祯年间，关帝庙再次重修。此次重修始于崇祯丙子年（1636）庚寅月，落成于戊寅年（1638）丙辰月，计前后殿宇廊庑凡十六楹，而首倡斯举者为郡人郭学诗，主持张怀能募化续修。工程完工后，同样邀请聊城籍官员张凤翔撰写碑记，以示纪念。张凤翔，生卒年不详，字稚羽，号元蓬，东昌府堂邑县人，历任文选司主事、南京太常寺少卿、兵部左侍郎、兵部尚书、吏部左侍郎、工部尚书等职。其《重建关圣帝君庙碑记》云：“今天下神祠之盛莫过于帝君，而其威灵感应载诸传记，及耳目所睹，闻灼有的，据历历可数者亦莫过于帝君。……夫国家之有忠义，犹天地之有元气；天地之所以丽星辰、昭日月、载华岳、振大浸者，惟元气。元气在，则虽有损蚀崩溢，而终不移其大常；国家之所以安社稷、培纲常、尊主庇民者，惟忠义；忠义在，则虽历时代变迁而终不致淹灭。”②

明万历十五年（1587），阳谷知县张敬《汉关圣帝君灵感碑记》云：“阳谷东北隅旧有帝神祠，不知创自何朝，而碑下有元至正感应碑，代圮代修，底嘉靖间，我大父及我伯考复铁铸圣像而帅而马。凡有祈祷，其应如响，而血食绵绵较诸祠特盛，结社而祀之者种种也。但时移物换，倏东倏西，计十年而常聚者可屈指数。乡民马一变、徐应元等建醮坛祀春秋十年所矣，谋镌石纪事，非敢侈同心，实以志神之德。”③

三　普通民众与关帝信仰

当然，我们也不能忽视民众在信仰传播中的作用。由于关帝信仰在民

---

① （清）陈庆藩修，叶锡麟、靳维熙纂宣统《聊城县志》卷13《艺文志》，中国地方志集成·山东府县志辑第82册，凤凰出版社，2004，第190页。

② （清）陈庆藩修，叶锡麟、靳维熙纂宣统《聊城县志》卷13《艺文志》，中国地方志集成·山东府县志辑第82册，凤凰出版社，2004，第199页。

③ （清）董政华修，孔广海纂光绪《阳谷县志》卷11《艺文》，中国地方志集成·山东府县志辑第93册，凤凰出版社，2004，第289页。

间有着深厚的社会基础和巨大的影响力，故民众在其力所能及的范围内，大多乐于修建庙宇，崇祀神灵。和地方官员及士绅对神灵的信仰不同，民众信仰关帝主要是为了禳灾祈福、酬神还愿。

阳谷县阿城镇陶城铺村位于阿城镇东南，毗邻大堤，地势低洼，是黄河正面冲刷之地。在陶城铺后铺村北，有一座关帝庙，一直流传着关帝“显圣”保护百姓平安的传说。现在的庙宇是最近新修葺的，院落里立着四方石碑。东边一块为明朝天启七年（1627）为纪念关帝显圣而立，西边一块是道光十四年（1834）重修庙宇时立。其余两块都是令人修庙所立。关帝庙自明洪武年间大迁徙时就已经存在。庙内有一巨大的青石香案，香案呈长方形，右侧刻有：东阿县堂子社三甲母张氏信男张士福妻赵氏张榜题名添领五子。落款日期为万历二十二年（1594）三月十五日。香案两侧刻有双龙戏珠图案，中间刻有八仙过海连环画浮雕。线条古朴飘逸，人物生动。据说，此地一张姓人家得一子名张士福，自幼丧父家贫，由其母抚养成人。张士福为人极孝，熟读诗书，因家境贫寒，仅可勉强温饱，侍奉老母，不愿进京赶考。其母为让子得功名，以绝食威胁。张士福夜得一梦，一白袍将军对其说：你尽管前去，关帝命我照顾你母，不必担忧。张士福遂进京赶考，于万历二十一年（1593）得中进士，衣锦还乡，重修庙宇金身，并请名匠以整石雕刻成香案。①

庙门东侧的石碑，青石底座，高近三米，碑身宽一米，厚达一尺。碑文字体圆润，苍劲有力。正面刻有开圣碑记：“柯亭郡城西四十里陶城铺北安王庄有关圣庙迄今二十余年坐镇四方，护佑祷雨祈福者无不灵应，或者又有功检……三界伏魔大帝威运镇天尊关圣帝君……”余下字迹因岁月久远，模糊不可辨认。底部刻有：“本庄村民贾世棵等齐社修醮，天启七年初立，赐进士第南京国子监司业前翰林检讨东郡朱禧撰。”传说此碑是为关帝斩黑龙而立。明天启七年（1627），天降大雨，平地水深数尺，天空有一黑气盘旋不去。雨持续了有一月之久，黄河水位暴涨，眼看就要决堤。此时，西方一片红云飘来。只见一人骑红马，手持大刀，将黑气斩落。暴雨遂停，大水退去，百姓方得安生。那红云落下一块“符咒”而

---

① 这种说法还有待进一步考证，笔者查阅相关资料发现：第一，万历二十一年（1593）并无殿试，故当年没有进士产生；第二，查阅聊城明清进士名录，并未发现有张士福之名。

去，后来请术士解读，方知是关帝显圣。那黑龙本是一灾龙，因贪吃黄河鲤鱼来此不走，带来灾难，关帝为救苍生，将其斩落。当地村民为感谢关帝护佑，重塑关帝金身，立碑纪念，此后数百年香火鼎盛。道光十四年(1834) 再次翻修，立碑记事。“文革”破四旧时，庙宇被推倒，原关帝像不知去向，两古石碑因泥沙淤积被埋于地下而得以流传至今。

小　结

民间信仰不仅是一种特殊的社会意识形式，同时也是一种社会现象和文化现象，它能够真切地反映出一个时段或者一个时代的精神活动和意识形式。明清时期山东运河区域关帝信仰的盛行并不是偶然，而是有着深刻的社会原因。在这其中，一个不容忽视的因素就是山西商人的作用。以晋商为主体的山陕商人成为信仰传播的重要媒介，这也是山东运河区域关帝信仰不同于其他地方的显著特色。山西商人之所以在运河沿岸城镇设立会馆，除了其地理位置临近山西外，运河所带来的便利水路交通也成为商人们考虑的重要因素。作为明清两代最具代表性的俗神信仰之一，关帝职能的多元化，使得不同社会群体的利益诉求都能在其身上得到体现，这一点是其他很多神灵所无法比拟的。官方和民间对于关帝都有着各自的信仰需求。地方官员和士绅通过祀神活动，实施社会教化，表达利益诉求，维护社会稳定；普通民众也在热闹的祭祀活动中禳灾祈福、酬神还愿，得到心灵的慰藉和满足，官方和民众共同推动关帝信仰不断向前发展。

第四章

神圣与世俗：碧霞元君信仰与区域社会

碧霞元君是中国北方地区极为盛行的女神信仰，在中国古代民间信仰中占有重要地位。学界对碧霞元君的身世、属性、信仰起源、职司以及与信仰相关的香社、香税等问题进行了大量研究，并取得了丰硕的成果，但大多集中于神灵本体及泰山周边地区的研究，区域性的研究成果尚不太多。明清时期山东运河区域是碧霞元君信仰极为盛行的地区，祭祀神灵的庙宇遍布城镇和乡村。本章依据地方志及田野调查资料，在论述明清时期山东运河区域碧霞元君庙宇分布及盛行原因的同时，分析不同信仰人群对待神灵的态度和看法，探讨神灵信仰与区域社会的互动关系。

第一节　碧霞元君信仰发展概况

碧霞元君全称为“东岳泰山天仙玉女碧霞元君”，道经称为“天仙玉女碧霞护世弘济真人”“天仙玉女保生真人宏德碧霞元君”。因坐镇泰山，尊称泰山圣母碧霞元君，俗称泰山娘娘、泰山老奶奶、泰山老母、万山奶奶等。道教认为，碧霞元君“庇佑众生，灵应九州”“统摄岳府神兵，照察人间善恶”，是道教中的重要女神，中国历史上影响最大的女神之一。道藏中《碧霞元君护国庇民普济保生妙经》提到碧霞元君具有“安民护国、警世敦元、辅忠助孝、翼正扶贤、保生益算、延嗣绵绵、消灾化难、度厄除愆、驱瘟摄毒、剪祟和冤等职能”。[①] 本节在对碧霞元君信仰的发展历程

① 申飞雪：《白云山诸神》，陕西旅游出版社，1997，第372~373页。

进行梳理和回顾的同时，重在论述其庙宇分布及其运道的关系。

一 碧霞元君信仰的发展历程

碧霞元君的诞生年代和身世自古说法不一，有凡女得道说、黄帝玉女说、华山玉女说，等等。据史料记载，宋真宗封禅泰山时，于岱顶玉女池旁得玉女石像，即造神龛供奉其中，封为“天仙玉女碧霞元君”，并创建昭真祠加以崇祀。王应麟《玉海》卷171《祥符泰山玉女池记》云：“祥符元年（1008），议东封，先营顿置。泰山顶有玉女池，素壅而浊。至是，泉忽湍，清泚甘美，工徒赖以汲用。经度制度使丁钦若请浚治之。池侧有石像，颇摧折。九月，诏皇城使刘承珪易以玉石。辛酉，像成，召宰臣观于崇政殿西序，遣使砻石为龛，奉置旧所，钦若致祭。十月己丑，上作记示辅臣。”[①] 清人顾炎武《日知录》卷25记载：“泰山顶碧霞元君，宋真宗所封，世人多以为泰山之女，后之文人知其说之不经，而撰为黄帝遣玉女之事以附会之；不知当日所以褒封，固真以为泰山之女也。今考封号虽自宋时，而泰山女之说则晋时已有之。”[②] 张华《博物志》称：“文王以太公为灌坛令，期年，风不鸣条。文王梦见有一妇人当道而哭，问其故，曰：‘我东海泰山神女，嫁为西海妇。欲东归，灌坛令当吾道。太公有德，吾不敢以暴风疾雨过也。’文王梦觉，明日，召太公。三日三夕，果有疾风骤雨自西来也，文王乃拜太公为大司马。”[③] 而据今人周郢考证，“碧霞元君”之名的出现应不早于明初。[④] 明代之前，泰山女神的称号是“玉女”（或作“玉仙”）。泰山之玉女池及池畔之玉女石像，亦是基于此一称号而设置。宋真宗封禅，据此“新玉女之像”，立龛以祀，并御制《玉女像记》，推动了这一信仰的传播。至元祐年间，岱顶已有玉女之祠，并有官员进谒祈雪的记录（岱顶刘衮题刻）。但宋代之泰山玉女，仍未脱离汉、唐游仙诗中之浪漫女仙色彩。入金、元后，泰山玉女信仰进一步扩大，且影响至女真皇室。岱顶大观峰有明昌间濮国公主题名云：“敬诣岱岳，焚

① 张富春：《中国古代祈财信仰研究》，巴蜀书社，2014，第86页。

② （清）顾炎武：《日知录》卷25《湘君》，岳麓书社，1994，第878页。

③ 孟昭水校点集注《岱览校点集注》（上篇），泰山出版社，2007，第303页。

④ 周郢：《“碧霞元君”神号源起时代新考》，《民俗研究》2007年第3期。

香致礼毕，明日遂登顶，拜于玉仙祠下。”[①] 公主仍称女神为“玉仙”（元秦子晋《新编连相搜神广记》也称玉女为“岱岳太平顶玉仙娘娘”），说明当时尚无“碧霞元君”之名号。

至元代，玉女信仰出现一重要变革，即开始明确将玉女崇祀纳入道教范畴。元杜仁杰《泰安阜上张氏先茔碑》中记泰山道士张志纯于金贞祐之乱后重葺泰山祠宇，“自绝顶大新玉女祠，倍于故殿三之二；取东海白玉石，为像如人然，一称殿之广袤。”[②] 这是玉女祠自创建以来首次大规模拓建，其工由道士主持，其祠宇也自然归属道门管理。重修后，玉女祠改额为“昭真观”，中统五年（1264）《天门铭》摩崖后有“昭真观主翟庆真同立”一行可证。[③] “昭”意为昭示、彰明，“真”则为道徒对仙人的称呼，道籍称老子为“真老”，化生真妙玉女，观名取意于此。改额“昭真”，意在强化玉女的道神色彩。至明，泰山玉女才开始被称为“碧霞元君”。较早的文献见于明许彬天顺五年（1461）所撰《重修玉女祠记》：“予自永乐九年（1411）发解山东，还登此山，距今五十有一年。为天顺五年（1461），又得陪巡按山东监察御史康骥德良、按察使王钺世昌同一登览，瞻泰山天仙玉女碧霞元君之神。”[④] 由此可见，碧霞元君之神号这一时期业已出现。

明清两朝，上自帝王皇室，下到村氓民夫无不崇祀元君。明人王锡爵《东岳碧霞宫碑》云：“自碧霞宫兴，而世之香火东岳者咸奔走元君，近数百里，远即数千里。每岁办香岳顶数十万众，施舍金钱币亦数十万，而碧霞香火视他岳盛矣。……齐鲁道中，顶斋戒弥陀者声闻数千里，策敝足茧而犹不休，问之，曰：‘有事于元君。’问故，曰：‘元君能为众生造福如其愿。’”[⑤] 可见当时百姓信仰元君之盛。查《岱史》卷9“御祝文”，弘治十六年（1503）、嘉靖十一年（1532），皇帝、皇太后分别遣太监、官员“以香帛用伸告祭”。明弘治十六年（1503）《御祝文》：“懿德含宏，仁慈广霈。佑苍生于寿域，鼓群品以瞻依。兹因眇躬，偶爽调摄，敬祈圣力，

① 孟昭水校点集注《岱览校点集注》（上篇），泰山出版社，2007，第390页。

② 孟昭水校点集注《岱览校点集注》（上篇），泰山出版社，2007，第295页。

③ 孟昭水校点集注《岱览校点集注》（上篇），泰山出版社，2007，第295页。

④ 周郢：《“碧霞元君”神号源起时代新考》，《民俗研究》2007年第3期。

⑤ 葛延瑛修，孟昭章等纂民国《重修泰安县志》卷14《艺文志·金石》，中国地方志集成·山东府县志辑第64册，凤凰出版社，2004，第687～688页。

永佑康宁。特以香帛，用伸告祭。益彰灵应，福佑家邦。谨告。”[①] 嘉靖十一年（1532）《皇太后祝文》：“皇帝临御海宇，十有二载，皇储未见，国本尚虚，百神万民，无不仰望。兹特遣官，敬诣祠下，祗陈醮礼，洁修程祀，仰祈神贶，默运化机。俾子孙发育，早锡元良，实宗社无疆之庆，无任恳悃之至。谨告。”[②] 泰安市的文物工作者在修复泰安城内原碧霞元君的下庙灵应宫时，发现了一块正德二年（1507）皇帝派遣太监致祭碧霞元君的明碑（今存灵应宫）。[③] 明朝皇室对碧霞元君的尊奉，由此可见一斑。

清代碧霞元君信仰较明代更是有过之无不及。乾隆三十六年（1771），乾隆帝为恭贺皇太后八十寿诞，于春二月奉皇太后至岱，登山祀元君。单乾隆帝就祭泰山十次，其中六次登岱顶礼元君。乾隆五十五年（1790），逢乾隆帝八十大寿，春三月特东巡谒岱庙，登岱祀元君。礼毕后，大宴群臣，犒赏三军，回銮所经沿途减租税，赐银与父老数以万计。[④] 清人韩锡胙《元君记》载：“统古今天上神祇，首东岳，东岳祀事之盛，首碧霞元君……自京师以南，河淮以北，男妇日千万人，奉牲牢币喃喃泥首下。”[⑤] 中国古代社会代表朝廷的官方在民间有着巨大的影响力，官方的倡导和认可进一步推动了碧霞元君信仰在民间社会的广泛传播。

二 碧霞元君庙宇的分布情况

官方的倡导、神灵职能的多样性以及邻近泰山的地缘优势使得明清时期山东运河区域碧霞元君信仰极为盛行，表 4－1 是笔者依据地方志等资料对碧霞元君庙宇所做的简要统计。

表 4－1 地方志所载碧霞元君庙宇分布情况

州县名称	数量	庙宇名称	庙址及修建情况	资料来源
德州	1	泰山行宫	在南关外	乾隆《德州志》卷 5

① 汤贵仁、刘慧主编《泰山文献集成》（第六卷），泰山出版社，2005，第 239 页。

② 汤贵仁、刘慧主编《泰山文献集成》（第六卷），泰山出版社，2005，第 240 页。

③ 叶涛：《碧霞元君信仰与华北乡村社会——明清时期泰山香社考论》，《文史哲》2009 年第 2 期。

④ 王书君：《泰山文化刍谈》，黄河出版社，2010，第 125～127 页。

⑤ 汤贵仁、刘慧主编《泰山文献集成》（第六卷），泰山出版社，2005，第 241～242 页。

续表

州县名称	数量	庙宇名称	庙址及修建情况	资料来源
武城	1	泰山神母宫	在东关外，乾隆二十二年，河水冲没。乾隆三十年，邑人高禄、任琏等重建	道光《武城县志续编》卷5
夏津	2	娘娘庙	在东关	乾隆《夏津县志》卷5
		碧霞宫	在城东八里，明隆庆年间，邑人许太和等建	
馆陶	1	碧霞元君祠	在东岳庙东，明万历二年建	雍正《馆陶县志》卷8
临清	1	泰山行宫	在大宁寺左	乾隆《临清州志》卷11
临清	1	娘娘庙	又名碧霞宫，在广积门外，原有旧宇，明正统四年，守御千户所吴刚扩建	乾隆《临清州志》卷11
临清	1	碧霞宫	在南坛	乾隆《临清州志》卷11
聊城	1	泰山行宫	在东门外闸口东，清初傅以渐建	宣统《聊城县志》卷2
清平	1	碧霞宫	在东关，清康熙年间重修	民国《清平县志》第4册《建置志庙祠》
博平	4	泰山行宫	一在西郭外之西，一在西北八里许王家庄，一在西北十五里邓家桥，一在西北三十五里耿家店	道光《博平县志》卷2
冠县	10	碧霞元君祠	在东关，明万历二十一年重修	民国《冠县志》卷5
		泰山行宫	一在城西南固子头村，民国19年改作初级小学；一在城东南段庄，明万历四十三年创修，清宣统三年重修；一在城东南大张庄村东，明隆庆三年创修，崇祯五年重修殿宇、山门、两廊；一在城东南白塔集南首，民国初年，本村善士王金龙募捐重修；一在城东南张货郎营，清宣统元年重修；一在城东桑阿镇，一在城西芦村，一在城西刘村	
		碧霞宫	在县城北里固	
阳谷	3	泰山行宫	一在仓胡同，邑举人李茂春建；一在教场口；一在东关，义民王尚义建	光绪《阳谷县志》卷3
张秋	2	泰山行宫	一在城内葱市；一在郭外	康熙《张秋志》卷

续表

州县名称	数量	庙宇名称	庙址及修建情况	资料来源
张秋	3	碧霞行宫	一在城东二十里，嘉靖间建；一在城内碳市街，一在南关	康熙《张秋志》卷
滋阳	1	泰山神庙	在城南泗水旁，明鲁王建	光绪《滋阳县志》卷4
邹县	3	泰山行宫	在界河北，顺治五年重修	康熙《邹县志》卷1
		天仙庙	在界河，康熙十年重修	
		娘娘庙	在城西北，天启二年重修	
济宁	6	娘娘庙	在天齐庙东，明嘉靖时建	道光《济宁直隶州志》卷5
		泰山行宫	一在税课街西，一在济阳桥月河口，一在河东，一在鲁桥镇，一在两城镇	
鱼台	1	泰山行宫	在县城祈雨处，明天启七年重修	光绪《鱼台县志》卷1
滕县	4	泰山行宫	一在东关油房巷，一在城北龙山，一在谷山，一在城东凤凰山	道光《滕县志》卷4
峄县	2	泰山行祠	一在东郭，一在西郭	光绪《峄县志》卷10

由表4－1我们可以看出，明清时期山东运河区域共有碧霞元君庙宇49座。当然这只是地方志等文献资料有关庙宇的统计，考虑到众多庙宇因地处偏远、规模较小等原因未被收录在内，实际数量将远大于此数。此外，运河的全线贯通和漕运的兴盛使运河沿岸的一些村镇发展为周边村落的政治、经济、文化中心，与此同时一些村镇也成为碧霞元君信仰的中心。“以临清（市辖区）为例，其境内就有魏湾镇奶奶庙、魏湾镇李圈奶奶庙、魏湾镇十里井奶奶庙、戴湾镇戴北村奶奶庙、临清张庄奶奶庙、临清市歇马亭碧霞祠、临清市夹道村碧霞宫、临清市内太平街东首娘娘庙、临清市内大寺街路北行宫庙、临清卫河西岸米市街万家园娘娘庙、卫河东岸南北街口慈航院、金郝庄乡辛集村东娘娘庙、老赵庄乡王集村娘娘庙等十余处。①”粗略估计，明清时期山东运河区域碧霞元君庙宇当不下二三百座。

三　运道与信仰中心的转移

以往学者在研究运河区域民间信仰时，往往忽视运河在信仰传播中所

① 临清市政协文史资料委员会编《临清文史》（第6辑），内部刊物，1992，第134～136页。

发挥的作用。运河的流经带来了繁荣的商业和密集的人群，这些为信仰的传播奠定了坚实的社会基础。同样的道理，运道的变迁致使商业区域和人口数量发生变化，也在一定程度上导致信仰中心的转移。有关二者之间的关系，以运河名城临清体现得最为明显。

明洪武二年（1369），临清迁治临清闸（即中洲纸马巷）。次年，于临清建仓储粮。明景泰元年（1450），临清建成周长9里的砖城。明嘉靖二十一年（1542），又扩筑了周长29里、横跨汶、卫二水的土城，砖城为政治中心，土城为商业中心。此时的临清土城内店铺林立，客商云集，盛极一时。民国《临清县志》记载漕运兴盛时临清的繁荣景象："每届漕运时期，帆樯如林，百货山积，经数百年之取精用宏，商业勃兴而不可遏。当其盛时，北至塔湾，南至头闸，绵亘数十里，市肆栉比，有肩摩毂击之势。"① 商业区主要分布在中洲一带，北至天桥，南至南关，东至鳌头矶，西至卫河。天桥以北主要为皮货营业区，南市车营主要为粮商聚集之地，卫河西之街市多半以经销土产品为主，东市主要是较大粮行分布区。商业街中，以锅市街等地最为繁荣，商品货物丰富多彩，应有尽有。

明代嘉靖年间以前，临清的碧霞元君宫庙主要分布于砖城周边地区，如广积门外娘娘庙、南坛碧霞宫等。这一时期的临清商品经济尚处于发展阶段，商业中心逐渐由东向西转移。乾隆《临清州志》记载娘娘庙，即碧霞宫，在广积门外，"昔年每月朔望，士女为婴儿痘疹祈安，执香帛拜谒，亦有市"②。康熙《临清州志》记载广积门外娘娘庙在关帝庙南，"四月十八日，俗传为娘娘诞辰，州人舁木像具仪从警跸传呼，而以杂剧导其前，招摇过市，谓之行驾，各街巷结彩设供，竞致新奇，辉煌悦目，谓之迎驾。四方数百里聚会来观，连袂挥汗，充满城邑，食货为之腾贵"③。明代嘉靖年间以后，由于大宁寺、天桥所在的中洲一带成为临清最为繁华的商业区，故大宁寺左碧霞宫、天桥娘娘庙成为新的信仰中心。

---

① 张自清修，王贵笙纂民国《临清县志·经济志十一·商业》，中国地方志集成·山东府县志辑第95册，凤凰出版社，2004，第139页。

② （清）王俊等修纂乾隆《临清州志》卷11《寺观志》，载临清市人民政府编《临清州志》，山东地图出版社，2001，第468页。

③ （清）于睿明修，胡悉宁等纂康熙《临清州志》卷2《庙祀》，载临清市人民政府编《临清州志》，山东地图出版社，2001，第64页。

临清是卫河航运中枢，境内的卫河今称“漳卫运河”，航道全长83千米。卫河自东汉以来即为漕运干线，京杭运河开通后，卫河运量骤然下降。清中叶以后，政治日益腐败，水利连年失修，运河转输功能大为下降。会通河由于水源枯涩和泥沙沉淀，常常淤浅。临清砖、版二闸之间以及三里铺、鳌头矶等处，每年都需挑浚。嘉庆以后，黄河频频决口，冲决运道，山东诸泉又逐渐枯竭，会通河淤塞日甚一日。随着会通河的淤塞，南北船只受阻，卫河航运反现生机。据民国《临清县志》记载：“清华（河南清化镇）之竹，焦作之煤，以及天津之杂货、煤油等均由此河输入。而本地之棉、麦、牛皮等则由此河输出。每年帆船上下不下三千只。行船期达九个月。夏秋水涨，由此至德州并通小汽船。运河停运后，临清商务不多衰减者，赖此河运输之力为多。此卫河之利不仅在漕运一端也。”① 仅棉花一项，每年输往天津者就高达1120吨。随着运河航道的转移，商业中心亦随之转移，卫河东岸的碧霞宫成为临清城内新的信仰中心。民国《临清县志》记载卫河东岸碧霞宫，清代建，具体创建时间不详：“供泰山神女，封碧霞元君，俗称娘娘庙，旧历四月中旬，邻封数十县来者甚众，名曰朝山，每值会期士人舁木像扮社火，观者云从，有万人空巷之势。九月九日又有会，亦颇盛，实为全境商业消长所关。”② 神灵信仰活动离不开人群的参与，而商业的繁荣往往会导致人群大量聚集，运道的变迁又是影响商业兴衰的重要因素，从中我们可以看出，临清运道变迁与碧霞元君信仰关系之密切。

第二节　碧霞元君信仰盛行的原因

明清时期山东运河区域碧霞元君信仰的盛行并不是偶然，而是有着深刻的社会原因。神灵职司的多样性使得信仰得以满足不同社会群体的信仰需求，临近泰山的地缘优势，使得当地形成了特有的文化传统和风俗习惯；地方士绅的肯定和支持进一步推动了信仰的传播。

---

① 张自清修，王贵笙纂民国《临清县志·疆域志五·河渠》，中国地方志集成·山东府县志辑第95册，凤凰出版社，2004，第81页。

② 张自清修，王贵笙纂民国《临清县志·建置志三·宗教类》，中国地方志集成·山东府县志辑第95册，凤凰出版社，2004，第103～104页。

一　神灵职司的多样性

碧霞元君信仰如此兴盛，其实质是明清时期社会各阶层普遍的求助心理的反映。正如王锡爵《东岳碧霞宫碑》所言："元君能为众生造福如其愿，贫者愿富，疾者愿安，耕者愿岁，贾者愿息，祈生者愿年，未子者愿嗣。子为亲愿，弟为兄愿，亲戚交厚，靡不交相愿，而神也亦靡诚弗应。"① 清光绪十二年（1886）《万善同归》铭称"凡男女欲祈年、免病、求嗣、保寿，竭诚于元君前者，元君即如其意佑之"。② 两通碑铭所载信徒所祈之事皆关系到他们现实生活的困难。其实无论普通百姓，还是帝王士大夫都存在非人力所能解决的困惑和对美好生活的追求，只不过百姓多为个人求神佑，而帝王除个人信仰外，更多的是祈请国泰民安、风调雨顺罢了。碧霞元君恰能适应人们的心理，"且夫父严而母慈，胞孕乳哺出于母，而其出之者，母不自知也；天尊而地亲，五材百货产于地，而其产之者，地不自明之，所谓神也"③。元君在信徒心目中成了慈善贤良孕育万物的泰山主宰。元君的职司也随着信徒的意识而扩大，由最初主管妇女和生育问题，发展为护国佑民、普济群生。碧霞元君信仰功能的扩展，既是民众信仰需求的结果，也是碧霞元君影响不断增强的具体体现。"这种功能的演变，对于碧霞元君这个女神而言有着特殊的意义，它为不同阶层、不同性别的人民进香于元君提供了依据，在很大程度上扩大了它的信众的范围，其结果便是民众进香活动的兴盛。"④

二　当地特有的文化传统

山东运河区域是明清时期经济发展较快的地区，商业发达，社会的商业化程度较高；同时外来人口多，人群流动速度较快，极易形成文化上的相互交流与影响；外来信仰与本地文化的融合，也在一定程度上改变着人

① 葛延瑛等修，孟昭章等纂民国《重修泰安县志》卷14《艺文志·金石》，中国地方志集成·山东府县志辑第64册，凤凰出版社，2004，第688页。

② 王书君：《泰山文化刍谈》，黄河出版社，2010，第147页。

③ 汤贵仁、刘慧主编《泰山文献集成》（第六卷），泰山出版社，2005，第242页。

④ 叶涛：《碧霞元君信仰与华北乡村社会——明清时期泰山香社考论》，《文史哲》2009年第2期。

们的信仰观念。临清至泰山仅200余千米，地缘上的优势使得临清处于碧霞元君信仰辐射范围之内，成为其中心祭祀区，再加上临清、泰安同属齐鲁文化区，社会文化和风俗习惯较为接近，对碧霞元君信仰也更易接受。聊城有朝山进香的习俗，不少地方还组织起泰山香社，组织信众携带香、蜡、纸、神袍、果品赴泰山献礼祈祷。“三月十五泰山顶，老奶奶换衣裳”，三月十四日聊城和各地善男信女都到达泰山顶，晚上温台开戏，这时碧霞祠山门内外，钟、鼓楼上，东、西神门外，人山人海，水泄不通。赴泰山进香是一件非常光彩的大事，清乾隆《临清州志》记载：“俗尚泰山进香，自二月初起，至四月中至。回香之日，亲友具酒出迎，自东水关沿河十里，游船车马不绝于道，曰接顶。”[①] 临清《魏湾泰山行宫捐资碑》亦记载：“古者天子巡狩则封泰山，然后禅小山而秩祀之，以泰山为五岳之宗也。后世建碧霞元君之宫于其上，远近士女朝山进香不下数百里，闻有灵威，皆为孝男孝女标其奇特，此元君之辅佑下民，不可枚举者也。远及大邑巨镇多建碧霞元君之宫，名曰行宫，亦循朝山进香之义而凛凛从事焉。”[②] 临清歇马厅娘娘庙的兴盛则主要与外地香客和临清当地民众赴东岳泰山朝山、进香有关，两者之间的关联从其名称中就能看出。康熙《临清州志》记载岱宗驻节，俗称“歇马厅”，在东水门外，东水门大致位于临清城区东南方向，为至东岳朝山、进香的必经之地。“外邑香客经此先过醮发楮马，谓之‘信香’，而州人之朝山者，姻友携酒蔬，互相饯迓于此。”[③] 乾隆《临清州志》记载岱宗驻节：“在东水门外，俗称‘歇马亭’，明嘉靖三十年，鸿胪寺序班秦闾建。国朝顺治十七年，道士等募金重修。乾隆四十八年，州人傅淳等募金重修。”[④] 民国《临清县志》记载歇马厅在城东南汶河北岸，为碧霞元君停驾之所，“旧历四月一日有接驾会，游人潮涌，香火极盛，与

① （清）王俊等修纂乾隆《临清州志》卷11《风俗志》，载临清市人民政府编《临清州志》，山东地图出版社，2001，第483页。

② 民国9年（1920）《临清魏湾奶奶庙捐资碑》。

③ （清）于睿明修，胡悉宁等纂康熙《临清州志》卷2《庙祀》，载临清市人民政府编《临清州志》，山东地图出版社，2001，第64页。

④ （清）王俊等修纂乾隆《临清州志》卷11《寺观志》，载临清市人民政府编《临清州志》，山东地图出版社，2001，第476页。

泰山神会相衔接”①。

三　地方士绅的推动和支持

就碑记内容和碧霞元君庙宇的分布来看，明清时期士绅集团中的大部分都积极参与到碧霞元君信仰中去，成为碧霞元君信仰的重要推动者。随着明清统治者对信仰的认可，碧霞元君在国家层面已成为“准正祀”，在地方上如何维护这种信仰的正统性便成为地方精英的“责任”。方元焕（？~1620），字晦叔，别号两江，原籍安徽歙县，后入籍临清。明嘉靖十三年（1534）举人，明代著名文学家、书法家。在其所作《重修碧霞宫记》中，方元焕论述了当地官民祭祀碧霞元君的合理性：

> （碧霞）宫州凡四焉，其在城西最壮，又创之远也。文檐华边迩色色蚀，黄君大本洎诸歙商慨之，程材鸠佣，垝者缮、剥者圬，陟降而眺，亮丽浮初制焉，州士女济济登颂不能罢，君之子鸿胪丞以碑事属。夫东岳惟岱，州封内山也，碧霞元君非岱神而庙岳，岳巅望于岱则晁君不宜，后州有宫非渎祀明矣。元君莅岱相传于岁，凡有血气不远，粤闽匡敕，齐稷献琛，稽首岳下日数万人，盖赫其灵异，溯昔名山大川未有也。宫既宜祀又灵异，若是黄君修之，所谓敬恭明神，声施众庶，顾不伟欤！或疑季孙不旅而况庶人，不日五祀大夫事欤，乃士庶亦行祷，盖礼之达也，非犯焉。②

从现存相关碑刻资料中，我们亦可以看到明清时期地方士绅对碧霞元君信仰的崇奉。秦大夔，字圣卿，号春晖，祖籍苏州东山，因其父早年至山东临清经商，遂定居临清。万历八年（1580）进士，授宁波推官，案狱明允，为政宽平，擢监察御史，巡按江西、山西，所至均受赞誉。迁陕西右布政，清钱粮，宽徭役，秦人颂其慈良。临清歇马亭院内立有其撰写的

① 张自清修，王贵笙纂民国《临清县志·建置志三·宗教类》，中国地方志集成·山东府县志辑第95册，凤凰出版社，2004，第104页。

② （清）王俊等修纂乾隆《临清州志》卷11《寺观志》，转引自临清市人民政府编《临清州志》，山东地图出版社，2001，第468页。

万历十七年（1589）《岱岳祝圣保泰题名记》，共700字，碑文因年代久远，已模糊不清，主要记述碧霞元君威德及集社去泰山朝拜等内容。碑阴列有捐资人名单，其中信官列有秦大蕴、秦育、张河、王士魁以下数十人，从中可以看出碧霞元君信仰在地方士绅中的盛行情况。院内东南角还立有一块崇祯四年（1631）残碑，碑名已不得而知，碑文亦漫湮不清，大致记述歇马亭的沿革及祭祀碧霞元君的原因，撰写人身份为“原任直隶扬州府清军□捕同知”，碑阴亦列有捐资人名单，其中包括生员高尔进、于寺志、郭志佥、郑天禄、李遇朝、朱凤起、张应魁、李加进、郑延禧等数十人，还有盐商马文周、董成富、王永祯等人，此外还有会首及香社成员名单。

第三节　区域社会视野下的碧霞元君信仰

与上文论述的关帝信仰类似，不同社会群体对碧霞元君有着不同的解读。地方官员对信仰大多持默许和认可态度，并希冀借助祀神传达官方祭祀理念，实施社会教化。地方士绅对待神灵的态度则呈现出两极化趋势，如何维护神灵的“正统性”成为主流地方精英面临的重要课题。民众通过组织香社、结众巡游、扮演杂剧等祀神活动，在酬神还愿、表达利益诉求的同时，还具有增强社区凝聚力、强化地域文化认同等功能。

一　地方士绅与碧霞元君信仰

在中国古代社会，地方士绅是儒家思想的卫道士、推行者和代表人，支配着基层社会的社会文化和经济生活，士绅的地位是通过取得功名、学品、学衔和官职而获得的，凡属上述身份者自然成为士绅集团成员。中国古代的士绅又可以分为上下两大集团，上层士绅包括官吏、进士、举人、贡生（附贡、优贡、拔贡、恩贡、岁贡）等，下层士绅主要指各类生员，包括廪生、附生、增生、监生等。①

明代碧霞元君庙记的作者基本上以上层士绅为主，进入清代后，下层

① 张仲礼：《中国绅士——关于其在19世纪中作用的研究》，李荣昌译，上海社会科学院出版社，1994，第7～29页。

士绅有增加的趋势。就碑记内容和碧霞元君庙宇的分布来看，明清时期的士绅集团中的大部分都积极参与到碧霞元君信仰中去，成为碧霞元君信仰的主体之一。然而，明代的士绅集团中就已存在着不同的声音，并且这种声音有一直增强的趋势。儒学教义支撑下的士绅集团，其分析和评判社会现象多以儒家经典为依据。他们对于碧霞元君信仰的态度，或者以其为淫祀而加以严厉批判，或者以之为正祀并加以宣传呐喊，还有一种中间路线，并不明确表明态度，而是接受碧霞元君信仰的现实。①

峄县泰山行宫创建时间不详，明万历二十八年（1600），由邑人林汉、刘美等捐地施材进行重修。贾三近（1534～1592），字德修，号石葵，别号石屋山人，又称太史氏、兰陵散客、宁鸠子、贞忠居士等，山东峄县（今枣庄市峄城区）人，明代著名政治家、文学家。在其所撰《古城泰山行宫记》中，他详尽论述了崇祀碧霞元君的合理性以及当地民众崇奉神灵的盛况："按碧霞元君者，本天仙玉女也。……元君英爽灵异，策云驭风，固将遨游八极，周览十方。至其常所住修之处，近在齐鲁之间，精神灵气尤必有往来，恋恋于是地而不能舍者。一月在天，光映百川，奚必泰山哉！新祠既成，当必依神于此，以扬宏济之休，上以福祐国家，下以庇护生民，兹地固重有赖矣。噫！三尺俱在，愚者未必知惧，一瞻庙貌，辄悚然起为善心。国课正供，仍多逋负，一发信心，不远数千里，奉金帛镪楮，争瞻礼惟恐后时，此其故何哉！神有以奔走之也。然则使天下之人，无论名区大都，穷乡僻邑，争为立庙肖像，竭诚供奉，神固使然哉！"②

笔者在聊城阳谷县七级镇进行田野调查时，在原河东完小院内发现了该镇从明隆庆三年（1569）到光绪二十二年（1896）三百余年间五次修建泰山行宫的五通碑刻。这些碑刻在一个具体空间中记述了当地碧霞元君信仰连续性的变化过程，从中可以看出信仰文化及人群的世变。隆庆三年（1569）碑文的作者已模糊不清，依稀有"阳谷邑学生"等字样。③ 据万历二十六年（1598）《重修行宫碑记》记载："镇之有行宫也，肃皇帝朝创于镇父老

① 代洪亮：《正统文化与民间文化的互动：明清士绅关于泰山碧霞元君信仰的不同态度分析》，《济南大学学报》（社会科学版）2013年第4期。

② 陈玉中、李响、杨衡善：《峄县志点注》（第4册），枣庄出版管理办公室，1986，第843～844页。

③ 明隆庆三年（1569）《泰山行宫禋祀告成记》。

崔君儒、毛君山辈”。[①] 由此推断隆庆三年（1569）创建庙宇的是镇人崔儒、毛山。万历二十六年（1590）碑由乡进士、镇人李志道撰文，乡进士、郡人耿如杞书丹。耿如杞（？~1631），东昌府馆陶县人（今山东省聊城市冠县北馆陶镇），明万历四十四年（1616）进士，官至太仆寺卿、右佥都御史、山西巡抚。天启六年（1626）的碑刻则记载其庙资的捐助者为镇内高姓某人："高君吾辈适起而谋新之，计夫糈木石瓦甃环钉之属，约用百金，不逾月而告成。"[②] 据院内光绪十三年（1887）捐资碑记载，当时捐资重修庙宇的共有50余人，其身份大多为邑庠生、监生、武生。

地方士绅对于碧霞元君信仰的认识和态度经历了明显的变化过程。明隆庆三年（1569）《泰山行宫禋祀告成记》中开篇即记："东岳之尊，与衡、嵩、华、恒为地也……碧霞元君，根本即帝真之相。"[③] 接下来的两通碑刻分别是万历二十六年（1598）《重修行宫碑记》和天启六年（1626）《重修泰山行宫碑记》，两通碑刻亦承续了这种说法。乾隆二十四年（1759），该庙再次重修，这次重修与之前相隔了133年。碑文中有关碧霞元君身份的记载与明代有明显变化，其不再提及"帝女"一事，而是模糊地说道："碧霞元君由来莫稽，或谓另仙"，并未继承前明的说法。光绪二十二年（1896）该庙再次重修，并立《重修泰山行宫碑》，碑记曰："粤稽泰岱数膺青帝，古重时祭，今隆祀典。碧霞元君，帝女也，自宋真宗时受册碧霞，护国佑民，郡邑村镇所以咸有行宫矣。"[④] 从记述内容来看，此碑不再提及东岳大帝，泰山行宫俨然成为碧霞元君的专祠。

地方士绅积极参与庙宇的修建，还带有明显的家族传承特点。万历二十六年（1598）和光绪二十二年（1896）两次重修，皆是当地士绅继承父辈愿望，鼎力经营，劝募重修。万历二十六年（1598），镇人李志道在其所撰《重修行宫碑记》中记载：

> 镇之有行宫也，肃皇帝朝创于镇父老崔君儒、毛君山辈，而其渐

---

① 万历二十六年（1598）《重修行宫碑记》。
② 天启六年（1626）《重修泰山行宫碑记》。
③ 明隆庆三年（1569）《泰山行宫禋祀告成记》。
④ 光绪二十二年（1896）《重修泰山行宫碑记》。

就倾圮也。余严尊□□意新之矣，居尝语镇人曰："元君灵感天下，西南赌施之众强半，取吾镇作孔道焉。"……得慕义者给社，再为之宰，庆诞而醮于宫，进驾而醮，□箫鼓出，入合神人，欢贮藏所美，姑稍稍补葺，俟异日者，社金积厚而再造之，吾所□□也。已而，王君□首倡，环镇□约者，白日订盟，青松指愿，一如余严尊所书，以行垂□十余年，社金积始厚，乃于今上甲辰岁兴工，乙巳岁竣事，庙貌壮丽神像庄严，望之改观，瞻之动色，社众同舌称快。吾严尊弥大快，□呼余记之。①

光绪二十二年（1896）《重修泰山行宫碑记》则详细记述了当地姚氏家族在重修庙宇中所发挥的作用：

镇之行宫建自前明隆庆三年，后虽事重修，世远年湮，仅存遗址。至道光辛丑岁（道光二十一年，1841），有本镇姚公讳兴邦，字维新者；翟公讳沃泉，字润川者，矢志重修，极力捐募，两载经营，不但复庐山之旧，且大其规模。自咸丰辛酉至同治庚午十年内，迭遭兵燹，气数使然，半就倾圮。维新公（姚兴邦）之嗣仲绂君班列王筍，素称名儒，目击神伧，毅然兴继往开来之志，遂约同一龙任君等首倡劝募，未尝稍怠。沐雨栉风，寒暑不惮其劳瘁；披星戴月，跋涉不虑夫艰辛，至诚所感，众皆乐输。②

清光绪二十年（1894），阳谷县赵店村《重修泰山行宫碑记》则通过与人辩论，表达了祭祀神灵的正当性：

阿（指东阿）邑西南五十里召殿村（今阳谷县阿城镇赵店村，原属东阿）向有泰山行宫一座，不知创修何年，经始谁氏。厥后颓碎，仅存香火。……近又有首事募化众善京钱二百六十桀……工竣，乞余为序。予方将著笔，忽有好诘者指予□言曰："呜呼！位长五岳，秩

① 万历二十六年（1598）《重修行宫碑记》。
② 光绪二十二年（1896）《重修泰山行宫碑记》。

视三公，其相宜冕藻黼黻，鬓眉孤特，所谓天齐者，近之矣，夫何有乎女容？……男女不纷，集香火颂祷而漫云行宫也乎？神本一体也，又焉有催生、送生、司痲、司疹、司眼光诸位娘娘以陪之者？”然予则鼓掌而笑曰：“迂哉乎，叟也！帝出乎震，人生于寅，生主乎□女容也，胡不可？且鬼神德盛，使天下之人云云，行宫也，胡不可？”其人遂若诺诺声而退。窃思为序亦无容为矣。请以答辩数语，用防后之好辩者，又胡不可？①

该碑由“邑庠生”齐家修撰文，“业儒”王磻溪敬书，以赵店村泰山行宫重建为内容，讨论了时人对碧霞元君的两个立场和两种态度。从讨论的内容来看，双方的争论似乎并不在信仰本身，而在于人们对碧霞元君的崇祀是否合乎礼仪。碑刻撰写者认为泰山奶奶作为母性，其可位列诸神之上；神灵德盛，可设立行宫，合乎礼仪。

二　普通民众与碧霞元君信仰

“祭祀圈一般是指以一个主祭神为中心，信徒共同举行祭祀活动所属的地域单位。人们透过共同神明信仰，举行共同祭祀活动，将地方上人群整合起来，维系一体的意识与感情。”② 祭祀圈所涵盖的范围或是一个村庄，或是数个村庄，或是一乡一镇，基本上它以村落为最小的运作单位，而以乡镇为最大的范围。祭祀圈实际上就是地域文化的具现，它对塑造社区地方感、整合区域内民众的凝聚力起到了相当大的作用。“在祭祀神明之过程中，可形成之祭祀组织或活动逐渐成为凝聚居民命运共同体媒介。”③

临清碧霞元君接驾会从农历三月三十开始，会期持续整个四月，慈航院、碧霞宫、娘娘庙、行宫庙、七神庙七个庙会各抬10余八抬大轿，各庙10余起社火跟随，敲锣打鼓放铳放炮，到临清城外泰山娘娘歇马之所歇马亭迎接泰山娘娘。其时“州人舁木像具仪从警跸传呼，而以杂剧导其前，

---

① 吴欣：《“奶奶”的庙：女神信仰的世变与势变——以鲁西区域社会为中心的研究》，《民俗研究》2016年第6期。

② 吴育臻：《大隘地区聚落与生活方式之变迁》，台湾新竹县立文化中心，2000，第125～127页。

③ 张胜彦等：《台湾开发史》，台湾台北空中大学，1996，第144页。

招摇过市，谓之‘行驾’，各街巷结彩设供，竞致新奇，辉煌悦目，谓之‘迎驾’，四方数百里聚会来观，连袂挥汗，充满城邑”[①] “每值会期士人舁木像扮社火，观者云从，有万人空巷之势。”[②] 临清的境内祭祀神灵的“社火”所有不下百起，“如彩船则结帛为之驾者，饰女装戴彩笠，渔人引之合唱《采莲曲》；高跷则足蹑木跷，高数尺，腮抹粉墨歌弋阳腔。若竹马始于汉，羯鼓始于唐，渔家乐始于六朝，其来源尤古，其余龙灯狮、保花鼓、秧歌等名目繁多，不胜指数，每值庙会则游行街衢更番献技，亦临清之特殊情形也”。[③] 庙会招徕附近几十县的善男信女，打着朝山进香的小旗，涌进市区，到各庙烧香还愿，每日多达20余万人。由周边地区的香客共同举行的接驾会，“将歇马亭碧霞元君祠影响所达到的村落，连接成一个整体，构成一个共同的祭祀圈，以此结成共同性的组织，进行共同性的活动，维持再生产”。[④]

东阿曹庙泰山行宫位于东阿县单庄乡曹庙村内，始建于清代康熙五十七年（1718），系当地曹姓村民与邻村他姓村民共同捐资修建，现为聊城市重点文物保护单位。该庙为四合院建筑，坐北朝南，南北长37米，东西宽22米，砖木结构，有大殿、过厅门、照壁、东西厢房、钟楼等共12间。院外南墙立有清康熙五十七年（1718）、道光三十年（1850）、光绪元年（1875）、宣统二年（1910）等八幢石碑，多为修醮或捐资碑。庙宇的修建满足了曹庙村及周边几个村庄的信仰需求，通过举行相关祭祀活动，在扩大交往、增强联系的同时，也在一定程度上起到了强化地域文化认同的作用，并由此形成具有鲜明地域特色的“祭祀圈”。

民间信仰的“地方化”或“本土化”是中国古代社会民间信仰发展过程中较为常见的一种社会现象。这种现象主要体现为改变神灵的名称，或者编造与当地神灵有关的故事和传说，以此强化神灵与当地社会的地域联系，

① （清）于睿明修，胡悉宁等纂康熙《临清州志》卷二《庙祀》，转引自临清市人民政府编《临清州志》，山东地图出版社，2001，第62页。

② 张自清修，王贵笙纂民国《临清县志·建置志三·宗教类》，中国地方志集成·山东府县志辑第95册，凤凰出版社，2004，第104页。

③ 张自清修，王贵笙纂民国《临清县志·礼俗志五·游艺》，中国地方志集成·山东府县志辑第95册，凤凰出版社，2004，第186页。

④ 郭福亮：《运道与信仰：基于临清碧霞元君信仰的研究》，《泰山学院学报》2014年第5期。

拉近民众与神灵的距离。关于曹庙泰山行宫庙的修建，当地流传着一段有趣的传说：相传，姜子牙筑坛封神，黄飞虎被封为东岳大帝。他与妹妹碧霞元君争夺泰山的制高点，二人定于第二天开始登山，谁先登上泰山极顶就算谁胜。岂料，当天晚上碧霞元君就让哪吒把自己的绣花鞋用石头压在了玉皇顶上。黄飞虎不甘心失败，又让妹妹扔自己的绣花鞋，扔到哪就让其管到哪里。碧霞元君总共扔了三次，第一次由于用力太小，鞋子直接落在了玉皇顶上；第二次稍微用了点力，鞋子落在了黄河东岸的小泰山上；第三次她攒足了劲把鞋子扔了出去，结果落在了黄河西岸的曹庙村。所以，人们便在泰山极顶修建了碧霞祠，在小泰山上修建了碧霞宫，最后在黄河西岸的曹庙村修建了泰山行宫庙。[①] 类似的故事和传说在山东运河区域普遍存在，内容大同小异，其主要目的还是借此强化地方社会与神灵的地域联系。

神灵信仰的“地方化”还体现在众多乡土神灵的加入以及带有浓厚地域特色的信仰风俗。峄县泰山行宫于明万历二十八年（1600）重修。明人贾三近《古城泰山行宫记》记载：“峄西郊关北有汉承县故城在焉，其地峻爽，下临承水，东西诸山远抱，称胜区焉。……至明万历庚辰，有土人林汉、刘美等捐地施材，建泰山行宫。大殿三楹，中塑碧霞元君像，左右配以二女神，一如泰山庙制。前有三门，盖乡民张士英等继为之，均义举也。”[②] 旧时每逢四月初八和十八举办庙会，附近的百姓纷纷在庙内烧香敬神，庙外还有各种饮食摊、杂货摊，以及杂耍、曲艺表演，场面热闹非凡。在 1938 年台儿庄大战中，泰山行宫庙遭受炮火洗劫，北门及东面被炸成 2～3 米大坑。新中国成立后，改为回民小学，为填平地面，把石碑及牌坊回填。重修后的泰山行宫由石婆婆像、百子殿、泰山娘娘殿和佛爷殿等建筑组成。据年过七旬的当地老人杜洪义介绍，庙正南当中有石婆婆像，高约 1.2 米，通周长 60～70 厘米，农村老太婆一样装扮，梳有鬏髻，戴着黑丝网，坐在石椅子上。经常有母亲领着小孩来拜干娘。“村庄旧俗：小孩不好养活，认石婆婆当干娘，烧香磕头，有的还放鞭炮，能保佑无灾无恙，长命百岁。”[③]

① 张道强、姜传喜：《聊城黄河文化——泰山行宫庙》，山东黄河网，2009 年 12 月 3 日。

② 陈玉中、李响、杨衡善：《峄县志点注》（第 4 册），枣庄出版管理办公室，1986，第 843 页。

③ 记者秦歌，通讯员时培京：《再现失落的繁盛》，《枣庄晚报》2011 年 7 月 5 日，第 6 版。

三 信仰活动的延续和传承

信仰活动作为一种文化现象，具有相对独立性和自身发展规律，一定程度上会表现出一种历史惯性。正如美国社会学家奥格本所言："在物质技术和制度文化的变迁中，存在着思想文化的滞后性。"① 一般说来，总是物质文化（包括经济条件、科学技术等）首先变迁，然后才有精神文化的变迁。② 民国时期，民间的碧霞元君信仰仍然极为盛行。民国 9 年（1920），临清魏湾奶奶庙捐资碑记载："清邑魏湾碧霞元君行宫由来旧矣，闾巷妇媪拂首疾痛，必奔走行宫，吁于元君案前，而有感斯应威灵之默佑，既征慈悲，隐昧之暗诛，复昭彰显，是知一念动即善心发见之端，王度所不能及。神教阴翊之，其有裨益于风化人心，正非浅鲜。以故每岁逢春，妇媪捐资会社，修醮以答神庥以祈神佑。"③ 临清歇马亭庙复建于 1991 年，每年 4 月、9 月搭会来歇马亭庙会旅游参观的达上万人。④ 东阿县距泰山只有一百多千米，当地农民历史上多信奉泰山老奶奶。新中国成立初，该县尚存的庙宇中泰山老奶奶庙占 40% 左右。⑤ 文化的惯性原理以及民众的现实需求使得碧霞元君信仰在当今社会依然有着旺盛的生命力。⑥

小 结

明清时期山东运河区域是碧霞元君信仰极为盛行的地区，呈现出庙宇数量众多、地域分布广泛等特征。明清时期地方官员和士绅对于碧霞元君信仰的态度主要有三种，一种持反对态度，把碧霞元君信仰定格为"淫

① 翟学伟：《中国社会中的日常权威》，社会科学文献出版社，2004，第 64 页。

② 李盛平主编《新学科新知识词典》，中国国际广播出版社，1989，第 119 页。

③ 民国 9 年（1920）《临清魏湾奶奶庙捐资碑》。

④ 临清市地方史志办公室编《临清乡村概况》，五洲传播出版社，2003，第 427 页。

⑤ 张国强：《东阿县泰山老奶奶祈愿风俗调查》，《民俗研究》1991 年第 1 期。

⑥ 据笔者所知，现今临清城内共有三座碧霞元君庙宇。一名泰山行宫碧霞元君祠，位于临清市新华办事处桑树园村，建于 1992 年。一名临清歇马亭（即歇马厅），位于大辛庄办事处歇马亭村，1992 年由当地居民捐资重建。这两处庙宇，每年农历的 4 月和 9 月仍举行盛大而隆重的"接驾会"。一名碧霞宫，位于临清头闸北，紧邻漳卫河东岸大堤，由临清青年办事处西夹道街居民 1992 年捐资重建，因规模较小，位置偏僻，故影响力相对较弱。

祀”，不符合儒家的礼治秩序；一种持赞成态度，认为碧霞元君信仰属于国家祀典，是国家神道设教的重要构成部分；还有一种中间态度，他们超越碧霞元君信仰“淫祀”“正祀”之争，直指信仰的现实。通观相关史料，第一种情况较为少见，最为常见的是后两种情况。地方官员和士绅关于泰山碧霞元君信仰的不同态度，反映了他们对于地方社会道德秩序的关注，同时希望用官方正统文化去改造民间文化。普通民众对神灵的信仰主要体现在日常的祭祀和庙会活动上，其中又犹以庙会体现得最为明显。民众在信仰神灵的过程中，往往对其“地方化”或“本土化”改造，使其更加符合当地社会的需要，最为常见的手段就是编造与神灵有关的故事和传说、加入地方乡土神灵等，这些都在无形之中拉近了神灵与民众的感情和距离。即使近代以来，民间信仰文化在国家和知识分子的“改造”下，发生了重大变化，但碧霞元君信仰也没有退出历史的舞台，在当今社会又有了新的传承和发展。

第五章

保漕与祈雨：山东运河区域的龙神信仰

中国是一个自然灾害频发的国家，由于地处温带大陆性季风气候区，降水季节和空间分布不均，因而导致水旱等自然灾害频发。中国古代社会以农为本，水旱灾害对农业生产有着重要影响，其中又以旱灾影响最为突出。严重的旱灾往往导致农作物减产甚至绝收，故民间对祈雨神的信仰极为盛行。民间用于祈雨的神灵可谓名目繁多，其中以龙神最为有名，崇祀各种龙神的庙宇遍布城镇和乡村。学界对于龙神信仰做了大量研究，但有关运河区域的龙神信仰研究的成果尚不太多。本章以明清时期山东运河区域龙神信仰为研究对象，在梳理龙神庙宇分布情况的同时，论述其对明清国家及区域社会的影响，重在分析龙神信仰的地域特色，探讨运河、漕运在构建区域社会神灵信仰体系中的地位和作用。

第一节　龙神信仰发展概况

频发的黄运水患以及旱灾的威胁使得明清时期山东运河区域的龙神信仰极为盛行，祭祀龙神的庙宇遍布运河沿岸的城镇和乡村。龙神信仰在保有传统职能的同时，在新的形势下，其职能又有了新的拓展，兼具了“治河”与“祈雨”的双重角色，因而有着广泛的社会基础。本节在回顾龙神信仰发展历程的同时，重在论述神灵庙宇的分布情况。

一 龙神信仰的发展历程

中国的龙崇拜产生于原始社会，就龙崇拜的性质而言，是一种灵物崇拜。龙在传说中是有鳞角须爪的神兽，具有由多种动物组合而成的复杂特征，这在史料中有很多记载。如宋人罗愿在《尔雅翼·释龙》载："龙，角似鹿，头似驼，眼似兔，项似蛇，腹似蜃，鳞似鱼，爪似鹰，掌似虎，耳似牛。"①《渊鉴类函》卷438引《会编世传》云："画龙有九似之论，角似鹿，头似驼，眼似兔，项似蛇，腹似蜃，鳞似鱼，爪似鹰，掌似虎，耳似牛。"② 古人因不能完全掌握自然规律，认为龙能行云布雨，影响旱涝灾害。因此，最晚从汉晋以来，民间就有祭祀龙神的风俗，主要目的体现在祈福求雨、风调雨顺、保证庄稼丰收和治理水患等生产生活方面。

"龙王"这一称谓的出现，还与历代统治者的推崇、封禅有关。佛教传入中国，带来了"龙王"的称谓，其后，统治者的封禅则进一步强化了龙王在民众中的影响。唐宋之际，随着佛教的广泛传播，佛教中的龙王被众人周知。封建帝王最早将民间龙神正式封王是在宋代。《宋会要辑稿》记载："京城东春明坊五龙祠，太祖建隆三年，自元武门徙于此，国朝缘唐祭五龙之制，春秋常行其祀。先是熙宁十年八月，信州有五龙庙，祷雨有应，赐额曰'会应'，自是五龙庙皆以此名额云。"③ 徽宗大观二年（1108）十月，诏天下封五龙庙皆为王爵，青龙神受封"广仁王"，赤龙神受封"嘉泽王"，黄龙神受封"孚应王"，白龙神受封"义济王"，黑龙神受封"灵泽王"。④

清朝统治者更是热衷于加封龙王。雍正二年（1724），敕封四海龙神，东曰"显仁"，南曰"昭明"，西曰"正恒"，北曰"崇礼"，均遣官隆重致祭。⑤ 雍正七年（1729），因宁夏大渠工程完工，敕封宁夏大渠龙神为"宁渠普利龙王之神"。乾隆二十二年（1757），在甘肃嘉峪关外立龙神庙，春秋致祭。嘉庆二十五年（1820），敕封湖北八分山龙神为"宣润敷化龙神"。道光十二年（1832），敕封喀什噶尔龙神为"惠保灵佑龙神"。道光二十六年

---

① （宋）罗原撰《尔雅翼》卷28《释鱼一》，黄山书社，2013，第329页。
② 吉成名：《中国崇龙习俗》，黑龙江教育出版社，2012，第112页。
③ （清）徐松辑《宋会要辑稿·礼四之一九》，中华书局，1957，第1册，第465页。
④ （清）徐松辑《宋会要辑稿·礼四之一九》，中华书局，1957，第1册，第465页。
⑤ 《清通典》卷44《礼·吉四》，《景印文渊阁四库全书》第642册，第536页。

(1846)，敕加山东历城县龙洞山龙神“康济”封号。道光二十八年（1848），敕封山东登州府柘阳山龙神为“溥惠佑民龙神”。咸丰七年（1857），敕封浙江马岭庙龙神为“普泽龙神”，河南永城县龙神为“显济龙神”。咸丰八年(1858)，敕封安徽颍上县龙神为“显应龙神”。同治四年（1865），敕封直隶邯郸县龙神为“灵应圣井龙神”。同治五年（1866），敕封江苏高邮州清水潭五龙将军为“显应龙王”。光绪年间，对龙神的敕封更为频繁，地域上也更为扩展。在民间传统观念中，龙神的主要职能在于祈雨，由于旱灾的频发，全国各地大大小小的龙神庙宇不计其数。官方的倡导以及民间祈雨的现实需要共同推动了龙神信仰的盛行。

二　龙神庙宇的分布情况

从隋唐开始，佛、道盛行，佛、道中龙王的神话传说与早期民间的龙王信仰糅合在一起，龙神的地位逐步提高，被尊奉为龙王，各地的江、河、湖、海、泉、闸、坝等凡是有水之处皆有祭祀龙王的或大或小的庙宇，信仰十分广泛。随着龙文化的形成以及龙神信仰的普遍，龙王被赋予更多的神能。明清时期，龙王除了行云布雨之外，又增添了诸如保障行船安全、防洪护堤、减少黄河水患甚至守土安坟、帮助民众抵抗官府的压力等职能，而这些神职在山东运河沿线地区颇为常见。

笔者依据《明史·河渠志》《明实录》等资料统计，明代山东境内共发生黄、运水灾 69 次，平均每 4 年就有一次水灾发生。清代山东地区共发生黄、运洪灾 129 年次，其中黄河洪灾 66 年次，运河洪灾 39 年次，黄河、运河并遇洪灾 24 年次，成灾县数总计为 1788 年县次，平均每年 6.7 县次被灾，占水灾成灾县次的 32%。[①]“灾害作为一种客观存在必然要反映到人们的头脑中来，并通过社会实践对人们的心理和行为发生影响。”[②] 山东运河区域黄、运交汇的水系环境，复杂的地形和频发的水患，使之成为治黄保运的关键地区，各种治河工程极为频繁，因此，龙神信仰极为盛行。

① 孙百亮、梁飞：《清代山东自然灾害与政府救灾能力的变迁》，《气象与减灾研究》2008 年第 1 期。

② 汪汉忠：《从水旱灾害对苏北区域社会心理的负面影响看水利的作用》，《江苏水利》2003 年第 3 期。

表 5－1　山东运河区域龙神庙宇分布情况

州县名称	数量	庙宇名称	庙址及修建情况	资料来源
德州	1	龙王庙	在北厂	乾隆《德州志》卷 5
夏津	3	五龙王行祠	在城西 20 里，祀五方龙神，元至正间，知县王民正建。一在城东南 30 里马颊河龙湾之侧，明天顺间，知县薛正建。一在城北七里屯，创建无考	乾隆《夏津县志》卷 5
馆陶	1	龙王庙	在北门外，有殿有门	雍正《馆陶县志》卷 8
博平	1	龙神庙	在城东南隅，光绪十六年，金熙彬重修	光绪《博平县续志》卷 4
聊城	4	龙王庙	一在城内万寿观西，一在崇武驿北河东岸，一在李海务闸西	嘉庆《东昌府志》卷 11
		龙神庙	在城东南龙湾西岸，原名杨公祠，乾隆五十五年改为龙神庙	
东阿	1	龙神庙	旧在城北 8 里许，明洪武八年建。万历三年，知县白栋移建城西 2 里许。清康熙六年，知县郑廷瑾捐资重修	道光《东阿县志》卷 8
东平	1	龙王庙	旧在州治东一里堤上，清乾隆三十五年，知州沈维基移建于小东门月城内，道光三年重修	民国《东平县志》卷 15
寿张	2	龙神庙	在关圣庙东，光绪二十一年，知县庄洪烈重修	光绪《寿张县志》卷 2
		井龙王庙	城内西南隅北向，光绪十三年，邑人捐资重修	
汶上	1	分水龙王庙	在南旺汶水入运处，明初敕建，天顺年间，主事孙仁重修	万历《汶上县志》卷 2
邹县	1	五龙坛	在城东 5 里，天启二年，毁于兵火。崇祯二年，知县黄应祥重建	康熙《邹县志》卷 1
济宁	3	龙神庙	在运河北岸，旧在南门外，明洪武二年，同知刘大昕建，万历时，尚书舒应龙移于运河北岸，永乐元年知州李显忠修。弘治六年，判官李宾重修	道光《济宁直隶州志》卷 5
		五龙宫	在城东南隅，明万历间建，乾隆五十七年修，道光十七年，总河栗毓美重修	
		井泉龙庙	在南关扁担街，顺治三年修，道光十九年重修	

续表

州县名称	数量	庙宇名称	庙址及修建情况	资料来源
鱼台	1	龙王庙	在东关外郭堤上	光绪《鱼台县志》卷1
嘉祥	1	龙王庙	在北门内	道光《济宁直隶州志》卷5
金乡	1	龙王庙	北关外，明知县高魁建	咸丰《金乡县志略》卷5
滕县	4	龙王庙	一在南梁水上源，一在沧浪渊，一在跻云桥北。一在三河口，嘉靖间，尚书朱衡、中丞潘季驯等人建	道光《滕县志》卷4
峄县	6	许池龙神祠	在城西北十里泉西南，创始未详，元知州王天祥重修	光绪《峄县志》卷10
		龙王堂	在陈郝上社官路口西，明天启二年重修	
		龙渊祠	在城东20里老龙潭西	
		龙堂宫	在陈下社飞来泉右	
		龙王庙	一在阴平社寨山前。一在台庄可风桥西，雍正元年，漕宪张大有、知县张镜倡修，康熙三十四年重修，嘉庆二十四年，燕士英等倡众续修	

从表5－1中，我们可以看出，山东运河区域共有龙神庙宇32座，当然这只是文献资料中的记载，还有众多庙宇因为规模较小、位置偏僻等原因，没有被收入地方志之中，故实际数量当远大于此数。由于治运保漕、水旱灾害等原因，龙神庙宇不但数量众多，分布也很普遍，运河沿岸各州县几乎都有庙宇的分布。龙神庙宇的建立群体也很广泛，既有河漕官员、地方官员，也有地方士绅、普通民众。龙神庙宇的名称各异，很不统一，造成这种情况的原因是各地千差万别的地理环境和历史文化。

第二节　治水与祈雨：龙神信仰与水旱灾害治理

龙神信仰不但是山东运河区域，也是整个中国北方地区较为常见的一种神灵信仰。传统观念中的龙王具有兴云布雨的职能，北方地区干旱少雨的自然环境，使得龙神信仰较南方地区更为盛行。具体到山东运河区域，龙神信仰对运河本体和明清国家而言，其功能体现为治运与保漕。对地方官员和民众而言，则主要是为了祈雨和自保。本节依据地方志等资料，主要探讨龙神信仰在水旱灾害治理中的功能和作用。

一　治河与保漕：河漕官员视野下的龙神信仰

山东运河区域的龙神庙宇有两类，一类是官方用于治河保漕之龙王庙，二是民间用于祈雨和治水之龙王庙。官方所建之龙王庙，大都位于运河沿岸重要的码头和闸坝，如德州、临清、聊城、张秋、汶上、济宁、峄县等，龙神信仰与运道治理、漕粮运输、水上航运关系密切。济宁运河北岸有龙神庙，旧在南门外，明洪武二年（1369），同知刘大昕建。永乐元年（1403），知州李显忠修。弘治六年（1493），判官李宾重修。万历时，尚书舒应龙移于运河北岸。南北往来的漕运兵丁、船夫舟子和商贾无不祭拜于此。“济故当漕艘孔道，商民帆樯往来其地者，无不乞灵龙神。”[①] 济宁五龙宫在城东南隅，明万历间建，乾隆五十七年（1792）修，道光十七年（1837），总河栗毓美重修。[②] 滕县三河口有龙神祠，“嘉靖间，尚书朱衡、中丞潘季驯，宪使熊桴、刘赞，知县张启元建，水部郎（中）主之，无常祭”。[③] 峄县台庄可风桥西有龙王庙，雍正元年（1723），漕宪张大有、知县张镜倡修，康熙三十四年（1695）重修；嘉庆二十四年（1819），燕士英等倡众续修。[④]

在官方修建的龙神庙宇中，以南旺分水龙王庙最具有代表性。万历《汶上县志》记载分水龙王庙：“在南旺湖上，汶水西注分流于此，国初敕建，春秋秩祀。天顺间，主事孙仁重修。”[⑤] 康熙《续修汶上县志》记载南

---

① （清）徐宗幹修，许瀚纂道光《济宁直隶州志》卷5《秩祀志》，中国地方志集成·山东府县志辑第76册，凤凰出版社，2004，第239页。

② （清）徐宗幹修，许瀚纂道光《济宁直隶州志》卷5《秩祀志》，中国地方志集成·山东府县志辑第76册，凤凰出版社，2004，第239页。

③ （清）王政修，王庸立、黄来麟纂道光《滕县志》卷4《祠祀志》，中国地方志集成·山东府县志辑第75册，凤凰出版社，2004，第90页。

④ （清）王振录、周凤鸣修，王宝田纂光绪《峄县志》卷10《祠祀志·坛庙》，中国地方志集成·山东府县志辑第9册，凤凰出版社，2004，第123页。

⑤ （明）栗可仕修，王命新纂万历《汶上县志》卷2《建置》，中国地方志集成·山东府县志辑第78册，凤凰出版社，2004，第156页。

旺分水龙王庙："明初建，康熙十四年，运河厅叶（方恒）重修。康熙五十五年，山东巡抚蒋陈锡、运河厅徐（湛恩）、知县闻元炅重修。"① 明大学士许彬在其所作《南旺分水龙王庙记略》中详细记载了天顺二年（1458）工部主事孙仁重修南旺分水龙王庙的原因：

去汶上西三十里曰南旺湖，周回百余里，前都水使者尝患舟楫往来漂没无定，故筑堤其中，绵亘南北七十里，置桩木两旁，中实以土，以为织卒之路。堤之两侧弥漫浩渺，冬夏不涸，其东则地稍高阜，水中分之。南通济宁，北抵安山，皆入河故道。通舟楫往来甚便，其上建龙王庙以镇之。前此治其事者少有怠忽，则风涛暴溢，堤岸冲决，奔流怒涨，舟楫为所吞噬，而殃及民田者往往也。去年秋，池阳孙公仁由进士拜都水主事，来莅于兹，既尽心所事，复睹庙貌倾圮，慨然谓治水簿魏端曰："自吾奉命以来，堤防坚固水不患者，虽人之力，实神之惠也。今庙貌不称，何以妥灵？属兹岁稔，盍新之？"端归，语知县申桀，县丞李昂、王臣，主簿徐政，典史方俊，各出俸金以相成之。②

万历九年（1581），工部主事马玉麟《重新分水龙王庙记》亦记载了重修分水龙王庙的原因和经过：

南旺旧有分水龙王庙，万历八年，余初莅任，百务未举，志于鼎新而未暇也。明年二月，大宗伯新会潘公至，曰："畴昔室人梦与神语，愿助余赀，子其为我新之。"余唯唯于是，亦捐余赀，择日命工饰其庙貌，洁其堂庑，始于四月十五日，而毕工于二十七日，盖百年之故址焕然一新，而神灵益妥矣。抑闻之志云南旺视他地为特高，号曰地脊，势若建瓴，此汶水所由分也。繇斯以谈昔人立庙之意，岂非

① （清）闻元炅纂修康熙续修《汶上县志》卷1《建置》，中国地方志集成·山东府县志辑第78册，凤凰出版社，2004，第250页。

② （明）栗可仕修，王命新纂万历《汶上县志》卷8《艺文》，中国地方志集成·山东府县志辑第78册，第222页。

以兹地之水易泄而难蓄，而觊神阴相其源流也耶？国家岁漕五百万石给京，仰赖会通一河，而南旺仅以汶、泗诸泉之水供五百万石之运，微神力孰能保障于无虞也？①

河漕官员重修和祭祀庙宇的主要目的是为了治运和保漕，从中我们可以看出，南旺分水龙王庙与运道、漕运关系之密切。

道光八年（1828），时任东河总督严烺目睹分水龙王庙年久失修，残破不堪，于是会同漕运总督讷尔经额对分水龙王庙进行重修。道光九年（1829）六月，工程完工，严烺上疏奏请颁赐御书对联，以答神庥：

窃照东省运道闸河以内惟取给汶源，南旺地当水脊，汶水至此南北分流，漕运往来全资浮送。该分水口旧有龙王庙，灵应久昭，历年春夏之交，重运北上，汶水尚在未长，蜀山马踏诸湖所收之水，不敷宣济，惟赖汶河上游诸泉汇注，下达分水口济送。迨交伏汛，卫河涨水，临清闸动有堵口之虞，又须汶水旺发高于卫水，始可启板通漕。自河漕员弁及丁舵商民，每当水浅船滞，力无所施，随时虔祷神庥，莫不如响斯应。惟每年入夏以后，汶源叠长，济送重运，尚可以速补迟。本年节过夏至，汶水报长不过二尺余寸，臣方惧蜀山、马踏两湖所收之水，尽数宣济，未必能利漕行，湖潴所耗无多，而重运遄行无滞，现计全漕迅速出闸，仍与水大之年相仿，洵由神祇默佑，得以暗长潜滋，源源不匮。臣感幸之余，倍深敬畏。②

清朝灭亡后，分水龙王庙逐渐废弃。民国成立后，开展“废庙兴学”运动。1935 年，当地政府建立“政教合一”的南旺乡村学校，代行区级政权，校址设在分水龙王庙。1966 年秋，在“破四旧、立四新”运动中，南旺中心校部分教师带领学生砸毁庙宇上的“脊兽”，庙内大量文物被毁坏。1967 年春，龙王庙大殿前建筑精巧的“戏楼”，被南旺学校师生拆掉，同

① （明）谢肇淛：《北河纪》卷 8《河灵纪》，《景印文渊阁四库全书》第 576 册，第 721 页。
② 东河总督严烺：《奏为重修汶河口分水龙王庙请旨颁赐御书对联事》，《朱批奏折》，道光九年六月十三日，档号：04－01－01－0707－053。

时碑碣被拉倒20余块。1969年春，汶上县城以建化肥厂用木料为由，拆掉南旺龙王庙大殿。[①] 禹王殿、宋公祠、文公祠、观音阁、关帝庙、蚂蚱神庙等建筑，也因年久失修，无人管理，多失原貌。2006年6月，南旺分水龙王庙被公布为第六批国家重点文物保护单位。2010年9月，包括南旺分水龙王庙在内的南旺分水枢纽工程遗址被列入全国首批考古遗址公园立项名单。2011年，被评为全国考古十大发现之一。2012年6月，大运河南旺枢纽考古遗址公园举行奠基仪式。2013年12月，南旺分水枢纽遗址被列入国家文物局公布的第二批国家考古遗址公园名单。2014年6月，中国大运河成功申遗，南旺分水龙王庙遗址被列入世界文化遗产目录。

二 祈雨与自保：普通民众视野下的龙神信仰

龙神对运河本体或对河漕官员而言，它的功能更多体现为治运与保漕，而在民间，对地方官员和普通民众而言，其功能则主要与祈雨、治水有关。在传统的农业社会，人们总是希望风调雨顺，年谷顺成，但现实情况往往不遂人愿，不仅水患频繁，旱灾也时有发生。据学者统计，清代山东全省107州县“共出现旱灾3555县次，涝灾3360县次，黄、运洪灾1788县次，潮灾118县次，全部水旱灾害达9121县次之多”[②]。人们无法认识自然界规律，便只能寄托于神灵的力量。在山东运河沿岸的许多城镇和村庄中都建有龙王庙，每当农业生产需要雨水或洪涝灾害发生之时，地方官员和百姓便举行仪式来祈求神灵治水或降雨。

德州四女寺龙王庙位于武城县滕庄镇四女寺村东侧半公里处，此地段是由一方叫“傅家嘴子”和一方叫“牛角峪”的地方组成。该地段地形复杂，高低交错。民国前，每逢洪水泛滥年份，十年八年遭水灾，民不聊生。当地百姓自愿献银捐物，集聚能工巧匠，在隐患处建一庙宇，取名“龙王庙”。庙体由三间通殿组成，在庙门前中央立一高杆，悬挂角形旗幅，上写“益水通天”，将龙王爷像塑于殿内中心，立姿站于凸形水彩基石之上，高约3米，身着金黄色龙袍如皇帝模样，右墙壁画栩栩如生的双

① 山东省文物考古研究所等单位编著《汶上南旺：京杭大运河南旺分水枢纽工程及龙王庙古建筑群调查与发掘报告》，文物出版社，2011，第338页。

② 赵士奇：《论清代山东对水旱灾害的防治》，硕士学位论文，曲阜师范大学，2008，第6页。

龙戏珠图案，左墙壁绘各种水怪画面，后墙壁呈澎湃的东海全景，在彩梁画柱上吊满串串彩灯，气势深沉明肃。当地百姓将每年农历二月二日定为祭奠日（示意龙抬头日）。届时，两岸百姓成帮结队汇集庙前场地以整猪全羊等供品祭奠叩谢。每年八月，还自发地择日聚集河岸，白天向河内投抛食物，夜晚展放河灯，以恭谢当年“龙王”的解救之恩。①

东平州城龙王庙旧在州治东一里河堤上，乾隆三十五年（1770），知州沈维基改建于小东门月城内。在其所撰《新建龙王庙碑记》中，沈维基详细记述了重修庙宇的原因：

龙之为灵昭昭也，嘘气而成云，变化风雨，上下雨天，其利物济民之功甚大，岂徒为圣世之瑞，谓其可俯而窥哉？……东平小东门外五里许，旧有龙王庙一间，规制甚小，无住僧，亦无香火。乾隆三十二年大旱，祷于庙而得雨，即欲别建一庙于近地。时方创建八蜡庙，未暇兼及斯庙。去岁七月初，山水骤至，势若潮涌，冲城下。基（沈维基）于是焚印疏，向水再拜而祝曰，“水若立消，当自捐造龙王庙”。未几，水果消。今岁雨水过多，水屡至而旋退，禾田无恙，盖皆神默相之也。今择地于小东门月城内筑基南乡，为堂五楹，中三楹设神像，并有门扉，前为轩三楹，缭以墙垣，中立大门，于六月十八日兴工，三旬而竣。……与新建之城楼相映，使近城寺僧兼守奉香火焉，此足以妥侑龙王之神矣。②

峄县霖泽庙在城北60里沧浪渊，“旧为龙神祠，旱祷辄应”。③ 明弘治四年（1491）重修，邑人丁本《重修霖泽庙记》云：

尝观名山大川有神龙焉，率能兴云致雨、敷佑下民，故江河湖海皆有其所宅。……峄北六十里，峰峦突兀，严崖连络，有翼然居乎其

① 王和平、戴树超、苏燕：《四女寺龙王庙的来历》，《德州日报》2008年7月25日。

② （清）左宜似等修，卢崟等纂光绪《东平州志》卷19《艺文》，中国地方志集成·山东府县志辑第70册，凤凰出版社，2004，第516页。

③ （清）王振录、周凤鸣修，王宝田纂光绪《峄县志》卷10《祠祀志·坛庙》，中国地方志集成·山东府县志辑第9册，凤凰出版社，2004，第123页。

中者为沧浪霖泽庙焉。霖泽者，盖宋宣和中所赐庙额也。庙背负峻山，俯临深涧，下有二池，深阔若寻丈，水色墨如也。下池深上池之半，而阔过之，两崖壁立，不可近视。土人往往时见光怪，不敢狎玩亵视，庙而祀之不知几千百年矣。春而祈蚕，秋而报谷，以牲醴祷于祠下者无虚日。时或旱水溢，众斋沐积诚以祷，祷而辄应。[①]

嘉庆《东昌府志》记载聊城的龙王庙三座："一在城内万寿观西，一在崇武驿北河东岸，一在李海务闸西。"另有一座龙神庙，"在城东南，龙湾西岸，原名杨公祠，乾隆五十五年改为龙王庙"[②]。东阿龙神庙在城南二里许，正殿三间，抱厦三间，东厢房三间，前大门一间，缭以周垣，外戏台一座。明洪武八年（1375），建于城北八里许大河口东岸；万历三年（1575），知县白栋由大河口移此，额曰"灵惠祠"；康熙六年（1667），知县郑廷瑾捐修；乾隆三十二年（1767），知县李大纯重修。[③] 东阿洪范池有龙祠，明朝初年，广东番禺人黄哲寻知山东东阿县："勤于为政，剖决如流，且不事苛察，民乐其宽。值岁旱，麦苗尽枯，乃斋戒跣行烈日中，祷于洪范池龙祠，甘澍立应，民呼为'黄公雨'。"[④] 夏津县境内共有三座五龙王行祠，"祀五方龙神，知县王民正建祠祀，一在城西南二十里；又一在城东南三十里马颊河龙湾之侧，明天顺间知县薛正建；又一在城北七里屯，创建无考，所在祷雨履验，岁时致祭"[⑤]。堂邑县龙女庙在城西古堤上，"祷雨辄应"。[⑥] 博平县龙神庙在城东南隅，祈祷辄应，光绪十六年（1890），金熙彬重修。[⑦] 龙

① （清）王振录、周凤鸣修，王宝田纂光绪《峄县志》卷23《艺文志》，中国地方志集·成山东府县志辑第9册，凤凰出版社，2004，第428页。

② （清）嵩山、张熙先等修纂嘉庆《东昌府志》卷11《秩祀上》，中国地方志集成·山东府县志辑（87），凤凰出版社，2004，第188页。

③ （清）李贤书修，吴怡等纂道光《东阿县志》卷8《祠祀志》，中国地方志集成·山东府县志辑第92册，凤凰出版社，2004，第85～86页。

④ （清）仇巨川纂，陈宪猷校注《羊城古钞》卷6《人物》，广东人民出版社，2011，第407页。

⑤ （清）方学成修，梁大鲲纂乾隆《夏津县志》卷5《典礼志·秩祀》，中国地方志集成·山东府县志辑第19册，凤凰出版社，2004，第86页。

⑥ （清）卢承琰修，刘淇纂康熙《堂邑县志》卷6《寺观》，中国地方志集成·山东府县志辑第89册，凤凰出版社，2004，第44页。

⑦ （清）李维诚纂修，王用霖、彭宝铭续纂光绪《博平县续志》卷4《祀典》，国地方志集成·山东府县志辑第86册，凤凰出版社，2004，第582页。

渊祠在城东20里老龙潭西，“祷雨辄应”。[①] 这些庙宇距离运河较远，受运河影响较小，主要发挥祈雨、治水的功能。

千年来，民间一直有一种俗信：玉皇大帝主宰着人间的一切，龙王是玉皇大帝的使臣，天朝的“水官”，主宰天下的风调雨顺、旱涝灾害。在济宁，清咸丰之前每年正月都有“龙王出巡街市”的大型活动。平日里南方漕船过济宁时，船上人都要靠岸去龙王庙祭祀，届时高抬祭品，鼓乐齐鸣，彩旗飘扬，观者如潮。特别是微山湖区的船家渔民，身家性命、衣食住行都与水休戚相关。因此，他们对龙王的祭祀甚为虔诚。祭龙王的活动，在微山县一直延续到1966年。

旧时微山县境内所建的龙王庙，大都规模不大，大者十几平方米，小者四五平方米；有青石结构的，也有砖木结构、砖木石结构的。庙里大多塑有人格化龙王坐像，白脸膛儿，黑胡子，身穿带龙鳞的衣裳。塑像高矮视庙大小而定，一般高50~70厘米，两边各有一个站班。也有的没有龙王像，只供龙王的神位。龙王神位前设有石香炉，供香客奉香祭祀。敬祭时间约定俗成。正月初七至正月十五集体大敬，小敬则在腊月二十六至正月初六，香客自发到龙王庙祭祀，敬祭之仪礼与敬大王大致相同。另外，还有求雨避灾敬、还愿敬、日常敬等。[②]

第三节　教化与认同：龙神信仰与地方社会整合

治水与祈雨是龙神信仰最基本的两种功能，但中国古代的神灵信仰，其职能从来就不是单一的。作为乡土神灵，龙神不但与民众生活密切相关，其庙宇分布也极为普遍，因而在民间有着极为广泛的社会基础。由于其与农业生产的关联性，修建龙神庙宇、祭祀龙神成为地方官员表达祭祀理念、实施社会教化的重要手段。随着时间的推移，龙神信仰逐渐融合了地方文化的特质，成为乡土观念和民众情感的精神载体，在强化地域文化

① （清）王振录、周凤鸣修，王宝田纂光绪《峄县志》卷10《祠祀志·坛庙》，中国地方志集成·山东府县志辑第9册，凤凰出版社，2004，第123页。

② 刘玉平、高建军主编《运河文化与济宁》（下册），中国社会出版社，2012，第446~447页。

认同、增强社会凝聚力方面发挥了重要作用。本节从地方社会教化和地域文化认同两个方面，探讨龙神信仰在地方社会整合中所发挥的作用。

一　龙神信仰与地方社会教化

地方官员是抽象的国家在地方上的具体代表者，是沟通国家和民众的桥梁和纽带。地方官员既负责处理地方各项政治、经济事务，同时也肩负着宣扬伦理道德、教化民众的职责。龙神信仰和农业生产密切相关，地方官员往往希望通过崇祀龙神，传达官方重视农业、体恤民生的政治理念，以达到和睦乡里、教化民众、维护地方社会秩序的目的。

东平州戴家庙闸有龙王庙，正德八年（1513）建，万历年间重修。明人傅光宅《重修龙王庙碑记》在介绍龙王庙重修原因的同时，极力宣扬龙之功德，论述祭祀龙神的重要意义：

> 东平戴家庙闸有龙王庙，正德八年建，岁久倾颓，无以妥神灵。司城傅君鼎新之，规模宏敞，益增于旧，而威神赫奕，侍卫森严，庭宇肃清，金碧辉映，俨然披海藏而观娑竭之宫也。盖尝读易爻之六乾，皆称龙德。……龙之神灵其飞腾变化，利泽寰宇，不可测识矣。况龙而有王，又神力功德为群龙主，其呼吸为风云，喜为雨露，怒为雷霆，行为江河，止为渊海，尤非可为拟议者。……故国家江河之侧各有敕建庙宇，其民间私建者尤重，良以龙王功德利泽在人间者无量也，虽然神岂无望报于人哉！精神感通，神人无间，睹庙貌而生敬，假瞻拜以致诚，可以悔过、迁善、灭罪、造福。转旱潦为时若，通壅阏为安流，神之应之捷于影响矣。是举也，于祀神可以明敬；于泽物，可以明仁；于捐财，可以明义；于绳武，可以明孝。……余于司城有兄弟之雅，故因记其事，而广其意焉。①

东阿龙神庙在城南二里许，原建于城北八里许大河口东岸；明万历三

① （明）谢肇淛：《北河纪》卷8《河灵纪》，《影印文渊阁四库全书》第576册，第719～720页。

年（1575），知县白栋由大河口移此，改名为“灵惠祠”。[①] 邑人赵邦彦在其所作《灵惠祠记》中论述了祭祀龙神的原因：

按宋儒有言龙之祀典三代靡闻，而有之自汉武始。又曰大河之治乃天地之功，龙何力焉，故龙不宜祀野哉！言乎无稽矣，愚考之经传，见龙之有祀邈矣，而揆之事理无不然者。《左氏传》曰：“龙见而雩，夫龙见建巳之月，万物盛张，故雩以祈膏雨。”孔子修《春秋》书：“雩者二十有一，虽美刺不同，无非重典而悯民也，此龙之有祀见于经者也。”鲁展禽论祀典曰：“郊禘宗祖，此国之典祀也，加以社山川之神，皆有功烈于民者亦祀之，此龙之祀见于传者也。”……又揆之事理，圣人制郊祀以报天地矣，至于索鬼神而蜡焉者，先农先啬可矣；乃以迎猫迎虎，夫食豕食鼠猫虎之功堇堇渺小耳，较诸龙之功德相万也。猫虎得祀，而龙则靳之，是抑神龙于猫虎之下也。圣人制礼，岂应如是，谬错殆不其然。且大河之治，固天地之功，而龙之尸事效能，六子同翊，乾坤之功，亦照照斯人耳目矣，奈何享其功而泯其报也？[②]

夏津县城东南30里有五龙王祠，创建时间不详，天顺五年（1461）七月，夏津县训导江濂《五龙王祠记》载：

五龙王祠违邑治三十里许，河名曰漯川，土风庞厚，河势旋绕。薛侯（夏津知县薛正）于政暇，率诸僚寀循行阡陌，以察民风。适至其地，有乡耆逆诸道而告曰：“此间龙潭，深昧不测。天时阴雨，云雾氤氲，有龙见焉。故每岁风雨适时，年谷丰登，屡获其惠。”公闻其言，遂历览之。触目感怀，形诸言曰：“龙以渊为宅，非陆地之可居。兴云致雨，粒我蒸民，非淫祠之可比。眷维旧址，非有渊薮不便

① （清）李贤书修，吴怡等纂道光《东阿县志》卷8《祠祀志》，中国地方志集成·山东府县志辑第92册，凤凰出版社，2004，第85~86页。

② （清）李贤书修，吴怡等纂道光《东阿县志》卷20《艺文六》，中国地方志集成·山东府县志辑第92册，凤凰出版社，2004，第228页。

神栖，河源汪洋，龙湾颇得其胜，曷若徙于此焉？”乃借僚寀暨邑缙绅大夫各捐俸资，命工鸠材，经始厥功，越三月告成，藻绘轮奂，金碧交辉，足以耸人观瞻，而将其诚敬矣。[①]

由碑文我们可以看出，知县薛正对龙神降雨之灵应，颇为赞叹，于是偕诸僚寀暨邑之缙绅士大夫，各捐己俸，命工鸠材，兴建五龙王祠。中国古代以农为本，且社会生产力水平低下，天旱往往只能依靠求雨，故乞雨成为地方官员的一项重要政事。由于龙神有兴云布雨的功能，故乞雨首重龙神，“重神所以重农，重农所以重民，重民所以重天下国家也”[②]。地方官员之如此热衷于修建龙神庙宇，无非想借此传达自己重视农业，体恤民生的理念，以达到教化民众、维护统治的目的。

二　龙神信仰与地域文化认同

龙王信仰由来已久，在民间有坚实的信仰基础，随着发展逐渐融合了地方文化的特质。张秋镇北海子村的龙王庙，被附加以“北海”之名，还附有一个与之相关的“秃尾巴老李”的传说。据说很久以前，有位姑娘（东海龙王的三公主）途经北海子村，她身怀有孕，由于长途跋涉，累倒在路边，被村里好心人收留。经人介绍，与当地李姓男子结婚。时值妻子分娩，大雨倾盆，干旱顿解，但女子产下之子不仅皮肤黝黑，且有尾巴（按：是为龙王之子），父亲遂将其尾巴砍掉。小龙伤痛之际，离家四处游荡，终落脚于东北白龙江处。在与江中白龙决战过程中得到移民东北的山东人的帮助，自此对东北山东人照顾倍加，人们遂将白龙江改为黑龙江。但它并没忘记生身父母和善良的乡亲。一到大旱之时节，便从东北一路挟风带雨而来，为家乡解除旱情。如有山东人在江中捕鱼行船，黑龙便格外加以保护。所以至今江中各种船只启航时，还习惯地先问一声“有没有山东人”，而船中水手或乘客即便都不是山东人，也争相回答说“有”，据传

---

① （清）方学成修，梁大鲲纂乾隆《夏津县志》卷10《艺文志》，中国地方志集成·山东府县志辑第19册，凤凰出版社，2004，第179～180页。

② （清）方学成修，梁大鲲纂乾隆《夏津县志》卷10《艺文志》，中国地方志集成·山东府县志辑第19册，凤凰出版社，2004，第180页。

如此便可保证航程一帆风顺。这个在当地流传已久的故事，将明代山西移民和始于清顺治年间的山东人闯关东的史实结合起来，赋予了龙王降雨之外的另一种地域亲情。“这个龙王与保运的龙王故事大相径庭，在民间，龙不仅具有降雨的功能，而且是有情有义的神灵，更具有亲切感，容易被人们认同。”①

夏津县五龙堂村位于夏津县香赵庄镇政府驻地东 3 千米处马颊河畔。相传古时村内有位老太太，生有五个儿子。勤快又孝顺，平时以种菜为主，闲暇时在马颊河打鱼捞虾，一家人过着安逸平淡的生活。一天，儿子们下河打鱼时，捞上一条红鲤鱼，家人非常喜爱，养在了水缸里。这年遇上大旱，水井干涸，马颊河露出了河底。五个儿子为挖井找水，累得筋疲力尽。家里断了粮，老太太便把在水缸里的鲤鱼捞出来炖给儿子们吃了。到了夜里，天空乌云密布，一声响雷，大雨倾盆而下。老太太坐在炕边，在飘忽的油灯下看着五个睡得正香的儿子。看着看着，只见五个儿子慢慢长出了鳞甲，鳍翅，手足也变成了爪子。老太太大声呼喊，随着一道闪电，五个儿子全变成了龙，破门腾空而去。自此以后，每到天旱便有五条龙伴云而来，随之大雨滂沱，人们再也不受干旱之苦了。②

德州亦有关于龙王庙的传说。德州城南七里铺运河拐弯处有一个深坑叫“白龙潭”，河滩上有一个叫田家湾的村庄，村里有户贫苦的田老汉，老两口只有一个如花似玉的闺女，取小名叫“小恣格儿”。河的东岸有个叫于秧屯的村，村里有一个年轻力壮的小伙儿叫于显，原是白龙潭中的一条小白龙，因触犯天条，被贬下凡。于显与小恣格儿互相爱慕，并结为夫妻。后来天气大旱，地里的禾苗眼看就枯死了，于显化身为白龙，普降甘霖。后来玉帝降旨，命于显发水淹白龙潭。于显没有遵从玉帝的旨意，而是与小恣格儿一起飞身跃入潭中。从此，居住在运河岸边的人们安居乐业。为纪念小白龙，人们在白龙潭的河堤上建了一座龙王庙。每逢运河闹大水，人们便成群结队来庙里烧香，祈祷平安。③

传说往往是地方化的，体现了地方风俗和地方民众的历史观。民间传

---

① 吴欣：《山东运河区域水神研究》，《社会科学战线》2013 年第 9 期。

② 刘承智：《“龙湾烟雨”与五龙王祠》，《德州晚报》2010 年 11 月 4 日，第 13 版。

③ 柴晶晶编辑《龙王庙的传说》，德州新闻网，2014 年 2 月 23 日。

说是我们了解地域文化的途径，也是反映当地百姓情感的精神载体。“地方民众通过创作和讲述历史人物传说，及不断修改其内容来表述自己对历史人物的感情和评价，显示出其复杂感情和矛盾心理。”① 通过对民间传说的创作和传承，民众借此拉近与神灵的距离，增进彼此之间的了解，在强化地缘观念和文化认同、增强社会凝聚力方面发挥了重要作用。

小　结

对于运河区域的民间信仰，以往学者多集中于对民间信仰多元化趋势的探讨，即关注信仰文化的流动和传播，对运河区域本土神灵的“变异”却较少涉及。由于运河的流经，在漕运、河工等社会因素的影响下，一些以前运河沿岸民众从不知晓的神祇，如金龙四大王、妈祖、晏公等，开始在运河沿线区域出现，并逐渐融入当地民众的社会生活，成为当地民众和外地客商共同的信仰对象。② 即使是山东运河区域早已存在的各种神灵，在运河、漕运的影响下，也在悄然发生着变化。运河、漕运为传统的龙神信仰打上了深刻的烙印，这在运河沿线龙神庙宇身上体现得最为明显，除了原来就具有的祈雨和治水的职能以外，又添加了“治运”“保漕”的职责，成为山东运河区域社会变迁的重要表现。作为乡土神灵，龙神信仰在地方社会中扮演了重要角色。地方官员往往希望通过崇祀龙神，传达官方重视农业、体恤民生的政治理念。民众通过编造神灵的故事和传说，借此拉近与神灵的距离，增进彼此之间的了解，强化地域文化认同。

---

① 徐赣丽：《民间传说与地方认同——以广西博白绿珠传说为例》，《广西师范学院学报》（哲学社会科学版）2011 年第 2 期。

② 王云：《明清山东运河区域社会变迁》，人民出版社，2006，第 269 页。

第六章
酬神与娱人：山东运河区域的庙会及其功能

庙会是中国古代民间社会生活的一项重要内容，与传统社会民众的经济文化活动和社会生活密不可分。对于中国传统社会的庙会，学界研究成果丰硕，但研究视角主要集中于对江南、华北（京、津、冀、晋、豫）等地区的考察，对于山东运河区域只是稍有涉及，系统、全面研究这一区域庙会习俗的成果尚不多见。相比其他地区，明清时期山东运河区域的庙会风俗既有其普遍性和共通性，也有其自身的地域性和独特性，这种“特殊性”主要表现为庙会数量众多、经济功能显著、辐射范围较广、延续性较强等。本章以明清时期山东运河区域的庙会为考察对象，在对当地庙会情况进行概括和梳理的同时，重在分析庙会的主要功能，探讨地方精英阶层对庙会的管理和控制，以此揭示庙会与地方社会的互动关系。

第一节　山东运河区域庙会概况

庙会，又叫“庙市”或“节场”，是中华文化传统的节日风俗。因其常在寺庙的节日举行，地点多设于庙内及其附近，故名。早期庙会仅是一种隆重的祭祀活动，随着经济的发展和人们交流的需要，庙会就在保持祭祀活动的同时，逐渐融入集市交易活动。便利的水路交通和繁荣的商品经济使得山东运河区域的庙会数量众多，规模也很大。本节在回顾庙会发展历程的同时，重点论述明清时期山东运河区域庙会的发展情况。

一　庙会的形成及发展

最初的庙会起源于远古时代的宗庙社郊制度。为了求得祖先及神灵的保佑，先民们选择了在宫殿或房舍里通过供奉与祭祀的方式，与之进行对话。每逢祭祀之日，为渲染气氛，人们还会演出一些精彩的歌舞，即社戏，也称“庙会戏”，庙会便由此形成。

与其他民俗一样，庙会是社会发展的产物，而随着社会的发展能够体现出时代的色彩。在秦代时期，庙会的内容仍然单一而稳定，即祭祀祖先与神灵。在西汉时期，道教开始初步形成。庙会受到了宗教信仰的影响，内容开始出现了多元化的色彩，各种习俗也开始初步形成。如《西京杂记》一书中，描述了当时的祠庙祭祀习俗：“汉制宗庙，八月饮酎，用九酝，太牢”，“京师大水，祭山川以止雨，丞相御史二千石，祷祠如求雨法”。① 书中京师是指长安一地，从中可以管窥中原地区庙会文化的基本内容。

东汉时期，佛教开始传入中国。同时，这一时期的道教也逐渐形成。它们互相之间展开了激烈的生存竞争。“佛道二教竞争的焦点，一是寺庙、道观的修建。二是争取信徒，招徕群众。为此，在其宗教仪式上均增加了媚众的娱乐内容，如舞蹈、戏剧、出巡等等。这样，不仅善男信女们趋之若鹜，乐此不疲，而且许多凡夫俗子亦多愿意随喜添趣。”② 为了争取群众，佛道二教常常用走出庙观的方式扩大影响。南北朝时期，寺庙与市场已经发生联系，但是这时的寺庙与市场的关系还不密切。

唐宋时期，随着社会经济的发展，佛、道二教均达到了全盛时期，对社会产生了空前的影响。名目繁多的宗教活动出现了，如圣诞庆典、坛醮斋戒、水陆道场等。“庙会活动逐渐由祀神、娱神向娱人发展，增加了娱乐内容，如舞蹈、戏剧、出巡等。佛道二教大量修建寺庙、道观，争取信徒，招徕群众，从而促进了庙会活动的繁荣。”③ 虽然这一时期的庙会不论从其数量还是规模，在全国都已形成蔚为壮观的局面，但就庙会的活动内

① （汉）刘歆等撰，吕壮译注《西京杂记译注》，三联书店，2013，第7～8页。

② 熊晓洁：《最后的坚守：非物质文化遗产影像记录》，经济日报出版社，2016，第24页。

③ 肖东发主编《百姓聚欢：庙会活动与赶集习俗》，现代出版社，2015，第23页。

容来说，仍偏重于祭神赛会，而在民间商业贸易方面相对薄弱。

明代许多庙会已经开始向市集的性质上转变。大多数是游玩观光或购买商品，真正进行祭祀或拜谒的人并不多。“明代庙会有一重要的特点，就是‘行会’或者称为‘会馆’‘公所’的大量兴起，使庙会更加秩序化。”[①] 中原地区出现许多“山陕会馆”，他们敬祀关羽，立祠建庙，特别是建造戏楼等祭祀场所，使庙会的影响和作用进一步扩大化。到了清代，庙会已经分为所谓的“多内涵型庙会”与“迎神赛会”。前者在宗教、娱神的同时有游乐等活动，而后者则是把神像抬出庙外巡行，是没有集市但有表演的庙会，如北京妙峰山庙会。同时也有部分地方无庙有市而也称庙会，如北京著名的厂甸庙会，这些也统称为“庙会”。明清以后，庙会的基本形式和社会功能都没有太大的改变。

二　地方志中有关庙会的描述

庙会的出现必须具备两个条件，“一是宗教繁荣，寺庙广建，而且宗教活动日益丰富多彩；二是商品货币经济的发展使商业活动增加，城镇墟集增加”[②]。明清时期山东运河区域无疑满足这两个条件。由于运河的流经，带来了民间信仰的多元化，使得当地庙宇众多；便利的水陆交通促进了商品经济的发展，为庙会的出现提供了现实需要和物质基础。有关庙会的记载在明清两代地方志中真可谓比比皆是，不胜枚举。

自古以来，聊城城乡庙会颇多，聊城南乡周围五六十里的范围内有大小庙会六七十处；[③] 1937 年，全县城乡有庙会 35 处，其中春季举办的 30 处，夏季举办的 1 处，秋末冬初举办的 4 处。庙会期间，每处除有 1～2 台大戏公演外，还有马戏、魔术、评书等文艺演出，热闹异常。除上市牛马驴骡外，还有农具、布匹、衣物、玩具、日用杂品等。1938 年，日军侵占聊城后，战乱频繁，民不聊生，古会停办。[④]

滋阳、阳谷、清平等地的庙会风俗也极为盛行。滋阳县天仙行宫“香

---

① 高有鹏：《狂欢季节：庙会中的信仰与生活》，三联书店，2015，第 5 页。

② 赵世瑜：《明清时期华北庙会研究》，《历史研究》1992 年第 5 期。

③ 吴慧主编《中国商业通史》（第五卷），中国财政经济出版社，2008，第 202 页。

④ 聊城市地方史志编纂委员会编《聊城市志》，齐鲁书社，1999，第 260 页。

火辏集，每四月八日，数郡毕至”。[①] 道光《东阿县志》记载张秋镇“三月二十八日祀东岳大帝，天齐庙演剧，远近香客云集，商贾因以为市，前后七八日甫散”。“十月十五日三官庙演剧，远近香客云集，商贾因以为市百货，前后半月甫散”。[②] 康熙《阳谷县志》记载阳谷每年春季的四月十八日祀天仙，“结会治农具”。[③] 民国《清平县志》记载清平县境内：“庙宇林立，春秋佳日往往演剧赛神，年有定期，谓之庙会。每届会期则商贾辐辏，士女如云，车水马龙，奔赴络绎，极一时之盛”（详见表6－1）。

表6－1　清平县境内庙会一览

地点	庙会名称	会期
城内	吕祖庙会	二月初八至十一日
城内	方公祠会	三月十九至二十二日
城内	城隍庙会	五月二十八至六月初一
城东关	娘娘庙会	四月初八至十一日
辛集	娘娘庙会	四月十三日至十六日
康庄	娘娘庙会	四月十八至二十一日
十里堡	玉皇阁会	二月二十三日至二十六日
刘芳庄	娘娘庙会	二月十二日至十五日
戴湾	娘娘庙会	二月二十五至二十八日
魏家湾	娘娘庙会	四月初八至十一日
魏家湾	真武庙会	三月十九日至二十二日
二十里堡	关帝庙会	二月中旬
王集	娘娘庙会	四月十五日至十八日
元伍营	娘娘庙会	三月十五日至十八日
刘庄	麻佛寺庙会	三月下旬
于林	娘娘庙会	四月初一至初四日

资料来源：梁锺亭、路大遵修，张树梅纂民国《清平县志》第4册《礼俗志二・节序》，中国地方志集成・山东府县志辑第89册，凤凰出版社，2004，第303页。

---

① （清）觉罗普尔泰修，陈顾联纂乾隆《兖州府志》卷20《寺观志》，凤凰出版社，2004，第400页。

② （清）李贤书修，吴怡等纂道光《东阿县志》卷3《方域志・风俗》，中国地方志集成・山东府县志辑第92册，凤凰出版社，2004，第36页。

③ （清）王时来修，杭云龙纂康熙《阳谷县志》卷1《风俗》，中国地方志集成・山东府县志辑第93册，凤凰出版社，2004，第28页。

道光《武城县志续编》记载武城县城隍庙会在城内，二月初二日起，初六日止；子游庙会在城西十里，三月二十日起，二十三日止；娘娘庙会有四处，一在东关外，四月十七日起，二十日止；一在城南十八里十八户，二月初八日起，十一日止；一在城西北二十里新兴集，四月二十二日起，二十五日止；一在城西北二十五里姚家庄，十月初十日起，十三日止。观音寺庙会在城北八里半壁屯，二月十九日起，二十二日止；真武庙会在北关外，三月初三日起，初六日止。[①]

民国《夏津县志续编》记载了当地庙会的地点和会期：夏津县城关镇北关三月十四日至十七日演剧赛真武；城关镇东关四月十七日至二十日、九月初六日至初九日演剧赛碧霞元君；城关镇南街六月初五日至初八日、十二月初七至初十日演剧赛城隍；朱家庙正月二十六至二十九日、九月二十八至十月一日演剧赛花姑；小寺，亦名大兴寺，三月十八日至二十一日、十月初九日至十一日演剧赛佛；齐庄正月初八日及七月初一日诵经赛神；康寺，亦名龙泉寺，每年十月演剧赛佛；张法寺，亦名大云寺，四月初八日至初十日、十一月二十至二十三日演剧赛神；前于里长屯二月十八至二十一日演剧赛神；艾庄二月二十至二十三日打醮并演剧赛神；新盛店三月初五日至初八日、九月二十二至二十五日演剧赛真武、三官；阎庙金灯寺二月二十六至二十九日演剧赛佛；玉皇庙每年十月演剧赛神；鸭鹅庄三月十八至二十一日演剧赛碧霞元君；汉王庙洪仁寺每年十月初一日演剧赛佛。[②]

三　重要庙会调查与研究

据《山东庙会调查》记载，20 世纪 30 年代济宁境内较著名的庙会有寺固堆、王贵屯、王母阁、火神庙、华佗庙、南海大士香会、鲁桥会、爷娘庙等。[③] 仅金乡一地，全县境内就有香火会和骡马会 140 余处。[④] 其中以

① （清）万秀芳纂修道光《武城县志续编》卷二《疆域·街市镇集》，中国地方志集成·山东府县志辑第 18 册，凤凰出版社，2004，第 406 页。

② 谢锡文修，许宗海纂民国《夏津县志续编》卷 5《典礼志·赛会》，中国地方志集成·山东府县志辑第 19 册，凤凰出版社，2004，第 416～417 页。

③ 孔勇、孔茜编著《济宁民风民俗》，中国社会出版社，2011，第 57 页。

④ 吴慧主编《中国商业通史》（第五卷），中国财政经济出版社，2008，第 202 页。

夏镇泰山庙会最为有名。夏镇泰山庙坐落在微山县城南端的泰山村，庙南和庙西为老运河环绕。据载，泰山庙始建于明朝天启年间，庙会定在每年的农历四月十八日，会期4天。从四月的十日开始，周围几百里、一两千里的善男信女，携带铺盖，陆续从四面八方赶来。周围数百里的客商也络绎不绝地云集此地，参加或观看圣母出巡，或进行商品交易。会期一至，各家旅店爆满，街面人山人海。会址南起火神庙，北到华祖阁，西自运河西沿，东到小新河西岸，日赶庙会人数不下五六万人。南从南庄，北到造纸厂十多里的运河里，渔船你挨我、我靠你，整个河筒看不见水面。正会期间（四月十五至十八日），周围三五十里的村庄、小寨，男男女女，老老少少，着上新衣裳，结队前来赶会。周边十里、二十里的村庄，大多全部出动，庙会人员可达10万之众。夏镇泰山庙会的主要内容有三：一是香客敬佛；二是举办大型文化娱乐活动；三是进行物资交流。泰山庙会的这种盛景，自明朝漕运兴起以来，一直长盛不衰，并随社会的发展进步、漕运规模的扩大而越来越兴旺。由于知名度较高，1910年，虽漕运停止，泰山庙会规模气势仍不减当年，盛况一直延续到“文革”拆除泰山庙之前。①

临清碧霞元君接驾会从农历三月三十开始，会期连绵整个四月，行宫庙、娘娘庙、碧霞宫、慈航院、七神庙七个庙会各抬10余八抬大轿，各庙10余起社火跟随，敲锣打鼓放铳放炮，到临清城外泰山娘娘歇马之所歇马厅迎接泰山娘娘。然后各庙分别抬着木胎神像游街串巷，此谓“泰山娘娘出巡视察”。此起彼伏，接连不断，皆各带社火，游行三天三夜。附近几十县的善男信女，打着朝山进香的小旗，涌进市区，到各庙烧香还愿，游览临清的名胜古迹，每日多达20余万人。“庙会期间，临清的土特产品、手工业产品销量剧增。竹业生产一年的竹篮、筐子等一个四月全部销售一空。线业、鞋业、衣帽、食品、酱菜等行业当天卖货所得铜币当天数不完。各行业在四月庙会上的经营纯收入，足够全家一年的生活费用。”②

汶上土地庙子会是周边几个省区有名的骡马古会，因会址汶上县南站乡有一座土地庙而得名。现存清乾隆三十二年（1767）齐高三保同立之碑记载说：“汶邑南齐高地方有土地庙一座，自宋以来逢二月初二日，民便

① 济宁市政协文史资料委员会编《济宁运河文化》，中国文史出版社，2000，第272页。

② 政协山东省临清市委员会编《运河名城：临清》，中国文史出版社，2010，第245页。

交易。”庙子会原来的会期是从农历二月初二起，到初六止；但远路客商多从正月二十左右即陆续到会，正月二十五六，骡马即上市成交，正月底即开鞭返回，正式会期长达半月之久。每逢会期，土地庙会内香火分外旺盛。外地赶来的客商到会之后，先到土地庙烧香上供，祈求发财；当地善男信女每年会期便到土地庙烧香，祈求土地保佑，居家平安幸福。因此，庙院里香客拥挤，香烟缭绕，鞭炮声持续不断，纸灰常积寸许。①

寿张集位于古运河畔，距今梁山县城 9 千米，于元代建村，因系古寿张县城所在地，且为贸易集市，故名为“寿张集”。寿张集逢三、八为集日，在梁山一带历来颇有影响。特别是寿张集的古会，其时间之长，规模之大，在周边省、县遐迩闻名。寿张集每年的古会有 5 次，并各有其特点。因为古会较多，每个会起于什么朝代现已难于稽考。据传，5 个古会：一是三月初三（指农历，下同）的村隅首地藏王庙香火会，时值春季，正是农村兴土木搞建设的黄金时期，所以古会交易以土建材料为主②；二是四月初八的国王庙香火会；三是四月二十三日的观音庙香火会，时值麦收前夕，会上交易货物以生产工具、麦收配套用具为盛；四是十月二十三至二十八日的“十月会”；五是十一月的骡马会，两者均为物资交流大会。五个古会都有剧团唱戏，各项买卖齐全。其中十月会规模最大。十月会除与其他古会有共同的场景之外，更为突出的主要是牲口交易、皮货交易和土特产贸易。③ 明代以后，运河改线，寿张集不再是沿运口岸，但由于每年五大古会的商贸交易，仍系运河区域重要的货物集散地。据传，每年古会成交的大批黄牛、骡马等大牲畜和各类皮货等，都通过古运河和黄河分别运往济宁、徐州、济南等地的洋行，再转销给日本、德国、美国、英国等国家的客商。④

第二节　庙会的主要功能

庙会是村落生活的公共空间，它的形成最初与寺庙的宗教活动有关，

---

① 孔勇、孔茜编著《济宁民风民俗》，中国社会出版社，2011，第 71 页。

② 济宁市政协文史资料委员会编《济宁运河文化》，中国文史出版社，2000，第 274 ~ 275 页。

③ 济宁市政协文史资料委员会编《济宁运河文化》，中国文史出版社，2000，第 275 ~ 279 页。

④ 济宁市政协文史资料委员会编《济宁运河文化》，中国文史出版社，2000，第 279 页。

是民众酬神的祭祀场所。随着社会的发展变化，庙会的形态不断演变，庙会的功能也日趋多元化，从相对单纯的宗教空间，转化为具有宗教祭祀、文化娱乐和经济贸易等诸多功能的场域。

一　宗教功能

祭祀神灵是庙会最基本的功能。“庙会的宗教功能作为其最初始、最基本的功能，在华北与在江南并无差异。”① “庙会的实质在于民间信仰，其核心在于神灵的供奉。它可以是一种很大规模的群体性的信仰活动，也可以是一个村庄，一个家族的信仰活动，所有的娱乐都应该是围绕某种信仰活动的具体展开而进行的。庙会的历史，其实就是民间信仰的历史。”②“中国的庙会就像中世纪时欧洲的集市，宗教色彩非常明显。新近出现的庙会例外，庙会总是围绕着一个寺院来安排的，是社区祭祀寺庙主神（因为一个寺院经常供养许多神）的一种方式。因此，庙会和在庙会上的活动就成为社区庆祝神明生日的一个场合。”③

民国《冠县志》记载冠县境内：“四月初八日，设醮泰山行宫。凡境内碧霞元君祠，咸集有会场，商贾喧阗，士女杂沓，竞执香楮进庙祈祷。”④ 乾隆《临清州志》记载当地碧霞元君庙会的情形，“四月十八日，碧霞元君会，倾城士女出供，香火自十五日至十八日，上庙者水陆不绝。明末，西北之民结社来观，如东岳故事。其灵爽讫于千里。每岁会资造金银五色纸宫殿为驾，前仪仗为鼓吹，为扮演杂剧，两城周游。市民设祭，以珠翠珍宝聘巧工扎饰玩具，倍极华丽，五日内共填街市”⑤。其时“州人舁木像，具仪从，警跸传呼，而以杂剧导其前，招摇过市，谓之‘行驾’，各街巷结彩设供，竞致新奇，辉煌悦目，谓之‘迎驾’。四方数百里聚会

① 周天游主编《地域社会与传统中国》，西北大学出版社，1995，第135页。

② 高有鹏：《庙会与中国文化》，人民出版社，2008，第5页。

③ 〔美〕杨庆堃：《中国社会中的宗教：宗教的现代社会功能与其历史因素之研究》，上海人民出版社，2007，第87页。

④ 侯光陆修，陈熙雍纂民国《冠县志》卷1《地舆志·风俗》，中国地方志集成·山东府县志辑第91册，凤凰出版社，2004，第34页。

⑤ （清）王俊等修纂乾隆《临清州志》卷11《风俗志》，载临清市人民政府编《临清州志》，山东地图出版社，2001，第483页。

来观，连袂挥汗，充满城邑”[①]，“每值会期士人舁木像扮社火，观者云从，有万人空巷之势”[②]。

二　经济功能

庙会的经济功能极为显著。庙会的定期举行加强了农民与市场的联系，它一方面沟通了商品流通的渠道，为外地商人来鲁从事购销活动提供了新的场所，也为本省农民、手工业者出售自己的农副产品提供了便利条件。另一方面，传播了商品信息，外地商人、五行八作与会，了解了山东的资源、农副产品、土特产品等的供需情况；本地的农、工、商人与会，对外地的商品和民风民俗等有所了解，获得了不少经济讯息。这些都有力促进了山东农村市场的活跃与繁荣，进而推动了整个社会经济的发展。

庙会一般在寺庙所在地举办，利用神祇、社火、神戏招徕顾客，是工商业者开展城乡贸易、进行物资交流的一种手段。庙会往往与庙市联系在一起，成为吸引周围民众进行贸易的场所。这一点实际上是华北地区庙会与江南地区庙会相比的突出功能。“由于江南的市镇发展程度较高，较大都市中的日常商品需求可以通过店铺买卖得到满足，又由于此地区小市镇的覆盖面积较大，集市贸易更为普遍，乡村人口的日常所需也较容易得到满足。这样，庙会的经济功能就被具有同样功能的商业贸易场合所取代，因而呈现逐渐减弱的趋势。同时，华北地区的商品经济发展水平决定了庙会还要发挥它的经济功能，作为市镇集场的必要补充。”[③]

临清境内庙宇数量众多，庙会亦是如此。临清庙会一般根据农时季节选定会期。除农历六、七、八三月无庙会举办外，其他各月均有。大宁寺庙会正月初一就开始，一直到正月十六日方止。大宁寺庙会规模盛大，每天赶会的人不下两三万人次。庙会上经营的商品，一半是手工业产品（主要是玩具），饮食小吃占30%，其余的全是杂货、农产等。平时在店铺内

① （清）于睿明修，胡悉宁等纂康熙《临清州志》卷2《庙祀》，载临清市人民政府编《临清州志》，山东地图出版社，2001，第62页。

② 张自清修，王贵笙纂民国《临清县志·建置志三·宗教类》，中国地方志集成·山东府县志辑第95册，凤凰出版社，2004，第104页。

③ 赵世瑜：《狂欢与日常：明清以来的庙会与民间社会》，三联书店，2002，第219页。

销售不多，拿到会上就被抢购一空。[①] 民国《临清县志》记载："临清庙会不一而足，如城隍庙则正月、腊月及五月二十八日均有会，五龙宫则三月三有会，歇马厅则四月初有接驾会，碧霞宫则九月初有会。乡间之会黎博店在二月中旬，小杨庄在三月下旬，各会当中以西南关之四月会最大，邻近县于庙会前后均来赶趁，名曰'进香火'，全市商业社会繁华所关甚巨。"[②]

东阿少岱山庙会，号称"鲁西第一大庙会"，贸易辐射面包括聊城、阳谷、东平、茌平、堂邑、平阴、济宁等 8 个县，交易的铁木业占地数百亩，牲口市占地千余亩。金乡城隍庙庙会的牲口市占地 1 平方公里，兴盛时能上牲口万余头，销三四千头。济宁寺固堆庙会，牲口市占地长达 2 里，盛时牲口有一两万头，销一两千头。清末民初，外省的牛驴骡马贩子多来会交易，6 天庙会的税额占全县的 17% 以上。[③]

物资交流活动是夏镇泰山庙会的主要活动之一。庙会期间上市物资繁多，经济活动十分广泛，生意也极为兴隆。清时，每天经营额不下 20 多万吊，整个庙会期间商业经贸额多在 200 万吊左右。"除来自上海、江浙、西安、郑州、唐山、青岛等地的香客外，苏北、豫北、皖北、鲁南、鲁西六七十个县的商贾摊贩，云集庙会。卖布的、卖绸缎的、卖京广杂货的、经营五金的，从事百货、日用品、饮餐服务的，经销铁、木、草编、苇编的，卖针头线脑、儿童玩具的，卖猪、马、牛、羊、驴、骡大牲畜的，卖香帛纸、耗子药、狗皮膏药、大力丸的，还有拔牙的、点痣的，算卦、拆字、合年命的，无所不有，一应俱全。"[④]

汶上土地庙子会到明代已发展到鼎盛时期，到清末虽不如前，但会况仍非常盛大。会址以南站村为中心，方圆 15 千米，连及 28 个村庄，每逢会期附近各个村庄都住满赶会客商。会期北至东北数省，南到江淮，西及陕甘，东迄沿海，骡马客商云集而至，内蒙古、宁夏一带的马群，更是届期必到。骡马市面积约 20 平方华里，上市骡马多达数万。行市分四五十处。牛驴另成一市，在店子以东，石村以西，南到宋铺，方圆约四五华

① 临清市政协文史委员会编《运河名城：临清》，中国文史出版社，2010，第 244 页。

② 张自清修，王贵笙纂民国《临清县志·礼俗志五·游艺》，中国地方志集成·山东府县志辑第 95 册，凤凰出版社，2004，第 186 页。

③ 吴慧主编《中国商业通史》（第五卷），中国财政经济出版社，2008，第 205 页。

④ 济宁市政协文史资料委员会编《济宁运河文化》，中国文史出版社，2000，第 269 页。

里，多是正月底上市，二月初六会终罢市，鲁西南大黄牛多在此成交。与骡马牛驴交易盛况相适应，庙子会上的皮货、钱庄、饮食等行业的生意也十分繁盛，每年到会的皮货商不下千户。会上除当地商户临时开的钱庄之外，从济宁来的大钱庄多达四五十户，为骡马客商兑换银子。他们带有“分金炉”，随时分化银锭。到会的烟酒糖茶业户和饮食业户等难以数计，仅从济宁和附近县城来的大饭馆就达30多家。[①]

三　文化娱乐功能

庙会的文化娱乐功能同样不能忽视。民国《清平县志》记载：“按庙会之说始于唐时，风气相沿，于今为烈，僧徒假神道以罔布施，居民亦乘暇日以恣佯狂。每过会场，间商贾贸易寥落晨星，而前往游戏者十九而强，是庙会之设实娱乐之一端。”[②] 民俗活动具有延续性和传承性，庙会活动更是在民间有着顽强的生命力。对于终年劳作的农民大众来说，他们平日除了从事生产劳动以外，消遣娱乐的方式少得可怜，而农闲时节举行的庙会，恰好填补了这一空白，庙会上举行的各种戏剧、曲艺、杂技表演、巡游等活动满足了他们缓解精神疲劳、释放心理压力的需要，这也是每逢庙会，善男信女纷至沓来，动辄数千人、数万人的原因。

清代江南河道总督麟庆在其《鸿雪因缘图记》中记载“临清社火”：“碧霞元君圣诞（即农历四月十八日），远近数百里乡民，争来作社火会。百货俱聚，百戏俱陈，而独争高跷，尤为奇绝。蹬坛走索，舞狮耍熊，无不精妙。且鼓乐喧阗，灯火照耀，男妇宣扬，佛号声闻彻夜。”[③] 民国《临清县志》记载临清境内祭祀神灵的“社火”所有不下百起，“如彩船则结帛为之驾者，饰女装戴彩笠，渔人引之，合唱采莲曲；高跷则足蹑木跷高数尺，腮抹粉墨，歌弋阳腔。若竹马始于汉，羯鼓始于唐，渔家乐始于六朝，其来源尤古，其余龙灯狮、保花鼓、秧歌等名目繁多，不胜指数。每

---

① 孔勇、孔茜编著《济宁民风民俗》，中国社会出版社，2011，第71页。

② 梁锺亭、路大遵修，张树梅纂民国《清平县志》第4册《礼俗志二·节序》，中国地方志集成·山东府县志辑第89册，凤凰出版社，2004，第303页。

③ 马清福主编《满族文学史》（第3卷），沈辽宁大学出版社，2012，第302页。

值庙会，则游行街衢，更番献技，亦临清之特殊情形也”。[①]

汶上土地庙子会上还会举行赛马比车活动。赛场设在潘村西，长约1.5千米。届时有“喊马趟子”，身着彩衣，专为比赛服务。此项活动吸引许多官绅大户到会赛马。清代大学士刘墉的眷属、曲阜衍圣公孔令贻、济宁的状元孙毓桂的眷属、滕县的翰林高锡节、豪绅党金元以及兖州镇守使、曹州镇守使等都常来逛会赛马。[②] 寿张集古会上有“叫客”的风俗，即附近村庄十之八九的住户都把远村的老亲少眷请来听戏、逛会。所以古会期间村村都很热闹。十月会的娱乐项目也比其他古会多，会上除名班大戏至少一台外，光说书场就有道情、坠子、琴书、莲花落、花鼓、快书等十七八棚。还有拉洋片的、走大吼的、跑马戏的、打十番的，等等。[③]

第三节　庙会与地方社会治理

作为民众的集体狂欢活动，庙会的参与人员数量众多、社会成分也极为复杂，其举行不可避免地对地方社会秩序产生一定的冲击，并为当政者和地方精英阶层所诟病和批判，甚至对其加以取缔和打击。针对庙会中存在的问题，地方官员和士绅积极参与庙会的管理，努力对庙会活动施加影响，力图使其走上规范化的轨道。庙会在促进地方经济文化发展的同时，也在一定程度上成为官民力量博弈的舞台。

一　庙会对地方社会秩序的冲击

由于庙会活动的举行会给原有地方社会秩序造成一定程度的冲击，故历代当政者和士绅阶层大多对此持否定态度。赛戏之禁，可溯源于早期历史上的禁巫，至宋代禁淫祀戏乐、元代禁集场赛社演剧、明代禁迎神赛戏，清代康雍年间汤斌、田文镜在任时也曾集中禁止赛会。虽然官方禁戏之行为在不断强化，但每一次禁毁之后，都伴随着更大一轮热潮的复兴。

① 张自清修，王贵笙纂民国《临清县志·礼俗志五·游艺》，中国地方志集成·山东府县志辑第95册，凤凰出版社，2004，第186页。

② 孔勇、孔茜编著《济宁民风民俗》，中国社会出版社，2011，第71页。

③ 济宁市政协文史资料委员会编《济宁运河文化》，中国文史出版社，2000，第279页。

官方禁之愈酷，民间演之愈烈，大有在官方的示禁中对抗性崛起之势，因此，由庙会而引发的狂欢、赛戏活动成为地方政府最为头疼的社会问题。

最令地方官员和精英阶层烦恼的首先是“男女混杂”的局面。古代社会，女子言行自由极受限制，她们“大门不出，二门不迈”，不能轻易走出家门、抛头露面、大声言笑，庙会时的酬神演戏却以全民的狂欢参与语境给了她们一个合理合法的出门机会。夏津县娘娘庙在东关，四月十八日俗传为娘娘诞辰，四方男妇焚香，商贾亦为之云集。[①] 夏津县城东关刘十八郎庙三月望日，男妇焚香，充塞道途。[②] 这是那些信奉“男女有别、尊卑有序”思想观念的“封建卫道士”们所最不愿意看到的。此外，“庙会及其娱神活动是中国传统社会少有的全民性活动之一，也就是说，不同阶级、阶层和等级的人，不同职业、性别、民族、地域的人，都可以不受限制地参加这类活动”。[③] 庙会上游人如织、观者如堵，各色人等良莠不齐，有时会带来一些骚动和混乱，造成一些社会问题，对地方社会治安和社会风气产生极其恶劣的影响。最令地方当政者所恐惧的是庙会活动强烈的狂欢精神，这种狂欢是“群众性的活动中表现出的突破一般社会规范的非理性精神”。[④] 中国人一向是非常理性的，任何事情都是经过深思熟虑后的有目的的行为，而庙会上所表现的非理性则是纯粹由感情支配的、不考虑方式和目的的随心所欲的行为，这种非理性的狂欢精神存在着潜在的颠覆性和破坏性。“在社会状况相对稳定的时候，它们只不过是人们宣泄自己情感的方式，对传统规范的蔑视和嘲弄被限制在一个法律的范围内；在社会关系比较紧张的时候，它们就为公开的反叛行为提供了机会，晚清的一些教案发生在庙会期间，就是很好的说明。”[⑤]

“作为一种民间信仰活动，迎神赛会具有全民性、反规范性、迷信性、奢靡性，对政府的权威统治已然构成潜在威胁，禁止迎神赛会，规范民间

---

① （清）方学成修，梁大鲲纂乾隆《夏津县志》卷 5《典礼志·秩祀》，中国地方志集成·山东府县志辑第 19 册，凤凰出版社，2004，第 87 页。

② （清）方学成修，梁大鲲纂乾隆《夏津县志》卷 5《典礼志·秩祀》，中国地方志集成·山东府县志辑第 19 册，凤凰出版社，2004，第 87 页。

③ 赵世瑜：《狂欢与日常：明清以来的庙会与民间社会》，三联书店，2002，第 123 页。

④ 赵世瑜：《狂欢与日常：明清以来的庙会与民间社会》，第 116 页。

⑤ 赵世瑜：《狂欢与日常：明清以来的庙会与民间社会》，第 134 ~ 135 页。

俗信行为成为政治统治的内在诉求。”[①] 1894 年 6 月，孙中山在《上李鸿章书》中即称“迎神赛会”为“冥冥一大漏卮，其数较鸦片为尤甚，亦有国者所当并禁也”[②]。辛亥革命胜利后，宋教仁、蔡元培即发起成立社会改良会，发表宣言，倡导“以科学知识去神权之迷信”，号召“戒除迎神、建醮、拜经及诸迷信鬼神之习，戒除供奉偶像牌位、风水及阴阳禁忌之迷信”[③]，遍布各地的各种“专祠淫祀”大都被取消。新文化运动时期，以人道主义反对封建专制，以科学知识反对神权迷信，“德先生”“赛先生”成为路人皆知的启蒙之道。国民政府成立后，破除迷信、禁止恶俗是新生政权的基本取向之一。因此，无论是“迷信”，还是“俗信”，均被视为迷信，取缔迷信营业、打击俗信行为成为国民政府的既定战略。

民国《夏津县志续编》卷 5《典礼志・赛会》一节中详细表明了这一时期的地方当政者对于庙会的态度和看法：“凡大庙宇皆有庙会，迩来民智渐开，香火日趋冷落。所谓赛神者，虚有其名。临时市场，百货萃止，利商便民，亦良俗也。惟男女混杂，有伤风化。吴家珍、张汝钧两公任内，曾于城关庙会先后取缔，秩序井然，口碑载道。赵公尔萃并有禁止妇女赶会之计划，惜未施行，丁忧以去。尤骇人听闻者，各处庙会宝棚林立，公然开赌，流毒社会，至为酷烈。谢公锡文下车伊始，悉此颓风，慨然曰：‘此盗源也，亟应铲除’。适值会期，临时逮捕，虽纷纷逃窜，无一弋获，然各会博风现已绝迹云。”[④] 由以上内容我们可以看出，虽然时代有所不同，但官方对于庙会的政策和态度并没有发生大的改变。

二　庙会的管理和控制

在儒家思想占统治地位的中国封建社会，乡绅饱读四书、五经等儒家经典，是统治阶级在地方上的代表，他们德高望重，国家利用乡绅加强对地方的控制也就在情理之中。参加宗教活动，如敬神、修庙等，是乡绅

① 忻平等：《危机与应对：1929－1933 年上海市民社会生活研究》，上海大学出版社，2012，第 267 页。

② 孙中山著，文明国编《孙中山自述》，人民日报出版社，2014，第 27 页。

③ 邓子琴：《中国风俗史》，巴蜀书社，1988，第 339 页。

④ 谢锡文修，许宗海纂民国《夏津县志续编》卷 5《典礼志・赛会》，中国地方志集成・山东府县志辑第 19 册，凤凰出版社，2004，第 416～417 页。

“义不容辞”的“责任”，参与和庙宇有关的宗教活动是乡绅的第一要务。[①] 许多庙会都是由地方乡绅倡导、组织和管理的。

武城县二月初二至初六日举行的城隍庙会，就是由“邑之绅士”增立的，他们全权负责庙会的组织管理工作，被称为“会首”。[②] 泗水立石庙会的管理组织称为“会”，总负责人叫“会首”，会员多由城里或立石村的头面人物充任，分工负责，各执其事。庙会的开支如宣传、招待、支付戏班子的工钱等，靠征收的地皮钱支付。[③] 寿张集古会的组织准备工作由会首承担，在清末、民国年间，一般由王、井两姓的头面人物担任。负责管理会上的交易、抽税、敛会费和安全保卫等事项。下边还设有分行等具体办事人员。会前一两个月他们就发出请帖，说明会期、交易货物种类，邀请客商届时来会贸易。发帖的对象多系以往来过而又熟悉的大商大贾，如蒙古的骡马商、山西的寒羊和皮货商、鼓城及柘沟的窑货（土陶、瓷器等）商、济南与天津的洋庄、济宁泰顺家的铁货铺、苏杭的绸缎商等。同时，在邻近县境内小有名气的商店、集市都贴出广告，主要是招徕当地的土特产品前来交易。[④] 由于庙会规模较大、人数众多，其他地方多由乡绅担任“会首”，唯独汶上庙子会无人敢担此任。每到会期，汶上县知县必亲临拜见外地赶会的官绅大员，为他们安排住处。至于当地的保丁和乡绅更是忙于照应。[⑤] 地方乡绅组织、参与庙会，并非单纯以个人身份，更大程度上是作为封建国家的卫道士出现在庙会上的，他们的参与，提高了民众对神灵的信赖度。

小　结

明清时期山东运河区域是庙会比较集中的地区。庙会数量众多、经济

---

① 〔美〕杜赞奇：《文化、权力与国家——1900—1942 年的华北农村》，王福明译，江苏人民出版社，2003，第 123 页。

② （清）万秀芳纂修道光《武城县志续编》卷 13《艺文志上 · 城隍庙会序》，中国地方志集成 · 山东府县志辑第 18 册，凤凰出版社，2004，第 468 页。

③ 孔勇、孔茜编著《济宁民风民俗》，中国社会出版社，2011，第 61 ~ 62 页。

④ 济宁市政协文史资料委员会编《济宁运河文化》，中国文史出版社，2000，第 279 页。

⑤ 孔勇、孔茜编著《济宁民风民俗》，中国社会出版社，2011，第 71 页。

功能显著、具有较强的延续性是这一区域和其他地区的不同之处，在这其中我们不能忽视运河的作用和影响。正是运河的流经带来了民间信仰的多元化，使得神灵庙宇增多；便利的水路交通更是刺激了沿岸地区商品经济的发展，为庙会的举办提供了现实需要和物质基础；也正是这种交通因素，为人员和物资的往来提供了便捷的通道，使得山东运河区域的庙会普遍规模较大、辐射范围较广。当然，我们也不能过分强调运河的作用，庙会的举行更多地与当地的神灵信仰、历史文化和民风民俗有着密切关系。“庙会与集市，共同构成了明清时期山东运河区域的农村市场网络。”①

① 王云：《明清山东运河区域社会变迁》，人民出版社，2006，第123～129页。

第七章

神灵与众生：区域社会视野下的民间信仰

在长期的历史过程中，传统的信仰、仪式和象征不仅影响着占中国社会大多数的一般民众的思维方式、生产实践、社会关系和政治行为，而且与上层建筑和象征体系的构造形成微妙的冲突和互补关系。因而，民间信仰的研究，不仅可以提供一个考察中国社会文化的基层的角度，而且对于理解中国社会文化全貌具有重要的意义。本章依据地方志等资料，从地方社会治理、地方社会整合、地方社会生活三个方面，全面揭示民间信仰对山东运河区域社会政治、文化、社会心理和日常生活的深刻影响。

第一节　民间信仰与地方社会治理

民间信仰无论是作为文化力量，还是作为社会力量，都不可避免地会与地方政治形成这样或那样的互动。地方官员是抽象的国家在地方上的具体代表者，是沟通国家和民众的桥梁和纽带。当面临灾害或动乱时，祭祀神灵成为地方官员应对危机的重要举措。祭祀神灵、修建庙宇也成为地方官员灌输国家祭祀理念、实施地方社会教化的重要活动。地方士绅通过领导和参与祀神活动，不仅表达了自身的祭祀理念和利益诉求，而且还在活动中进一步确认了自己在地方社会的精英地位。本节主要从社会危机应对和地方社会控制两个方面探讨民间信仰与地方社会治理的关系。

一 民间信仰与危机应对

当面临灾害或动乱时，祭祀神灵成为地方官员和民众应对危机的重要举措。“面对瘟疫、灾害之类公共危机，村社居民会举行集体仪式来禳解。这种仪式虽无多少物质技术层面的实效，但它可以唤起公众注意、凝聚集体力量、稳定人心与秩序，这对应付危机是有利的。”①

东昌府城隍庙在府治东，明洪武三年（1370），同知魏忠建，天顺、弘治、嘉靖、隆庆年间相继重修。万历元年（1573），东昌府知府罗汝芳重修。“维时六月不雨，苗几槁，仆祷之，大雨连日，岁即用登。公（指罗汝芳）感神庥，遂奋然募工简材，聿修前制。”② 堂邑县八蜡庙在东门外，康熙七年（1668），知县张茂节重修。其《重修八蜡祠记》记载：“康熙丁未（康熙六年，1667）六月，蝗飞蔽天，遗蝻复生，邑人大惧。茂节祷于祠，设法捕之。立程限、悬赏格，得干蝗千二百五十四石，贮于仓，来春发民粪田，害类遂绝，岁实有秋。于是，新其祠而享之。”③

汶上县城东关有八蜡神祠，康熙五十一年（1712），知县闻元炅重修。在其所作《重建八蜡神祠记》中，闻元炅详细论述了重修庙宇的原因：“邑东关旧有八蜡神祠，前万历间邑令张惟诚建，历年久远，倾圮无存，余者基址而已。康熙庚寅大旱，湖涸蝻生，蠕蠕者遍湖坡也。余日夜焦思，谓蝗果起，民无岁矣，可若何？既而曰是当问诸田祖，乃竭诚设祭于庙址而为文以祷之。越三日，蝻尽死，不为灾，是岁且有秋。余益晓然，知神之有功于民而庙祀之，不可以弗饬也。爰是鸠工庀材，即遗址而重构之，中为正殿三楹，外竖以门，缭以周垣，而以时展祀焉。”④

东平州城刘将军庙旧在州治南，其前身为八蜡庙。乾隆三十一年（1766），知州沈维基改建于州城北门内，前殿供奉八蜡神，后殿崇祀刘猛将

---

① 王守恩：《社会史视野中的民间信仰与传统乡村社会》，《史学理论研究》2010年第1期。

② （清）嵩山修，谢香开、张熙先纂嘉庆《东昌府志》卷11《秩祀上》，中国地方志集成·山东府县志辑第82册，凤凰出版社，2004，第187页。

③ （清）卢承琰修，刘淇纂康熙《堂邑县志》卷19《艺文下》，中国地方志集成·山东府县志辑第89册，凤凰出版社，2004，第124页。

④ （清）闻元炅纂修康熙《续修汶上县志》卷6《艺文》，中国地方志集成·山东府县志辑第78册，凤凰出版社，2004，第308页。

军。其《重修刘将军庙记》云："八蜡之典肇自上古，刘将军之庙兴于近代。余于丙戌岁（乾隆三十一年，1766）改建斯庙于北门之内，前殿列八蜡主，后殿奉刘将军像别之者，所以见礼之所起，本殊合之者，所以见功之所施无异也。……余于乙酉（乾隆三十年，1765）春夏之交，闻邻境有飞蝗，心窃忧之，因祷于刘将军之故庙曰：'蝗不入境，无害我田稚，当重建神庙。'已而，果如所祷，乃于次岁改建斯庙。今岁之秋，又闻邻境飞蝗如雨，而东平境内独免。夫中牟驯雉，颍川鸣凤，蝗不入境，有善政以感之也。余之棠德不足以致此，而亦屡有天幸者，实惟神之灵阴为之驱除，以庇我蒸民尔。……余因重修斯庙，并志神功于石，以垂不朽。"①

顺治十五年（1658），临清知州郭鄢主持重修临清新开闸东金龙四大王庙，州人王介锡《重修金龙四大王庙碑记》云："北地土高风燥，旱干即水涸，漕艘衔而至，胶滞不前，则必烦挑浚之役。农夫废其业以从事于畚锸，而岸不加阔，流不加溢，致督漕使者催符如雨，当事者于炎风烈日之下弗获休息，疾声相呼，篙者殚厥力，棹者焦厥杓，牵挽者汗流浃背厥肤，徒有仰天嗟叹。……（顺治）戊戌夏，郡侯郭公（郭鄢）来牧兹土，正当来牟将登，需甘雨，公虔祷之，立应，独河涩如故，公乃斋戒而告于神。……不逾期，澜翻浪涌，增尺有半，舳舻千计，汩汩然顺流无留行矣。"②

临清知州王俊《祈雨感应碑记》记载乾隆十一年（1746）五月："天旱甚，余既与文武僚属祷雨者再，卒不应，乃于朔日蠲洁步祷于城西之漳神庙，即于三汊河取水焉。阅三日，大雨，端午日，雨复如注……遂偕同官谢坛庙，并具羊一、豕一，报祭于漳神。"③ 漳河全部归入卫河以后，漳卫合流后水势太大，"卫河屡患涨溢"，造成临清至德州一带水灾泛滥。④民国《临清县志》记载："自明代漳水入卫河，决临清者数次。至康熙四十七年，全漳入卫以后，河之决口更为频数。雍、乾至同、光为时仅百余

① （清）左宜似等修，卢崟等纂光绪《东平州志》卷19《艺文》，中国地方志集成·山东府县志辑第70册，凤凰出版社，2004，第517页。

② （清）王俊等修纂乾隆《临清州志》卷11《寺观志》，载临清市人民政府编《临清州志》，山东地图出版社，2001，第472页。

③ （清）张度、邓希曾修，朱镜纂乾隆《临清直隶州志》卷5《典祀·庙》，中国地方志集成·山东府县志辑第94册，凤凰出版社，2004，第430页。

④ 有关引漳入卫的影响，详见闫金伟《引漳入卫及其对鲁北沿运地区的影响》，《聊城大学学报》（社会科学版）2011年第2期。

年，河决不下数十次。”① 故在祈雨之外，地方官员和民众还赋予了漳河神治水的职能。清人沈起元《福漕河神灵异记》就记载了水灾发生时临清知州王俊祈祷漳河神的情景。乾隆十六年（1751）七月，连日大雨，使得黄、运两河一时涨溢，河决河南，灌入运河，而山东东平、张秋并决，运河所经，在在危险。临清为汶、卫、漳三水合流之冲，堤岸尤岌岌可危。“州牧王俊晨夜河干，不遑寝处，祷于漳河之神，是时水势腾涌，堤不没者一板，而竟得无恙。王牧感荷神佑，驰书济南索余文，将勒珉石，以纪功德。”②

夏津县城隍庙在县治东南，明洪武年间建，天顺、弘治、嘉靖、崇祯、康熙年间多次重修。③ 明万历年间，夏津知县余志道（浙江人）在其所作《城隍灵应碑记》中详细记述了他祈拜城隍之神的原因：

> 余自丁丑春拜命兹土，首谒城隍，庙貌精彩，森肃炳辉，余每谒必虔。越明年戊寅夏五月旱，余祷于神，限三日有雨，适寐，恍一朱衣者告余以限太急，余跃然起，而改其限至五日，大雨如注，其有年如昔。……越明年己卯，夏五月，蝗大生于预备仓西地，飞布北郊，蔓延四境，民甚患之。余祷于神，越三日，蝗尽死。六月又旱，余又祷于神，率僚友父老缟衣而徒步十拜一。逾三日，倏云气四起，雨意蒸然，复大雨如注，其有年亦如昔。庚辰自去年八月不雨，至今年三月风霾大作，苗尽槁，余观□目击，怃然集诸父老后曰：“如此不雨，民不饥而死乎！何不诣城隍乞犁雨以救苍生。”是月廿有五日，斋沐诣城隍乞雨，雨且霏霏然下；明日再乞雨，霏霏不止；又明日再乞，复大雨如注。雨毕，试观诸郊外草木增色，柏苗尽起，阡陌融润，土膏沾沃。耕者遍野，扶犁播种，欢呼踊跃，咸若更生。④

① 张自清修，张树梅、王贵笙纂民国《临清县志·疆域志五·河渠》，中国地方志集成·山东府县志辑第95册，凤凰出版社，2004，第81页。

② （清）沈起元：《敬亭文稿》卷8《续集》，《四库未收书辑刊》第8辑第26册，北京出版社，2000，第273页。

③ （清）方学成修，梁大鲲纂乾隆《夏津县志》卷5《典礼志·秩祀》，中国地方志集成·山东府县志辑第19册，凤凰出版社，2004，第82页。

④ （清）方学成修，梁大鲲纂乾隆《夏津县志》卷10《艺文志》，中国地方志集成·山东府县志辑第19册，凤凰出版社，2004，第175页。

德州城南门有关帝庙，创建时间不详，清代诗文家、德州人程先贞在其《重修关帝庙记》中详细记载了重修庙宇的原因：

> 德城旧有关庙，尊居南门之冕，为殿四楹，以奉前将军关侯像，俯临万灶，盖控镇阖郡之巍阙也。凡车马担徒，旅进旅退，悉繇其下，扼其吭而拊其背，若隐若唱，名辨貌者赫赫然。……当顺治戊子(1648)，郡大夫月台刘公来莅兹土，下车之始，即展拜此像，不胜秋风黍离之感，慨然欲鼎而新之，默识于心，永矢弗谖。会有狡贼之变，乘飞雪模糊中直逼城衔，公率其懿亲干仆，擐甲执兵，张弓彀矢，径出与贼遇。恍有神物凭之，贼无不应弦而倒者，贼由是人人惴恐，如鸟兽散。州人胥庆更生，自荐绅孝秀以及厮养走卒，妇人童子，顶礼焚香，归功于公。公谦让逊谢曰神庥也。于是鸠工庀材，用践夙约，乃因高朗之敝基爰易凋残之落构，雕楣画栋，鸟革翠飞，即侯之冠绅袍仗而光髯影端，肃维肖严，翼翼还于旧观矣。①

寿张县城南大街有王灵官庙，同治四年（1865），邑绅高集祥等创建。邑人阎泮水在其所作《王灵官殿碑记》论述了修建灵官庙的原因：

> 寿邑城内隅首壁间向有灵官神像，世传街之路西即其故宅，其确切与否，弗可深考，然其威灵固不容昧。（咸丰）甲寅（1854）春，南逆渡河将近寿境，忽尔北窜，邑之人咸曰："此非人力所为，断由灵官之赐。"至（咸丰）辛酉（1861）三月，莘匪围城，灵官之显圣更有彰明较著者。阴风怒号，神灯排空，剑戟连夜放光，平地自献硝黄。城头之上，人高丈余，赤面红须，忽隐忽现，逆贼触目，已尽丧胆。……所以环而攻之者七十余日，而邑城卒保无恙，此非灵官所为，谁为之乎？噫嘻！神之依人而行，其信然矣。②

---

① 李树德修，董瑶林纂民国《德县志》卷十五《艺文志》，中国地方志集成·山东府县志辑第12册，凤凰出版社，2004，第447页。

② （清）刘文煃修，王守谦纂光绪《寿张县志》卷8《艺文》，中国地方志集成·山东府县志辑第93册，凤凰出版社，2004，第498～499页。

宣统《增辑清平县志》记载清平县城内共有关帝庙四处，一在大北街，一在菜市街北，一在县署东侧，一在东门内。“旧志《纪异篇》载正德间流贼之变，山东贼骑充斥，东郡（指东昌府）被害尤剧，城破者十余处，邻境茌平、博平、高唐、夏津无不残毁。清平又非诸邑之比，城薄兵微，人情汹汹。一日，贼大破高唐，乘胜而西，将近城六七里许，尘沙障天，万马如殷雷，城中惶惧不知所出。有顷，贼忽四散遁去。相传贼将至城中，望见城上背大人长丈余，面红衣绿，绕城乘骑按辔徐行，贼惧，遂退后，始终不敢近，邑民赖以安，咸以为皆神之庇护云。”①

依靠超自然力量抵御灾害和战乱的威胁，是地方社会崇祀神灵的主要目的。在科学技术并不发达的古代社会，旱灾、洪灾、传染病和战争等时有发生，面对这些灾害和威胁，为了获得勇气和希望，人们必然会诉诸超人类力量的帮助。尤其是当这种威胁影响的并非仅仅是某一个体而是整个群体时，社区便会举行集体宗教活动。“现代人已经发展了播云降雨和控制传染病的知识，他们也许会嘲笑这些社区宗教仪式的愚蠢，但在中国民众还没有掌握科学技术知识的时代，他们只能用宗教仪式来支持自己去面对饥饿和死亡的灾难，这表示他们并不完全放弃勇气和希望。”②

二　民间信仰与地方社会控制

社会的稳定和秩序是社会生活正常运行的保障，它由社会教化与控制来维持。教化与控制是社会功能的主要内容之一，它通过两个系统发挥作用。其一是权力系统，由政权、法律、武装力量等组成，行政机构是其核心。其二是文化系统，包括信仰、道德、风俗、舆论等环节，信仰为其灵魂。传统乡村社会的行政机构没有下达村级，基层社会的教化与控制主要由家庭、宗族、村社组织通过文化系统的各个环节来实施，而民间信仰在其中具有极其重要的地位和作用。

地方官员是抽象的国家在地方上的具体代表者，是沟通国家和民众的

---

① （清）陈巨前、傅秉鉴修，张敬承纂宣统《增辑清平县志》卷6《典礼·坛庙》，清宣统三年刻本，第148页。

② 〔美〕杨庆堃：《中国社会中的宗教：宗教的现代社会功能及其历史因素之研究》，范丽珠译，四川人民出版社，2016，第74页。

桥梁和纽带。地方官员既负责处理地方各项政治、经济事务，同时也肩负着宣扬伦理道德、教化民众的职责。修庙祀神不仅是明清礼法对知府、知县职责的规定，而且关系到地方社会的发展。祠庙的兴废与地方社会关系重大，地方官员自身对此也颇为认同。地方官员在上任以后，通常都会拜谒官方祀典中的祠庙，看到祠庙的破落后，一般会倡议修建，并捐出俸禄以做表率。地方官员通过崇祀神灵、撰写碑记等方式，传达官方祭祀理念，以达到和睦乡里、以厚风俗、维护地方社会秩序的目的。

临清城隍庙在州署东，明嘉靖年间，知州茆世亨与同知俞仲岳、祝应嘉，判官陆应图、顾岩、梁继等捐资重修。浙江平湖人陆山在其所作《重修城隍庙记》中认为城隍有辅佐州官治理民众之责："考城隍庙制之设也，神实司之，与州治相表里。……窃闻幽有神明，明有礼乐，其机一而已矣。幽则事神，明则治人，其理一而已矣。以事神而使民，则弗虐；以使民而事神，则弗欺。神之得以食于兹土也，以福民也，以有司之尽其职也。有司之弗职，则将慢神、虐民，而祀典亦废。是以民之仰福于神，仰惠于有司。表里之责，虽为相等，而有司之不及又将赖神以相之。"[①] 聊城城隍庙在府治东，康熙二十七年（1688），知府杨朝桢重修。邑人彭轫《重修城隍庙碑记》云："郡侯杨公下车以来，首以兴教化为务。……仰见大殿寝宫圮坏不堪，喟然曰：'事神不谨，及化民之道不备也。'爰捐俸重修。而十八邑令体公之心各愿输助，不数月，而焕然改观。"[②]

武城县城隍庙在县治东，明成化六年（1470），知县姚显重修。经始于成化六年（1470）十月，落成于成化七年（1471）九月。成化八年（1472）三月，姚显专门撰写《重修城隍庙大略》以记之。姚显首先论述了城隍神的功能和作用："御暴保民者城也，卫城者隍也，《易》曰城复于隍，此城隍之名所由立焉，以其有保障之功，故立祠以祀之。"[③] 有人提出"正祠当塑城隍神像，后塑城隍同夫人像，左右作屋宇十二间塑人善恶昭报之像以劝

① （清）王俊等修纂乾隆《临清州志》卷10《祠祀志》，载临清市人民政府编《临清州志》，山东地图出版社，2001，第434～435页。

② （清）嵩山修，谢香开、张熙先纂嘉庆《东昌府志》卷11《秩祀上》，中国地方志集成·山东府县志辑第82册，凤凰出版社，2004，第187页。

③ （清）万秀芳纂修道光《武城县志续编》卷14《艺文下》，中国地方志集成·山东府县志辑第18册，凤凰出版社，2004，第473页。

人为善”[①]。姚显则认为“凡庙之制，前庙以奉神，后寝以藏衣冠，此为宗庙而设，若夫城隍非有人身形像者，人以其能保障生民，有功于世，故立祠以祀。其英灵可谓之祠，不可谓之庙，可树牌以栖神，不可为之像，共夫妻同座，尤习俗所为可耻之甚者”[②]。在表达自身祭祀理念的同时，姚显进一步阐述了祭祀城隍神的正统性及其在地方社会教化中的作用：

> 且人之为善，有父母兄长教之以孝悌；有亲族姻娅教之以睦婣；有乡党朋友教之以任恤，则民有所劝，而乐于为善，神必报之以福。《易》曰：“积善之家，必有余庆也。”教之而不从，则有不孝、不悌、不睦、不婣、不任、不恤之刑，或刑有不及，神必报之以祸。《易》曰：“积不善之家，必有余殃也”，子岂可因袭怪诞以愚吾民乎？或曰：“纪侯为城隍神，子可从耶？”曰纪侯有功，立庙祀之，宜也。前乎纪侯已有城隍，则城隍之义何说？城隍之神栖于何地？子岂可因袭宿弊以强吾儒之从乎？或曰：“子之建屋设龛树牌栖神，是已世之执幡幢以事神，列女乐以赛祷，乱渎纷然，不可悉数，子从之否乎？”曰此因袭通患、药之不能疗者，辟之，惟恐不严；排之，惟恐不力，岂可从之以为事神之敬乎？然则子将何以为事神之敬耶？曰城隍，典章所载，应祀之神也；事神以保吾民，守令之职也；务民之义，敬鬼神而远之，孔子之教也。或人喜揖予而退，遂述之勒于石。[③]

武城县城隍庙曾于乾隆五十七年（1792）重修，邑人苏轸在其所作《重修城隍庙记》中详细论述了城隍之神的教化功能：

> 城隍非古也，然《易》曰城复于隍，又曰君子以神道设教，则阴阳分任，厥功维均，故遇上等人说性理，遇中等人说因果，遇下等人

① （清）万秀芳纂修道光《武城县志续编》卷14《艺文下》，中国地方志集成·山东府县志辑第18册，凤凰出版社，2004，第473页。

② （清）万秀芳纂修道光《武城县志续编》卷14《艺文下》，中国地方志集成·山东府县志辑第18册，凤凰出版社，2004，第473页。

③ （清）万秀芳纂修道光《武城县志续编》卷14《艺文下》，中国地方志集成·山东府县志辑第18册，凤凰出版社，2004，第473页。

说报应，教虽殊，而归于正则一焉。……又云作善，降之百祥；作不善，降之百殃，所以警人。俾深者见深，浅者见浅，亦至理也。夫乡曲不肖之子灭天性，蔑王章，几几无所底止。至于入庙瞻拜，心怯神竦，毛发顿竖。寂听，如闻雷霆之声；屏气，顿化鬼蜮之萌。从此改弦易辙，率为善士者，赫濯之声灵潜移默化，尤妙于桁杨，严于师保也，而城隍庙祀更为彰明较著者。①

德州有天妃庙，明人王权在其所作《天妃庙记》中论述了修建天妃庙对于教化妇女、改良社会风气的重要意义：

吾境内多泰山元君祠，谒天妃庙者恒以元君视之。……嘉靖乙卯，栋宇垣壁复圮坏，乡耆宋君镠暨徐君存仁、韩君福、王君实辈捐金为乡人倡，图增置而侈大之。已而，施者云委，良材坚甓，用罔弗备，工役遂举。正殿仍四楹，两庑仍各六楹，夹仪门，创二庑，殿东偏益一室，与西偏神室相直，门廊寝室倍壮于旧，庙貌鼎新，观者肃然生敬焉。……顾责之以丈夫之所敬畏而崇信者，彼则语之而弗解，勉之而弗从，何也？妇人、女子所服从者，姆训也，而以教男子者教之，其孰从而听之？闺阁间有谈士人之奇节异行者，彼皆若罔闻知也。一及曹娥、聂姊之事，则群聚而叩之，且尽然动心而倾听之，不厌从其类焉耳。天妃有庙，歆之以灵异，惧之以祸福，俾天下妇女不狃于其习，亏其内职，以为神羞，难化者且格，天下宁复有余事耶！盖阴教举而阳教于是乎益备矣。②

宁阳县为传说中鲁义姑之故里。乾隆《兖州府志》记载宁阳县鲁义姑姊庙有两处，一在县东北80里，为姑之故里，创始于宋，明天顺间重修。

① （清）万秀芳纂修道光《武城县志续编》卷14《艺文下》，中国地方志集成·山东府县志辑第18册，凤凰出版社，2004，第474～475页。

② （清）王道亨修，张庆源纂乾隆《德州志》卷12《艺文》，中国地方志集成·山东府县志辑第10册，凤凰出版社，2004，第374页。

一在城南门外，嘉靖十八年（1539），主事张文凤建。[①] 光绪《宁阳县志》记载鲁义姑姊祠："在县东北八十里南驿集东，盖姑姊之故里也，祠创于宋。"[②] 天顺五年（1461），时任巡按山东监察御史康骥巡查地方时，看到鲁义姑故里庙宇损坏严重，于是命宁阳县主簿吴忠、里人奎文阁典籍许越（字节之）等人募资重修。庙宇落成后，邀大学士许彬撰写碑记。许彬欣然应允，并为此专门撰写《重建鲁义姑姊庙记》一文。对于自己撰写碑记的原因，许彬用大量篇幅做了详细论述：

> 窃尝论之，莫柔于人心，不可以威劫，不可以法持，不可以力夺也；莫强于人心，可以诚感，可以德化，可以义动也。盖义者制事之本、感化之机，可以动天地、感鬼神，可以格鸟兽、化强暴。观于强齐伐鲁，彪虎之势方张，长蛇之毒已炽，孰不以为万钧压卵，鲁必为之齑粉矣。顾义姑一孱弱之妇，仓卒遇之于郊，询及抱侄携男之事，不背公而向私，第割恩而全义，词语从容，一出肺腑。齐将义之，曰："鲁未可伐也，妇人犹知秉公义，况朝臣、士大夫乎？"乃闻于齐君，按兵而还，鲁得免祸。因访得妇人，赐帛百端，号曰"义姑姊"。……惜其姓名不传，不能无遗憾于后也。然义姑之秉公行义，固出于天性，亦岂非本于周公风化之所渐濡乎？故先儒尝曰，鲁则重礼教，崇信义，犹有先王之遗风焉。观此，则义姑之所为，初岂逆意齐将之问、鲁君之赐哉？其心亦出于至诚，而非寻常矫揉有所为而为焉者，比之晋仆射之事，盖有间矣。[③]

嘉靖十八年（1539），工部都水分司主事张文凤在宁阳县城南门外新建鲁义姑祠，并专门撰写《新建南关鲁义姑祠记》详细论述此事。碑文首先论述了修建鲁义姑庙宇的合理性和必要性，认为忠孝节义，民生不可一

① （清）觉罗普尔泰修，陈顾联纂乾隆《兖州府志》卷20《祠祀志》，中国地方志集成·山东府县志辑第10册，凤凰出版社，2004，第396页。

② （清）高陞荣修，黄恩彤纂光绪《宁阳县志》卷6《秩祀·祠宇》，中国地方志集成·山东府县志辑第10册，凤凰出版社，2004，第99页。

③ （清）高陞荣修，黄恩彤纂光绪《宁阳县志》卷18《艺文·记》，中国地方志集成·山东府县志辑第93册，凤凰出版社，2004，第357～358页。

日或缺；教化风俗，则为地方之急务：

> 尝谓教化风俗国家之所恃以立也，天理民彝，吾人之所恃以生也。《六经》语孟之讲，明汉唐诸贤之论，列有宋数君子，前后著述记载千言万语，悉不越此焉尔。是故忠者得之为忠，孝者得之为孝，节义者得之而为节为义，皆足以植人纪、励世风，而民生实有赖焉。时降俗漓，人心陷溺，当事者以教化风俗为不急之务。语及天理民彝，则以为迂远而不切于事。读书谈道之士质美识高、笃信而力行者，固代有其人，庸儒俗吏计利害而不顾义理，蔑圣贤之训，以为不必尽合者亦多矣。抑岂知其如布帛菽粟，然民生不可一日阙焉者哉！于此有人焉独以身任其责，天相之人成之无所为而为也。明效大验，昭揭宇宙，使天下后世不惟贤且知者信之，虽愚夫愚妇亦不得不信之，此其于圣贤古训有大发明，不费辞说，所当尊崇，而扬厉之以风天下也，岂可与一节一行之士例论哉？[①]

在碑文中，张文凤还表达了自己对待鲁义姑的态度，认为鲁义姑之故事是忠孝节义精神的集中体现，应当加以发扬光大：

> 吾于鲁义姑事重有感焉，全孤数语，君用以安忠矣，而忠不足以名之也；兄子既全，宗祀攸托，孝矣，而孝不足以名之也；守己不辱；敌人起敬，节矣，义矣，而节义不足以名之也。卒之身名俱完，而周公、伯禽之鲁实嘉赖之，于乎教化风俗果何负于人国也哉！天理民彝果可一日而不全于吾人也哉！余尝读《列女传》而义其事，及来宁阳，乃其故里也，遂得瞻拜祠下。窃怪二千余年未有能张大之者，仅一许翰林为之记，一王京兆为之表章咏歌。然祠宇荒僻，弗称祀典，缺而未载；潜德幽光，尚有阐扬未至者，岂以有所待而然欤！[②]

---

① （清）高陞荣修，黄恩彤纂光绪《宁阳县志》卷18《艺文·记》，中国地方志集成·山东府县志辑第93册，凤凰出版社，2004，第365~366页。

② （清）高陞荣修，黄恩彤纂光绪《宁阳县志》卷18《艺文·记》，中国地方志集成·山东府县志辑第93册，凤凰出版社，2004，第366页。

基于吸引香客、增强正统性等原因，在关帝信仰传播过程中，佛、道二教曾分别对其进行“收编”，将其纳入各自的神灵信仰体系，最终导致关羽既是佛教里的“护法伽蓝”，同时又是道教中的“伏魔帝君”。针对这一情况，修建关帝庙宇，大张旗鼓地加以崇祀，宣扬关帝的忠义精神，成为正统士大夫用以对抗佛、道二教的重要手段。明人王权在其《桑园镇重修关王庙碑记》中详细论述了祭祀关帝的目的：

关王庙祀遍天下，其无谓而强援之，以参于淫祀之中者，亦遍天下。庙以妥神，不晰于义，从俗而祀之，神其妥诸。余尝纵游诸祠，王之以特庙祀者无几。而梵宫道观、珍楼宝座、玉宇星坛主其教者偃然南面而居之。第于中门偏侧之地，则设关王一室，又或擐甲执刃，杂于彼之役使之列而侍立焉。问其徒，佛者曰王在吾所为伽蓝，护吾法者也；道者曰，王为吾四帅之一，实承遣吒而任奔走。观其像，复闻斯言，辄恚愤不已，将欲撤其室而严为之禁，顾力有所不能也。原二氏之心不过以王慷慨奇节，震耀百世，吾取若人而奴之，庶足以张吾之教而耸人之听闻，其无忌惮亦甚矣！吾人欲祛一世之惑，妥王灵而冀其居歆，其惟特祀也已。①

地方教化的另一个表现是，部分官员和士绅往往借助修建庙宇、撰写碑文的方式宣扬地方政绩，或为地方官员歌功颂德。万历三十七年（1609），夏津县训导陈仪在其所撰《重修城隍庙碑记》云：

夏津县为东国属邑，旧有城隍庙在邑治东南，自建邑以来，时坏时葺，迩以岁久就圮。邑侯王公思所以新之，乃捐镘金若干，治木石瓦甓诸费，鸠工庀材，命乡老张守祖辈董其役，经始于戊申岁之正月，落成于己酉岁之三月，盖若堂、若寝、若亭、若左右诸厢，无不焕然改观矣。……呜呼！兹王公（知县王万祺）所为新欤！王公初下车，即慨然欲修，会时苦涝，明年蝗，又明年复水，公竭诚祈祷，拮

① （清）王道亨修，张庆源纂乾隆《德州志》卷13《艺文》，中国地方志集成·山东府县志辑第10册，凤凰出版社，2004，第375页。

据抚循，所以照兹土者多方而悉中，卒至荒而不害。迨报绩之期，政通人和，岁乃大稔。三年之歉，一岁而乘之，邑人莫不举手加额，颂公之德，而公顾以为神之功也。①

滕县城隍庙在城内西南隅，洪武二年（1369），知州薛原义建。景泰年间，知县夏必贵、主簿杨政重修。② 明代大学士商辂在其为滕县城隍庙所作碑记中详细论述了地方官员崇祀城隍之神的原因：

城隍于天下为通祀之神，凡郡州县必立庙以搜神之灵，盖令典也。夫高城深堑所以安齐斯人者，其功盛矣，而神主乎其间，非庙何所凭，而亦奚以达吾之诚敬哉！此守土官所以必崇饰祠祀者有以也。……余惟事神治人初无二理，苟诚敬足以事神，则亦足以治人；况治于人者有善政之及，则感于神者，皆明德之闻，此居官之先务也。滕之令佐能知所先务，若是可不谓之贤乎？虽然事神非难事，神而不失其正者为难，世之人固有荒弃政事而惟徼福于淫祀者矣。岂知专力于当祭之神，如滕之令佐之汲汲于城隍之祠祀者哉！且人能以正事神，则神亦能以福报人。时滕之四境风雨应期，田桑顺成，家饱暖而人安恬，无水旱疾疫之殄者，神之功，亦令佐之功也。③

儒家思想是封建社会的主流思想，封建政府官员主要是由儒家的知识分子构成的，他们除了要负责具体的行政工作之外，还要维护儒家传统道德规范，“因此在他身上，从总体上防备异端行为的行政职责与捍卫儒家道德原则的道德责任是同时体现着的，这二者虽然有区别，但却不是对立的，而且还经常是高度统一的”④。《礼记・祭法》云：“夫圣王之制祭祀

① （清）方学成修，梁大鲲纂乾隆《夏津县志》卷10《艺文志》，中国地方志集成・山东府县志辑第19册，凤凰出版社，2004，第176页。

② （清）王政修，王庸立、黄来麟纂道光《滕县志》卷4《祠祀》，中国地方志集成・山东府县志辑第75册，凤凰出版社，2004，第89页。

③ （清）王政修，王庸立、黄来麟纂道光《滕县志》卷12《艺文上》，中国地方志集成・山东府县志辑第75册，凤凰出版社，2004，第348页。

④ 赵世瑜：《明清以来妇女的宗教活动、闲暇生活与女性亚文化》，载郑振满、陈春声主编《民间信仰与社会空间》，福建人民出版社，2004，第154页。

也，法施于民则祀之，以死勤事则祀之，以劳定国则祀之，能御大灾则祀之，能捍大患则祀之。……此皆有功烈于民者。及夫日月星辰，民所瞻仰也；山林川谷丘陵，民所取材用也。非此族也，不在祀典。”[①]《礼记·祭法》的问世，标志着我国古代国家祭祀理念的正式形成。自此，哪些神灵可以进入祀典，哪些不能进入祀典，决定权落入“法施于民”的统治者手中。在儒家经典中，《礼记》涉及祭祀问题较多，其中的观点成为士人判断祭祀性质是正祀还是淫祀的标准。概括起来，标准有两条。一是《礼记·曲礼》强调的祭祀者与祭祀对象之间的对应性：“天子祭天地，祭四方，祭山川，祭五祀，岁遍。诸侯方祀，祭山川，祭五祀，岁遍。大夫祭五祀，岁遍。士祭其先。”[②] 两者不相符合，即使祭祀的对象合法，也是僭越行为，所以南宋理学家陈淳说：“淫祀不必皆是不正之鬼，假如正当鬼神自家不应祀而祀他，便是淫祀。如诸侯祭天地，大夫祭社稷，季氏旅泰山，便是淫祀。”[③] 二是《礼记·祭法》列出的进入祭祀对象的范围：“法施于民则祀之，以死勤事则祀之，以劳定国则祀之，能御大灾则祀之，能捍大患则祀之。”超出这个范围的，也是淫祀。把这两条标准结合起来，可以推导出淫祠主要有两类：一是从祭祀对象的角度而言，所有不在祀典的鬼神都是淫祀；二是从祭祀者的角度而言，祭祀自己不应该祭祀的对象也是淫祀，也就是《礼记·曲礼》所说的“非其所祭而祭之，名曰淫祀”。

正祀与淫祀的区别不仅是民俗信仰问题，也是政治问题，透露出国家对祭祀权力的控制。王健指出：“初民时代，信仰无论是作为一种个体还是群体的行为，从来就没有所谓正祀与淫祀之分，淫祠（祀）概念的出现，其实是必然与国家的形成联系在一起的。只有在国家与阶级产生以后，社会的状况投射到信仰领域，才会产生所谓淫祠的问题。统治者在神灵祭祀问题上做出种种限定，其意在于垄断祭祀特权，维护已有的社会等

① （汉）郑玄注《礼记正义》卷46《祭法》，见《十三经注疏》（下册），浙江古籍出版社，1998，第1590页。

② 杨天宇撰《礼记译注》（上册），上海古籍出版社，2010，第49页。

③ （宋）陈淳著，熊国桢、高流水点校《北溪字义》卷下《鬼神》，中华书局，1983，第60页。

级划分。”[1] 国家要控制祭祀权力，就要支持正祀，打击淫祀，这几乎成为大一统时期士人和朝廷的共同观念。

唐代杜佑编纂的《通典》专设“淫祀兴废”一条，记载秦、汉、魏、西晋、东晋、刘宋、北魏各朝打击淫祀的行为；[2] 狄仁杰和李德裕分别取缔江南的淫祀1000多所。[3] 明朝初年，朱元璋一再颁布诏书，确定正祀对象，严禁祭祀淫祠：“洪武元年，命中书省下郡县，访求应祀神祇。名山大川、圣帝明王、忠臣烈士，凡有功于国家及惠爱在民者，著于祀典，令有司岁时致祭。二年又诏天下神祇，常有功德于民、事迹昭著者，虽不致祭，禁人毁撤祠宇。三年定诸神封号，凡后世溢美之称皆革去。天下神祠不应祀典者，即淫祠也，有司毋得致祭。”[4] 明清之际顾炎武的《日知录》特设“禁毁淫祠”一目，列举自汉代以来朝廷、地方官员打击淫祀的事例。[5] 康熙二十五年（1686），“五月丁亥，诏毁天下淫祠”。[6] 自汉代以来朝廷和士人对淫祠的批评与打击，为后世地方官员毁淫祠运动提供了法理上的依据。

《礼记》虽然对正祀与淫祀加以区分，但界限存在模糊性。首先，《礼记·曲礼》规定：“凡祭，有其废之，莫敢举也；有其举之，莫敢废也。”[7] 即对于已经存在的祠庙，应该保留下来，而不论它是正祀还是淫祀。其次，《礼记》确定了进入祭祀对象的五条标准，但符合这五条标准的神灵和人物未必都能够进入祀典。如此一来，那些“法施于民”“以死勤事”“以劳定国”“能御大灾”“能捍大患”的神灵和人物究竟是正祠之神还是淫祠之神？祭祀他们的行为是正祀还是淫祀？因此，《礼记》划分的正祀与淫祀标准在为朝廷和地方官员打击淫祀提供理论依据的同时，也为地方官员根据实际情况来决定是淫祀还是正祀留下了空间。如皮庆生所言：“《祭法》中所说的圣人制定的‘祭祀五项原则’（法施于民、以死勤事、

① 王健：《利害相关：明清以来江南苏松地区民间信仰研究》，上海人民出版社，2010，第188页。
② 皮庆生：《宋代民众祠神信仰研究》，上海古籍出版社，2008，第272页。
③ 龙佳解：《作为一种生活方式的儒家文化》，湖南大学出版社，2015，第253页。
④ 《明史》卷50《礼志四·吉礼四·诸神祠》，第1306页。
⑤ （清）顾炎武：《日知录校释》（下册），岳麓书社，2011，第1334～1336页。
⑥ 《清史稿》卷7《圣祖本纪二》，第220页。
⑦ 杨天宇撰《礼记译注》（上册），上海古籍出版社，2010，第49页。

以劳定国、能御大灾、能捍大患），与《左传》哀公六年、《王制》《祭法》等经典文本中同时存在的天子、三公、诸侯祭祀秩序所体现的精神并不相同，前者重心在祭祀对象的功能作用，后者立意在于明确祭祀主体之间的位秩区别。经典中的这一差异使后人解释的弹性成为可能。”①

从社会现实来看，随着历史的演进，许多祭祀主体受到限制的祠神逐渐世俗化，在全国各地都建有祠庙，较明显者如东岳、玉皇等。祭祀泰山本来是帝王的专利，但现在东岳庙“几遍天下”；玉皇大帝是天上的最高神灵，对应的祭祀者是帝王，但现在玉皇庙也“祠宇且遍天下”。这些都不符合礼的规定，但根据“有其举之，莫敢废也”的原则，这些祠庙应该继续存在，所以就需要解决与“非其所祭而祭之，名曰淫祀”之间的矛盾。从山东运河区域地方志的记载来看，解决的关键词是“义起”，即只要符合“义”，规定可以有所变更。

德州城内参将署后有东岳庙，明万历七年（1579）重修。邑人程珤在其《重修东岳庙碑记》中论述了地方社会祭祀东岳的原因：

> 祀，国之大事也，《祭法》能御大灾、捍大患，有大功劳则祀之。先王之制，惟诸侯得祭山川，盖其慎而且重如此。乃今东岳之庙遍于天下，祭于士庶人，历世弥远，莫之敢废者，何哉？余尝阅诸传记及泰山志而得其说矣。五岳莫尊于泰山，而其神亦莫灵于泰山，触石生云，肤寸而合，不崇朝而雨，天下为泰山为然，其神斡旋元气，发育万物，有生生化化之功，凡水旱疾疫，众所愿去者，咸望而祷焉，往往有应，古今所传神异种种，弗可诬也，惟其功德溥于天下，则通天下而祀之，固人心之所同，祭法之所兴也。②

武城县总司庙在丹阳公祠东里许，旧名“东岳天齐庙”，万历十七年（1589）修建。邑人高可大在其《东岳神祠碑记》中云：

① 皮庆生：《宋代民众祠神信仰研究》，上海古籍出版社，2008，第265页。

② 李树德修，董瑶林纂民国《德县志》卷15《艺文志》，中国地方志集成·山东府县志辑第12册，凤凰出版社，2004，第432页。

东岳，五岳之宗也，一曰天孙，言为天帝孙也，吾盖闻之古志云，岳神威灵震耀，在在祀之。予乡居旧治之西丹阳公祠，峙乎其东，盖即县治之厅事而为祠遣化旁浃，善良者咸爱慕焉。乃东偏有墟，若今之墉隍，然是前日守望之所也。乡人多好义，如徐福、崔雨、王汝朴者，醵金于社，鸠材于产，商工计费，即其地卜岳之祠，中为神座，辅以两翼，将以助遗化之所弗悉，而使顽梗者罔不知所惕厉焉，诚义举也。……乡人谒请记乡土事，予敢重违之哉，因谦于众曰："人之于乡也，孝悌其先也，人道也；力田其急也，生道也。乡人迩弦诵之化，孝悌之心，将不油然而兴乎？观明神之威，非土物之爱，将不竦然而惧乎？……某善良也，天且佑之，而况于神乎？"某顽梗也，人且嗤之，而况于神乎？"予与乡人亦思所为孝悌、力田，尽人道、务生道，以无愧于人之所以为人者而已。[①]

程绍（1557～1639），字公业，明代德州（今德城区）左卫人。明嘉靖十一年（1532）考中进士，历任怀庆府（今河南省沁阳市）推官、户部主事、山西按察使、江西右布政使、太常寺少卿、河南巡抚、工部右侍郎等职。德州北门瓮城内有北极庙，程绍在其所作《重修北极庙碑记》中追溯了真武信仰的起源与各地祭祀真武的事实，并通过"义起"的理念，为地方社会修建真武庙提供理论依据：

德旧有北极庙，在北门之城闉，为殿三楹，中以奉元帝像，规制森严，盖控镇阖郡之閟宫也。……余考之旧碑，谓元武之名，出于星宿，祠祀之建，起于杨隋，在宋则避庙讳而改元为真，逮我成祖则感灵应而尊崇备至。又云神本净乐国王之子，入山修行，荡妖伏魔，白日飞升，诞膺帝命，为北部主，其于位号禋祀之所从来，盖详哉其言之矣。……今庙名北极，而祀颛真武，当有精义焉，索解殊不可得。余闻之祀礼莫大于宗幽、宗祭；天，惟天子主之，北极即天也，诸侯王且不得矫命而越渎焉，而况其下焉乎？惟是极居东北，于位为寅，

① （清）万秀芳纂修道光《武城县志续编》卷14《艺文下》，中国地方志集成·山东府县志辑第18册，凤凰出版社，2004，第478页。

人生之本，谁敢忘之？况我里又在东北，又所称王畿之民乎？故绰楔标其名，原其始也，尊尊之义也，而不设位示，不敢僭耳。惟是元帝为北部之神，德分野在，危度之下以方之神视方之人，如干枝流脉，伯旅编氓也。……神之威灵显赫，周遍北土，佑天王之国，即以佑其统域；庇天王之民，即以庇其子姓，若臣属，若我郡人士，无不在呵护之中矣。神功而图报，正所谓无所逃而不可解者，刚今日煌煌祝厘之地，岂非礼以义起而必不可废者哉！[①]

阳谷县城东北有真武庙，明嘉靖年间重修。邑人柴世需在其《重修北台真武庙记》中论述了重修庙宇的原因：

吾阳谷北门里街西有台一座，四方而高二丈许，顶宽南北九步，东西十步，自西而上石阶二十有一焉。上连真武庙三间，其来已久，因无碑记，不可考矣。按朱子《注灵台》之诗云，国之有台，所以望氛侵察，灾祥时现，游节劳佚也。不知何从，又建兹庙，要亦义起。玄武，即北方列宿之名，真武，初名玄武，避唐帝讳，改为真武，玄，龟也；武，蛇也，皆北方之象，犹南朱雀、左青龙、右白虎之类。……或问真武之神之说，予曰："神则宣圣所不语也，予何从而知之？子路问事鬼，夫子告以未能事人，焉能事鬼？盖欲其尽人事也。自一身一家而言，有父母兄弟，皆未能事以孝悌之道，况国与天下乎？"……神人本一理，幽明本一道，孝悌原非细故，但人以其近而忽之耳。孟子云尧舜之道孝悌而已矣，又云人人亲其亲，长其长，而天下平。予所以屡屡言之者，欲斯世斯人之觉悟也。[②]

相较神灵的"出身"，在重修庙宇时，地方士绅更多考虑的是神灵的现实功能和教化作用。武城北关有北极庙，一名元帝祠，创建时间不详，

① （清）王道亨修，张庆源纂乾隆《德州志》卷13《艺文》，中国地方志集成·山东府县志辑第10册，凤凰出版社，2004，第379～380页。

② （清）董政华修，孔广海纂光绪《阳谷县志》卷11《艺文》，中国地方志集成·山东府县志辑第93册，凤凰出版社，2004，第289页。

明隆庆二年（1568），当地士绅共同捐资重修庙宇并添建石坊。邑人高可大在其《重修元帝祠建石坊记》中云：

> 环武城皆水也，而郭在昔尤狭近，民居比栉，绕不满三，数户雉堞浸浸入于长河者无几矣。先是，学宫之西故元帝祠丽焉，比有以祠出学宫右。元帝俗传在道教中，儒与老氏不相为谋，宜撤之。前长老辈庐北门者聚而议曰，北，水方也；元，水色也，元帝掌治北维，盖驱水神也，盍取彼撤祠，葺构于沙壖，俾制元冥之虐。于是，先子大夫亦与闻之，议既定，遂建宇于兹，今将五十年矣。自后河势日徙而北，民居渐稠，生齿益繁茂，视旧址有不可以丈尺计者，孰谓非神之昭贶于兹土乎？[①]

寿张县城北门外有真武庙，光绪二十五年（1899），邑人贾朝聘在其《重修真武庙碑》中记载了重修庙宇的原因：

> 寿邑北门外有真武庙一座，不知建自何时，父老相传旧在城南尚家庄，因前明黄河溃决，庙被水围，神见梦于某邑尊。邑尊棹舟前往，请神至舟，行未远而庙已没于水矣。嗣即栖神北关，至今数百年，风雨剥蚀，栋宇皆倾，邑人观而伤之，莫可如何。适阳湖庄邑侯耀甫来宰是邦，莅任以来，日以妥神安民为事。五年来，凡祀典各庙无不次第捐金修葺，庙貌重新，是诚阖邑一大观矣。日者目睹斯庙之倾颓，怒然曰："真武专司北方，夫天一生水，坎北方也，顺而推之，由北而东，万物之所成始而成终也，神若失所，将万物之生成何所仰赖乎？"遂捐廉百千，以为之倡，士庶慕义景从，鸠工庀材，重建栋宇，装塑神像，以为朔方之永镇，北部之至尊云。[②]

① （清）万秀芳纂修道光《武城县志续编》卷14《艺文下》，中国地方志集成·山东府县志辑第18册，凤凰出版社，2004，第477～478页。

② （清）刘文煃修，王守谦纂光绪《寿张县志》卷8《艺文》，中国地方志集成·山东府县志辑第93册，凤凰出版社，2004，第500～501页。

文化系统包括大传统文化与小传统文化。前者指“以都市为中心、以绅士阶层和政府为发明者和支撑力量的文化”，后者指“乡民社会中一般的民众尤其是农民的文化”。[①] 代表统治阶级意识形态的儒家思想属于“大传统文化”，而反映民众思想观念的民间信仰则属于“小传统文化”。民间信仰虽蕴含着一定程度的草根性和偏离儒学正统之处；但它也认同儒学正统意识并深受其影响，传播正统的价值观和伦理观。在很大程度上，官方信奉的儒家正统思想正是通过民间信仰而深入乡村，借助其来发挥作用。在官方控制和士绅引导下，民间信仰自身也带有一定程度的“国家性”“正统性”。

第二节　民间信仰与地方社会整合

“社会就是把个体连接在一起的具有内在相互关系的系统。”[②] 社会有其内在的关系与结构，由互相之间具有各种关系的个人结成各种群体、组织而构成。对于社会整合（Social Integration）的概念，学界有不同的理解，普遍的观点认为社会整合是指社会要素之间的整合。如丁伟民和陈雪认为，“社会整合是指通过各种方式，将社会结构不同的构成要素、互动关系及其功能结合为一个有机整体。从而提高整个人类社会一体化程度的过程”。[③] 黄勇认为，“社会整合，是指一个社会的不同因素、不同部分结合为一个统一而协调的整体的过程及其结果，也就是社会一体化过程”。[④] 何绍辉认为，“社会整合是指社会通过各种方式或媒介将社会系统中的各种要素、各个部分和各个环节结合成为一个相互协调、有机配合的统一整体，增强社会凝聚力和社会整合力的一个过程”。[⑤] 社会整合具有整体、协调、团结、制约、稳定等功能。本节主要探讨民间信仰在地域文化认同、增强家族凝聚力、满足行业组织心理需求等方面的作用。

---

① 王铭铭：《社会人类学与中国研究》，广西师范大学出版社，2005，第 140 页。

② 安东尼·吉登斯：《社会学》（第四版），赵旭东等译，北京大学出版社，2003，第 29 页。

③ 丁伟民：《试析社会整合的理论支持》，《生产力研究》2003 年第 6 期；陈雪：《论社会整合的基础》，《茂名学院学报》2006 年第 5 期。

④ 黄勇：《社会整合的战略意义及其模式创新》，《怀化学院学报》2003 年第 1 期。

⑤ 何绍辉：《社会整合的危机》，《黑河学刊》2006 年第 4 期。

一　民间信仰与地域文化认同

地域文化是以“历史地理学”为中心展开的文化探讨，其“地域”是文化形成的地理背景和约定俗成的历史区域。“所谓地域文化认同，指居于某一地域的民众或与此地有联系的人对本地文化的倾向性归属与认可。”[①] 民间信仰在促进地域文化认同方面亦有显著功效，尤其是那些地域色彩浓厚的乡土神灵，体现得最为明显。

在传统乡村社会的结构中，有两种基本的人际关系，即家庭和宗族，由此构成了两种基本的社会组织。同居一处的地缘关系把家庭、宗族连接起来，组成村落社区。村落社区以共同信仰为凝聚纽带、以居民聚居点为组合范围，基于共同生活的需要确立了共同的神灵信仰。从这一角度来看，村落社区既是行政组织，又是一种民间信仰组织。社区的首要职能是对居民进行整合。这种整合需要把居民从精神上凝聚在一起的力量，而其力量的来源就是居民共有的社区神灵信仰。[②]

每个村落社区几乎都有神庙，供奉关帝、三官、二郎、真武、玉皇、吕祖等地方保护神和乡土神。民国《清平县志》记载土地庙，所在多有，祀里社土谷。[③] 博平县境内元帝庙有四处，一在北城楼之西，一在城北八里许于家庄，一在东北十八里韩官屯，一在西北二十里侯家庄。[④] 博平县三官庙有四处，一在北郭北，一在西北三里张家庄，一在西南十二里孙家桥，一在东北十八里韩官屯。[⑤] 滕县玉皇庙有四处，一在东关南道左，明嘉靖末建。一在城东北十五里沙头村，创始无考。大德间，乡民董旺等重修。一在谷山上。一在城南苏实力东邵村，创始无考。[⑥] 滕县伏羲庙有三

---

① 李秋香：《跨地域信仰圈的形成及其地域文化认同分析——以汉代人神信仰为例》，《西南大学学报》（社会科学版）2011 年第 5 期。

② 王守恩：《社会史视野中的民间信仰与传统乡村社会》，《史学理论研究》2010 年第 1 期。

③ 梁锺亭、路大遵修，张树梅纂民国《清平县志》第 2 册《建置志六・庙祠》，中国地方志集成・山东府县志辑第 89 册，凤凰出版社，2004，第 239 页。

④ （清）杨祖宁修，乌竹芳纂道光《博平县志》卷 2《地理志・祠庙》，中国地方志集成・山东府县志辑第 86 册，凤凰出版社，2004，第 431 页。

⑤ （清）杨祖宁修，乌竹芳纂道光《博平县志》卷 3《地理志・祠庙》，中国地方志集成・山东府县志辑第 86 册，凤凰出版社，2004，第 431～432 页。

⑥ （清）王政修，王庸立、黄来麟纂道光《滕县志》卷 4《祠祀志》，中国地方志集成・山东府县志辑第 75 册，凤凰出版社，2004，第 91 页。

处，一在染山，创始无考。一在王晁社，一在晋庄。[①] 峄县东岳庙在城西十五里山阴村，明嘉靖间重修。此外，郭里集、香城、西暨村亦各有庙。[②] 峄县玉皇庙有三处，一在城东南四十里兰城店，一在城北三十里钧台山，一在城西北四十里圆山，皆明时所建。[③] 这些只是地方志中有明确记载的庙宇，众多神灵庙宇因规模较小、地处偏远等原因并未被收录。

这些神灵受到社区成员的共同信仰。他们是社区集体的神圣象征，各社都把修建庙宇视为要务之一。修庙动员了全社居民共同参与，并在活动中分工协作。由于富者捐资多于贫者，因而这种活动还可调节贫富之间的矛盾。“概而言之，修庙活动具有悦神、和人的双重效应。它既加深了社区居民的共同信仰，又培养了其对社区集体的认同感与归属感，增强了他们的社区观念与合作意识。因此，它是村落社区组织整合的一种手段。”[④] 此外，各社每年都要举行几次集体祭神仪式，如节日、神诞庆典和春祈秋报等。这些仪式周期性地把全社成员聚集在一起，激发了他们对社区的忠诚和依赖，从而使社区成为一个凝聚与互助的整体。

冠县北馆陶镇大郭庄村民的祖先在山西洪洞大槐树，从明朝洪武初年迁来。大郭庄的先民在黄河故道大郭庄安家后不久，就发现这个地方风沙特别大，风沙不仅吞噬了农田，还危及他们的生活。于是，他们返回山西，请来了“托山奶奶”。“托山奶奶”是这些先民在山西信奉的神，之所以叫“托山奶奶”，是因为她右手托着五座大山，并且举重若轻。请来托山奶奶后，大郭庄先民们在村西建庙供奉，并且在托山奶奶生日这一天（农历二月十五）都要举行祭祀活动，祈祷托山奶奶的保佑。在托山奶奶庙内，除了供奉着托山奶奶，还同时供奉着“观音菩萨”“碧霞元君”（大郭庄村民也称之为“麦王奶奶”“泰山奶奶”）。不过，在大郭庄村民的眼里，即使是观音菩萨和碧霞元君也不能和托山奶奶相比，他们只能被供奉

---

① （清）王政修，王庸立、黄来麟纂道光《滕县志》卷4《祠祀志》，中国地方志集成·山东府县志辑第75册，凤凰出版社，2004，第91~92页。

② （清）王振录、周凤鸣修，王宝田纂光绪《峄县志》卷10《祠祀志·坛庙》，中国地方志集成·山东府县志辑第75册，凤凰出版社，2004，第124页。

③ （清）王振录、周凤鸣修，王宝田纂光绪《峄县志》卷10《祠祀志·坛庙》，中国地方志集成·山东府县志辑第75册，凤凰出版社，2004，第124页。

④ 王守恩：《社会史视野中民间信仰与传统乡村社会》，《史学理论研究》2010年第1期。

在托山奶奶左右。每年的庙会上，除了烧香、拜神、唱戏、民间文艺表演、商业活动等内容外，还有具有地域特色的“烧袍”仪式。

东阿县武当庙位于东阿县姜楼镇邓庙村，创建时间不详。据调查了解，早年邓庙村武当庙因塑有武当神像而闻名。庙内有前后比邻的两座大殿：武当殿和三皇殿，都是面阔五间，进深三间的硬山式建筑。庙内共有石造像和石心泥塑像29尊，分别供奉在两大殿中。据庙内所立民国15年(1926)《重建醮碑记》记载：

> 夫醮者，祭之，名设坛祝祷，所以祀乎神灵也。然莫为之先，虽美不彰；莫为之后，虽盛弗传。兹因此庙吾当圣帝及三皇十大名医诸圣君威灵显著，本庄邻村四方皆被其庇佑，故旧有平安社，建醮多年，已有碑文可考。而善男信妇，念神灵默佑，复社会众乐，附从建醮三年届期及圆满。恐年月久远，虽能继往，又当开来。幸有承办之人好善不倦，欲彰神之威灵，不没神之善念，前之社会姓字已列贞珉，后之社会名氏宜永垂不朽，诸社君共索余为文，余少读学疏，不揣浅见寡闻，聊叙短引，略为志之。①

由此可知，昔日武当庙庙会之兴盛之规模。新中国建立之后，庙会被取缔。1995年，在地方政府及文化管理部门的支持与帮助下，庙会得以恢复，庙会时间为每年的农历三月初六至十一日。庙会期间，四乡民众云集，群情激昂，慷慨解囊。除捐款、进香等活动外，还有演村戏、说快书、吹唢呐、捏面人、炸麻花等艺术表演。②

滋阳县鲁义姑祠在东白社白家店村。白家店义姑祠的始建年代不详，据村里老人回忆，这座庙原先并不是孤零零的三间屋，两边还有东西配房，也叫“廊房”，前面还有大门院墙等，是一处四合院式的建筑。③ 据该村村民白仲法老人讲，当年他家搬进来住时，院里还立着8通高矮不一的

---

① 刘玉新：《武当庙探微》，《民俗研究》2003年第4期。

② 刘玉新：《武当庙探微》，《民俗研究》2003年第4期。

③ （清）莫炽修，黄恩彤纂光绪《滋阳县志》卷4《秩祀志·坛庙》，中国地方志集成·山东府县志辑第79册，凤凰出版社，2004，第63页。

石碑，后来防洪加固河堤以及建桥闸等拉去用，不知去向。

有关鲁义姑的文献记载最早见于刘向《列女传》卷五之“鲁义姑姊”：“鲁义姑姊者，鲁野之妇人也。齐攻鲁之郊，望见一妇人，抱一儿，携一儿而行，军且及之，弃其所抱，抱其所携而走于山，儿随而啼，妇人遂行不顾。齐将问儿曰：‘走者尔母耶？’曰：‘是也。’‘母所抱者谁也？’曰：‘不知也。’齐将乃追之，军士引弓将射之，曰：‘止，不止，吾将射尔。’妇人乃还。齐将问所抱者谁也，所弃者谁也。对曰：‘所抱者妾兄之子也，所弃者妾之子也。见军之至，力不能两护，故弃妾之子。’齐将曰：‘子之于母，其亲爱也，痛甚于心，今释之，而反抱兄之子，何也？’妇人曰：‘己之子，私爱也。兄之子，公义也。夫背公义而向私爱，亡兄子而存妾子，幸而得幸，则鲁君不吾畜，大夫不吾养，庶民国人不吾与也。夫如是，则胁肩无所容，而累足无所履也。子虽痛乎，独谓义何？故忍弃子而行义，不能无义而视鲁国。’于是齐将按兵而止，使人言于齐君曰：鲁未可伐也。齐君许之，鲁君闻之，赐妇人束帛百端，号曰‘义姑姊’。”①

以上是官方正统的说法，在白家店村当地流传着一种说法，说是庙里供奉的叫“义姑奶奶”，在古代一次别国入侵的战乱中，为了保住侄子，儿子却让敌兵给杀了，她又含辛茹苦把这个侄子抚养成人。后来侄子成名当了大官，就把姑姑接过来认作母亲侍奉，养老送终。姑姑死后，为纪念姑姑的恩情义举，专门建了一座庙，依照姑姑的容貌塑了彩像，岁时供奉，名为“义姑庙”。经过“改造”之后的鲁义姑传说，更加贴近当地民众生活，也更易为当地民众所接受和认可，无形之中拉近了民众与神灵的距离，起到了强化地域文化认同、增强社区凝聚力的作用。

二　地方家族与民间信仰

明清时期随着宗族在基层社会的普遍发展，它对于中国的政治、经济、文化等各个方面都产生了深远的影响，因此考察基层社会的民间信仰问题就必然会涉及地方家族。关于地方家族与民间信仰的关系，日本学者田仲一成认为，在南方“有势力的宗族开始支配着社庙祭祀戏剧的组织和

① 张涛：《列女传译注》，山东大学出版社，1990，第178～179页。

财政，因为江南农村是大姓垄断的同族村落。因此，乡村戏剧随着社会的安定，被置于宗族统治之下；而在小姓、杂姓村落较多的华北，不存在能够独立掌管乡村祭祀的宗族”①。在山东运河区域所属的华北地区，村落社区往往由数个家族组成，存在多种神灵信仰，地方家族往往会选择其中的一种或多种神灵加以崇祀，作为增强家族凝聚力和认同感的重要手段。

阳谷县七级镇运河西岸义合村刘氏家族庙内保留着两通二郎神庙宇重建的碑刻。其中一通碑为明万历年间礼部尚书于慎行书写的《重修二郎神祠兼建禅堂碑》，此碑言及重修，可见该庙由来已有。而该碑碑阴记载的内容为捐资者之名，这些捐资者涉及九个村庄的刘姓——张秋席市场、大年刘庄、汤家庄、刘辛庄、冯家院、阎家庄、杨家庄、董家庄、西陈庄，其他姓氏并未参与其中。第二通民国刘氏家族《创建学校又重修二郎神祠碑记》，说明了刘姓之所以对该神如此崇信的原因：“始祖初迁时，神屡托梦，欲与偕天遂共升，以至立祠，以妥其灵。是神兴吾刘氏。”该碑还谈到“庶学校兴禅祠未久，无替是余合族之所□全也”。② 可见，刘氏家族已经将二郎神信仰与其家族的建设紧密联系在一起，在一定程度上成为该族强化宗族意识与进行宗族建设的手段。

苫羊山位于东阿县刘集镇苫山村，“以峦峰层叠有苫盖形也”，故名曰“苫山”，现包括西苫山、东苫山、前苫山三个村庄。因为山峰西岩有峰突起状若卧羊，因此又叫“羊山”。居住当地的先民将此二峰合而称之“苫羊山”，简称“苫山”。据史料记载，明清时期的苫山地处交通要道，声名远扬，商贾云集，为古东阿县城至古阳谷县城必经之地。在苫山，佛教、道教、儒教等交流碰撞，融会贯通，和谐共存千百年之久，形成了当地独特的宗教文化现象，是中国文化博大包容精神的一个缩影。苫山古村落遍布许多宗教寺庙遗址。其中苫山摩崖碑下十余米处的碧虚观、苫山西南隅的石佛寺、苫山西麓的三官庙以及苫山村东头路北的关帝庙最为有名。

苫山三官庙位于西苫山村，修建时间不详，但至少在明万历之前就已经存在。据当地老人介绍，该庙有数百年的历史。重修之后的三官庙有正

---

① 〔日〕田仲一成：《中国戏剧史》，云贵彬、于允译，北京广播学院出版社，2002，第278页。

② 吴欣：《山东运河区域水神研究》，《社会科学战线》2013年第9期。

殿三楹，殿内供奉天官、地官、水官三位神灵。庙内有一块名为《李氏碑记》的碑刻，该碑立于道光三年（1823），内容记述了三官庙的来源、重修经过等，并介绍了李氏族人捐地修庙的经过，对于研究家族文化具有重要的意义。碑文记载："苦羊山西偏旧有□□三官庙一座，亦不详建自何时，自八世祖□虚白公复位重修且创立山门，施良田二十九亩。□公乐向善事，无沽名钓誉之意，故当时亦无刻记。迄今而自□年，后人每言及先人有此盛举，不可使其湮没无传。于是，七代孙□□遂约四支人等各输资共立碑碣，以志不朽。是为序。"[①] 由李氏家谱所见，李氏八世祖□虚白公生活于明万历年间，因此该庙修建年代应在明中前期，或者更早。据当地老人介绍，在其年幼时，家族人时常至庙中上香，且有本家延请的道士及出资购买的香火田。"在这一村落中，信仰成为族群在时空性、知识性和策略性场域中进行建设的手段。在时间的脉络中，不同宗族利用庙宇的空间优势，渐而掌握对庙宇的部分管理权，甚至成为带有家庙性质的公共空间。"[②]

金乡县贞姑庙在金乡县城西羊山镇柳园村，明嘉靖时建。初名"邵姑庙"，"相传即鲁秋胡妻，不可考，里人祠之，祈雨立应"。[③] 乾隆《兖州府志》亦记载嘉祥县平山庙："在县南五十里平山上，相传鲁秋胡妻邵氏贞烈为神，祈祷辄应。山下戊戌乡居民多邵姓，即氏族裔也。"[④] 因历代区划沿革而称呼有异，诸说实属一地。"邵氏后人对邵氏非常崇敬，逢年过节都要到庙里祭祀。若遇干旱之年，他们便到这里祈雨，屡有灵验。"[⑤] 此庙虽小，但在十里八乡却颇有名气。逢年过节，远近村民多来祭拜，邵姓村民更是把它当神仙供着，给它披红挂彩，还定期进行清扫。据村中老人讲，该庙已有数百年的历史，古时候香火就很旺，总有前来祈福去灾的乡亲焚香祷告。

贞姑庙原位于嘉祥县南 50 里平山之巅，后迁至邵氏族人所居之柳园

① 西苦山村三官庙内，道光三年（1823）《李氏碑记》。

② 吴欣：《村落空间与民间信仰：明清山东东阿县苫山村的民间信仰》，载劳格文、科大卫编《中国乡村墟镇神圣空间的建构》，社会科学文献出版社，2014，第 43～61 页。

③ （清）李垒纂修咸丰《金乡县志略》卷 5《秩祀·坛壝》，中国地方志集成·山东府县志辑第 79 册，凤凰出版社，2004，第 413 页。

④ （清）觉罗普尔泰修，陈顾联纂乾隆《兖州府志》卷 20《祠祀志》，中国地方志集成·山东府县志辑第 71 册，凤凰出版社，2004，第 399 页。

⑤ 李英渠编著《金乡史话》（下册），人民出版社，2013，第 615 页。

村。明万历四十年（1612），知县彭鲲化将庙宇由“邵姑姑庙”改名为“贞姑庙”，并作文以记之，碑文详细论述了贞姑庙的由来及重修的经过：

贞姑庙者，祀鲁秋胡妻邵氏，邵氏本家后人呼为“姑姑庙”，余改为“贞姑庙”。贞姑事流传乐府，刘向采之入列女传中，汉颜延年、晋傅玄、齐王融及诸无名氏歌咏不绝。旧庙在嘉祥县南五十里平山之巅，山下有秋胡与邵氏合葬墓焉。邵氏子孙立庙山椒，俗传为“鲁大王庙”，而邵家呼为“邵姑姑庙”。北面莫山，西枕洛河，即贞姑自沉处也。庙有灵应，岁旱，每祷甘霖辄降嘉祥，岂贞姑精灵上与天通欤！……邵氏祠墓虽在嘉祥山中，而故居相传在戊戌之乡。金乡西北地十五里，邵氏之族犹盛，岂贞姑之遗泽欤！元至正八年，居民祷雨贞姑庙中有应，夏少保（嘉祥县主簿夏清）碑石记载其事，碑在平山，今三百余年，而戊戌乡中邵氏修筑宅院之时得碑，三百年故物复出地下，邵氏地中岂神物护佑矣。以示故碑，感应邵氏即贞姑之后族欤。邑人大参郭公就其地立庙祀之，而遗碑从无人知。布政章之者勘荒至此，闻讯寻碑，获遗碑处，急洗苔痕，读之，不觉慨叹，颂贞扬烈，树风扶教，其待今日，遂与居人重新其庙，而选金山片石志之。①

庙内立有清光绪五年（1879）《重修贞姑庙碑》，该碑由邑庠生张锡祺撰文，邵氏族人公立，碑文重点论述了贞姑庙与邵氏家族的关系以及邵氏族人重修庙宇的原因：

盖闻精日守节曰贞，不隐无屈曰贞，在德为正，固在人为，祯祥谥而得此世之望也，氏而有兹族之光也，宜乎俎豆千秋，香烟万世矣。金邑柳园村之东偏有贞姑庙一座，为邵氏祖姑贞德亮节，炳若日星。创自邵氏族人，修之明尹彭公，有祈必验，有祷必灵。其事采入列女传中，其行见于诗人歌咏，无庸复为赘辞。世世子孙固奉敬而勿替矣。便历年久远，风消雨蚀，不无损坏，得族人捐资而重修之，焕

① 贞姑庙内所立明万历四十年（1612）《贞姑庙记》。

然一新，又念春秋虽有祭，未能报祖姑之操，未足伸合族之忱，爰结社进香，以妥先灵，以垂后昆，使咸知贞姑之节焉。社满立碑，期垂不朽，是为志之。[①]

由以上内容我们可以看出，在拥有多种神灵信仰的村落之中，不同的宗族掌控着不同的信仰，而这些杂姓的、小的宗族组织各自不断强化着本宗族与庙宇的关系，将信仰的边界界定得相对清楚，并在一定程度上将庙宇视作自己的家庙。正如学者所言："民间信仰以族群关系为归依；宗族凝心聚力则以信仰为手段。"[②] 宗族组织利用重修庙貌、祭祀神灵等手段，实现庙宇与宗族的结合，强化自身在村落之中的地位，而民间信仰也在这个过程中不断得到延续，成为村落日常社会生活的重要组成部分。

三　行业组织与神灵信仰

在传统乡村社会中，还有业缘关系及由其形成的行业群体与组织。行业神是从业者根据自己的需要和一定的标准，人为造出来的神祇。这些神祇包括传说中的神灵和被神化了的历史人物。[③] 供奉的行业神，可以一业一种或者多神，也可以多业一神。如木匠供奉鲁班，笔业供奉蒙恬，纸业供奉蔡伦，染业供奉梅福、葛洪，成衣业供奉黄帝、伏羲、神农，制墨业、理发业、医药业供奉吕洞宾，铁匠、铜匠、金银匠、补锅匠、采煤业供奉太上老君，而关帝、财神等则被多种行业同时供奉。尤其是关帝，几乎在中国南北的大小村镇各行各业均有奉祀。行业神信仰在满足行业群体追本报恩、祈福求佑的心理需求的同时，还是其加强团结的精神纽带、维护统一的神圣旗帜，对其组织整合也有不可忽视的作用。

鲁班（约公元前 507 ~ 前 444），春秋时期鲁国人，姓姬、公输氏，名班，人称"公输盘""公输般"，尊称"公输子"，又称"鲁盘""鲁般"，惯称"鲁班"。鲁班出身于一个土木工程建筑世家，祖祖辈辈都是土木工程建

① 贞姑庙内所立清光绪五年（1879）《贞姑庙记》。

② 吴欣：《村落空间与民间信仰：明清山东东阿县苫山村的民间信仰》，载劳格文、科大卫编《中国乡村墟镇神圣空间的建构》，社会科学文献出版社，2014，第 61 页。

③ 王辉编著《中国古代民俗》，中国商业出版社，2015，第 173 页。

筑行业各方面的能工巧匠，鲁班是这个土木工程建筑世家最出色、最有成就的佼佼者。鲁班多才多艺，有许多创造发明，比如木工使用的锯子、曲尺、墨斗、斧头、钉锤、刨子、钻子、铲子等主要工具都是他发明创造的。同时，鲁班还发明了攻城用的云梯、水上作战用的钩强等军事武器，农业器具的石磨，安葬死人用的机封，避雨使用的雨伞，以及雕刻使用的各种器具、打井使用的各种工具等。正因为如此，鲁班几千年来都受到了劳动人民的尊重和敬仰，尤其是以木工为首的土木工程建筑业各种工匠的敬仰和崇拜，被誉封为我国历史上第一个行业神。每年鲁班诞辰之日——农历六月十三日，土木工程建筑行业的工匠们都要对他进行盛大的祭祀典礼。另外，木工师傅收徒弟要叩拜祖师爷鲁班，行业内部商议事情更要跪拜“鲁班先师”。山东运河区域的济宁、兖州等地为鲁国故地，亦有鲁班庙宇的分布。道光《济宁直隶州志》记载济宁公输子庙在城隍庙西，康熙九年（1670）重修。① 光绪《滋阳县志》记载滋阳县鲁班庙在韦园。② 临清公输子祠在狮子桥。③

山东地区的丝织业历来发达，明清时期兖州和临清是山东运河区域两个重要的丝织业中心。这两地从事纺织的机户都信奉机神，即织机之神。临清机神庙在广积门外池南，知州于睿明修。④ 临清丝织业极为发达，在明代城内就有机房百余家，到清后期，全境机房已达700余家，所出产的丝织品以哈达最为突出。机户以广积门外的轩辕宫为活动场所，供奉轩辕祖师，久而久之，当地人就将轩辕宫称为“机神庙”了。直到清末民初，此庙依旧存在，但主神改成了嫘祖。乾隆年间，临清的机户还以轩辕宫为活动场所结成了自己的行业组织——机神会，设有会头，以与晋商开办的丝店协商价格和生产式样、数量等问题，维护自己的利益。⑤

① （清）徐宗幹修，许瀚纂道光《济宁直隶州志》卷5《秩祀志·坛庙》，中国地方志集成·山东府县志辑第76册，凤凰出版社，2004，第242页。

② （清）莫炽修，黄恩彤纂光绪《滋阳县志》卷4《秩祀志·坛庙》，中国地方志集成·山东府县志辑第76册，凤凰出版社，2004，第63页。

③ （清）于睿明修，胡悉宁等纂康熙《临清州志》卷2《庙祀》，载临清市人民政府编《临清州志》，山东地图出版社，2001，第64页。

④ （清）于睿明修，胡悉宁等纂康熙《临清州志》卷2《庙祀》，载临清市人民政府编《临清州志》，山东地图出版社，2001，第63页。

⑤ 谭景玉、胡广洲：《齐鲁商贾传统》（明清卷），齐鲁书社，2014，第389页。

兖州机神庙位于鼓楼街道办事处机神庙街1号，为纪念发明养蚕织丝的嫘祖而建。初建年代不详，明万历年间曾重修。现存建筑为清代所建，有前后两座，两殿皆为硬山顶。前殿面阔三间宽8.7米，进深4.6米；后殿面阔三间宽9.2米，进深5.1米；总面积86.94平方米。机神庙的正式名称叫"嫘祖庙"，相传嫘祖系黄帝的元妃，曾发明养蚕织丝，故奉她为"蚕丝之神"。据康熙《滋阳县志》记载："滋阳绢绸优于邻近诸县。"[①] 邑人周元英《滋阳县乡土志·物产》记述：此处织业自明经历整个清代，一直延续未断，故建"机神庙"以祀嫘祖，街以此得名。[②] 明清时期的兖州，有着发达的纺织业，绢、缎、绫、绸等产品众多，特别是奎星苑一带的居民多以织布为主要产业，带动了丝织行业的繁荣。于是，建一座产业庙，供奉织丝产业始祖，就成了大家的共同心愿。由此，而建立了嫘祖庙。周围居民早晚焚香，祈求始祖保佑生意平安、兴旺，财气长存。机神庙虽历经朝代更替，战乱炮火，却能较为完整地幸存下来，成为兖州为数不多的保存下来的古建筑之一。据当地老人回忆，20世纪五六十年代，机神庙内除有嫘祖塑像外还有石碑，后作为粮库使用时塑像和石碑遭到破坏，不知去向。

"民间信仰是各地强化其社区传统或地方文化传统的产物，各种社会集团，如地缘集团、血缘集团，职业集团、性别集团等等，都需要强化各自的凝聚力，为促进地域内不同群体的整合，往往会在本地的民间信仰上下功夫。"[③] 反映群体成员共同利益与需求的神灵信仰无疑是其中一个强有力的建构性因素。"共同的信仰造就了人们的同质性，维系了人们的群体认同与凝聚。除在一些村落的宗族竞争和冲突中成为诱因、手段外，这种信仰的观念与活动在多数场合形成一种组织整合的文化机制。在此机制的作用下，传统乡村社会的家庭、宗族、村落社区和行业群体保持了凝聚和统一，组织整合得到了实现与维护。"[④] 从这种意义上来说，民间信仰是社会整合功能的精神资源，是社会组织的黏合剂、社会结构的维生素。

---

① 兖州县地名委员会办公室编《山东省兖州县地名志》，内部发行，1989，第60页。

② 兖州县地名委员会办公室编《山东省兖州县地名志》，内部发行，1989，第60页。

③ 赵世瑜：《狂欢与日常——明清以来的庙会与民间社会》，三联书店，2002，第294页。

④ 王守恩：《社会史视野中的民间信仰与传统乡村社会》，《史学理论研究》2010年第1期。

第三节　民间信仰与地方社会生活

“社会”是一个多层次的概念，从不同角度和层次上使用和理解，它会呈现出不同的范围和对象。我们通常所说的社会，是与“自然界”相对的社会。这一层含义的社会是广义的社会，“是指人在实践中形成的人与人之间交往活动的规则、结构、方式及人与人之间劳动组合方式和劳动协作方式的总和，亦即整个人类社会和人类的全部活动”①。既包括生产资料、生活资料的生产以及人类自身的再生产，也包括整个社会生活、政治生活和精神生活，亦即包括人类的政治、经济、文化、日常交往行为等全部活动。社会是一定地域范围内人们相互依存作用而形成的生活共同体，这种生活共同体能够发挥整合、教化、控制等功能，而其宗旨也是为了适应民众共同生活的需要、保障社会生活正常运行。“所谓社会生活就是某一生活共同体内民众的生活，包括物质生活、精神生活和交往生活。民间信仰植根于传统乡村社会生活，而且渗透进社会生活的各个方面，影响并服务于社会生活，是社会生活的调节器、社会运行的润滑剂。”②

一　民间信仰与社会风俗

社会风俗是历代相沿积久、约定俗成的风尚、礼节、习惯的总和，也是人们在衣食住行、婚丧嫁娶、岁时节庆、生产活动、宗教信仰、文化娱乐等方面广泛的行为规范。它是一个国家、民族、地区的物质生活、科学文化、价值观念、文化心理、个性特征等社会物质文明和精神文明在日常生活中的反映。民间信仰具有强大的附着力与渗透力，能深入到人类思维的深处，沉淀下来，成为传统文化的重要组成部分。民间信仰经过长期延续，日益渗透到民间文化生活之中，逐渐演变成种种习俗。它以习俗的形式潜伏在人们的意识里，又通过各种仪式活动体现出来，不断得到强化和巩固，成为人们生产生活中必不可少的组成部分。

对神灵的崇拜直接导致了庙会风俗的产生。乾隆《兖州府志》记载滋

① 彭光灿：《公民社会视域下的中国社会管理创新研究》，知识产权出版社，2016，第18页。
② 王守恩：《社会史视野中的民间信仰与传统乡村社会》，《史学理论研究》2010年第1期。

阳县天仙行宫“香火辏集，每四月八日，数郡毕至”。[①] 道光《东阿县志》记载张秋镇“三月二十八日祀东岳大帝，天齐庙演剧，远近香客云集，商贾因以为市，前后七八日甫散”；“十月十五日三官庙演剧，远近香客云集，商贾因以为市百货，前后半月甫散”。[②] 康熙《阳谷县志》记载阳谷每年春季的四月十八日祀天仙，“结会治农具”。[③] 宣统《增辑清平县志》记载泰山行宫在东关，有康熙五十三年（1714）碑一通，邑人张三奇所撰，碑阴勒同社人姓名。“每年以四月十八日为社，届期四乡士女云集，焚香顶礼相率赛会，奉神像导以鼓乐旗幡，迎于街，观者相填于途云。”[④] 民国《冠县志》记载冠县境内：“四月初八日，设醮泰山行宫。凡境内碧霞元君祠，咸集有会场，商贾喧阗，士女杂沓，竞执香楮进庙祈祷。”[⑤] 民国《清平县志》记载清平县境内：“庙宇林立，春秋佳日往往演剧赛神，年有定期，谓之庙会。每届会期则商贾辐辏，士女如云，车水马龙，奔赴络绎，极一时之盛。”[⑥] 宣统《增辑清平县志》更是对清平当地的庙会风俗做了详细记载：“正月初七日至初十日，县南门外演戏，祭赛火神庙。……二月初一日至初三日，城内演戏祭祀土地庙神。……初三日，文昌诞辰，家设香烛庆贺。又是日至初五日，胡里庄演戏祭赛麻佛寺佛。初八日至十一日，康家庄演戏祭赛真武庙神。十二日至十五日，刘芳庄演戏祭赛娘娘庙佛。二十三日至二十六日，城南十里铺演戏祭赛玉皇阁佛。二十五日至二十八日，戴家湾竞集香烛或演戏祭赛娘娘庙佛。……三月初三至初六日，康家庄演戏祭赛真武庙神。四月十五日至十八日，王家集、新集、魏家湾或演戏，或竞设香烛，祭赛各村之娘娘庙佛。十八日至二十一日，城东关

① （清）觉罗普尔泰修，陈顾联纂乾隆《兖州府志》卷20《寺观志》，凤凰出版社，2004，第400页。

② （清）李贤书修，吴怡等纂道光《东阿县志》卷3《方域志·风俗》，中国地方志集成·山东府县志辑第92册，凤凰出版社，2004，第36页。

③ （清）王时来修，杭云龙纂康熙《阳谷县志》卷1《风俗》，中国地方志集成·山东府县志辑第93册，凤凰出版社，2004，第28页。

④ （清）陈巨前、傅秉鉴修，张敬承纂宣统《增辑清平县志》卷6《典礼·坛庙》，清宣统三年刻本，第154页。

⑤ 侯光陆修，陈熙雍纂民国《冠县志》卷1《地舆志·风俗》，中国地方志集成·山东府县志辑第91册，凤凰出版社，2004，第34页。

⑥ 梁锺亭、路大遵修，张树梅纂民国《清平县志》第4册《礼俗志二·节序》，中国地方志集成·山东府县志辑第89册，凤凰出版社，2004，第303页。

演戏祭赛娘娘庙佛。（五月）二十八日至六月初一日，城内演戏祭赛城隍神。……（六月）二十四日至二十六日，城内演戏祭赛马神，俗称为马神生日。……（九月）二十八日至十月初一日，城内演戏祭赛城隍神。……（十月）初二日至初五日，胡里庄演戏祭赛麻佛寺佛。二十五日至二十八日，城西北清凉寺演戏祭赛佛爷佛。”①

乾隆《临清州志》记载当地碧霞元君庙会的情形，“四月十八日，碧霞元君会，倾城士女出供，香火自十五日至十八日，上庙者水陆不绝。明末，西北之民结社来观，如东岳故事。其灵爽讫于千里。每岁会资造金银五色纸宫殿为驾，前仪仗为鼓吹，为扮演杂剧，两城周游。市民设祭，以珠翠珍宝聘巧工扎饰玩具，倍极华丽，五日内共填街市”②。接驾会从农历三月三十开始，会期连绵整个四月，行宫庙、娘娘庙、碧霞宫、慈航院、七神庙七个庙会各抬10余八抬大轿，各庙10余起社火跟随，敲锣打鼓放铳放炮，到临清城外泰山娘娘歇马之所歇马厅迎接泰山娘娘。然后各庙分别抬着木胎神像游街串巷，此谓“泰山娘娘出巡视察”，此起彼伏，接连不断，皆各带社火，游行三天三夜。周边地区的善男信女，纷纷打着朝山进香的小旗涌进市区，至各庙烧香还愿，每日多达20余万人。有关山东运河区域的庙会风俗，上文已有详细论述，兹不赘述。

民间信仰的盛行对民众社会心理和思想观念也有着深刻影响。民国年间，郭则沄所著《洞灵续志》对晚清山东东昌府当地官民祭祀河神“大王”“将军”的风俗做了详细记载：

河神有所谓“大王”“将军”者，皆曾膺封锡，载在祀典。金龙四大王，谢姓名绪，南宋人也，化身为金色小蛇，尤著神异，沿河各处多立祠奉之。东昌祠中兼奉神乩，香火特盛。每神降，则张筵演剧，优者进出目，大王作蛇身蜿蜒纸上，至某剧立点其首，则传谕曰：“大王点某剧矣！”又或盘旋于椽烛之上，不近火亦不避人。光绪

① （清）陈巨前、傅秉鉴修，张敬承纂宣统《增辑清平县志》卷6《典礼·俗礼》，清宣统三年刻本，第176页。

② （清）王俊等修纂乾隆《临清州志》卷11《风俗志》，临清市人民政府编《临清州志》，山东地图出版社，2001，第483页。

> 中，东昌河决，堤工久未合，主者忧之，则虔祷于神。某日，大王降乩云："诘旦杨四将军有事于河。"次日，将军果降，其化身则一蛙也。每将军至，必备净水入浴，是日亦跳跃入水。视其臂微伤出血，顷之，忽大鸣，阁阁声不辍。徐吐一物，小如雀而三足，谛视之，已毙，知为所捕水怪，乩所谓"有事于河"者也。由是畚锸大举，薪楗并投，而河堤猝合。①

船工、水手在航行过程中亦祈求金龙四大王的护佑。临清大王庙戏楼，位于运河二闸桥东，清乾隆年间修建，船户集资演戏敬神。② 这种习俗甚至在建国初期仍极为常见。梁山县船上艄公所住船舱称"神舱"，用红纸书写神位，供奉金龙四大王。每次装好了货，启航前一日，割肉、买鸡（不可用鱼）办供。开船之前，摆供，烧香，烧纸，放鞭炮。跪拜大王，俗称"发马子"。③ 东平湖入黄河处名"清河门"。货船由清河门入黄河之前，要敬神许愿。以碗盛水，杀公鸡将血滴入碗内，由艄公持碗立船头洒血于河中，烧大香，发黄表（纸），放鞭炮，艄公祷祝："金龙四大王，路将军，保护俺一路平安！回来敬神。"安全航行返回内河，重新摆供，杀鸡，磕头，是为还愿。若出了事故，返回就不祭祀了，俗谓之"出事不敬神"。④

台儿庄运河船民也有敬大王的风俗。运河上的船民称大王为"大王老爷"，因为大王老爷主管河道，船民便在每月初一、十五摆供敬祭。"供品是一只红公鸡，一整头猪（一般用一个猪头、四个猪蹄、一个猪尾巴代替整猪），一条大鲤鱼，水果、点心若干，酒、黄表纸、香烛备齐。"在船头进行跪拜仪式时，要先将红公鸡在船头杀死，让鸡血沿船头一直流到河水中。流在船头的鸡血不许清洗，可以消灾辟邪。然后，上香、磕头、烧黄表纸，用酒围着黄表纸划一个圆圈，再把点心、水果掰下少许扔到燃烧的黄表纸中，这叫破供，最后祷告、许愿。⑤

济宁地区有祭祀"张大王"的风俗。张大王，名张有年，字瑞书，号

---

① 郭则沄：《洞灵小志·续志·补志》，东方出版社，2010，第214页。
② 中国戏曲志编辑委员会编《中国戏曲志·山东卷》，中国ISBN中心，1994，第605页。
③ 山曼等编著《山东黄河民俗》，济南出版社，2005，第188页。
④ 山曼等编著《山东黄河民俗》，济南出版社，2005，第189页。
⑤ 高建军：《山东运河风俗》，济南出版社，2006，第270页。

沁圆，济宁城北任城区20里铺姜庄村人。他生而颖异，恭读敦行。嘉庆十八年（1813），考中进士，任户部陕西司主事，后迁郎中，旋任河南河陕汝道。时值河溢于祥符，他承调赴工，相机剔弊，不避怨言，事赖以济。后万锦滩涨漫，他奉檄前往，奋力抢救，劳苦倍前。是年冬，青龙岗口门合龙，翌日，发现堤坝漏水，他废寝忘食，日夜奋战，是夜丑时，突见堤面渐裂，埽坝松动，面对此情，他毫不畏缩，指挥如故。从者劝其撤退，被其严词拒绝，直至埽溃堤陷，以身殉职。待天明后，擅泅者水中觅尸不见。数日后，嗣子张善保以衣冠装殓。事后奏闻皇上，御赐祭葬，恤荫如制。河南伊洛地区全民停业致哀，并在多处建祠以示悼念。[①] 自此张大王的神话愈传愈奇，越传越广。济宁及其附近州县地区民众对张大王视若有求必应的神灵，异常崇拜。多年来，一直传承着“请大王”“谢大王”的习俗。直到新中国成立之后，这种习俗活动才渐渐淡隐。

二　民间信仰与社会交往

社会交往，简称“社交”，“是指在一定的历史条件下，个体之间相互往来，进行物质、精神交流的社会活动”[②]。社会交往是文化传播的手段，是社会构成与发展的基础。按交往主体的类型划分为个体之间的交往、群体（包括社会组织）与群体的交往、个体与群体的交往。

对于传统乡村社会中的交往生活，民间信仰也是一种重要资源。村社神庙平时就是社区居民聚在一起闲聊、交流之处。庙会则为其与村社外部的亲友交往提供了良机。他们在庙会期间邀请亲友前来吃饭、看戏，加强了彼此之间的感情与联系。村落之间在信仰功能上存在依赖与互补，许多村落以共同信仰为纽带建立起较为密切的联系，不少村落因共同信奉某神而结为神亲，定期举行敬神仪式，遇灾进行求神活动。

因民间信仰而产生的节日和庙会在扩大社会交往方面也有着重要作用。如果把乡村中日复一日的重复性生产生活视为民众生活的“凡俗时期”，那膜拜神灵则是“神圣时期”，两者有规律地交替构成民众生活的主

① （清）徐宗幹修，许瀚纂道光《济宁直隶州志》卷8《人物四》，中国地方志集成·山东府县志辑第76册，凤凰出版社，2004，第594页。

② 姚庆：《新闻交往学：公共精神交往的新学科》，中国广播影视出版社，2015，第149页。

要内容。正如法国社会学家涂尔干（Emile Durkheim）所言：

> 膜拜的基本构成就是定期反复的节日循环。……只有将人们集中起来，社会才能重新使对社会的情感充满活力。但是人们不可能永远集中在一起。生活的紧迫性不允许人们无休止地聚集，所以人们只能分散开来，只有当他们再次感到需要这样做的时候，才会重新集合。正是这种必然的交替，才相应带来了神圣时期和凡俗时期的有规律的交替。①

对民众而言，祭祀神灵及其相关活动为他们提供了一年中难得的休息和娱乐的机会，引起他们的极大热情。乾隆《临清州志》记载当地碧霞元君庙会的情形，“四月十八日，碧霞元君会，倾城士女出供，香火自十五日至十八日，上庙者水陆不绝。明末，西北之民结社来观，如东岳故事。其灵爽讫于千里”②。“碧霞元君圣诞（即农历四月十八日），远近数百里乡民，争来作社火会。”③ 乡村百姓的生活比较闭塞，其社交圈多限于本村、本镇等极小范围，他们的宗教信仰圈也仅限于此。除了本地极少数神灵外，其他都一无所知。庙会在扩大社会交往、推动信仰传播方面发挥了显著作用。庙会活动介入民众的日常生活后，这种封闭状况得以明显改善。明清时期山东运河区域出现了为数众多的跨县、跨省甚至全国性的庙会，乡村百姓不远数十里、几百里、近千里前来参加庙会，敬香祈福、求神还愿。这些外地民众在参加完庙会之后，又把神灵的事迹和传说带回家乡。通过庙会上彼此之间的交流，人们对某一神灵的认识得到强化；与会者人数的增多、范围的扩大，一定程度上提高了神灵在广泛民众心目中的威信，从而扩大了神灵信仰的地域范围，推动了信仰的广泛传播。

传统道德观念要求妇女不能随意离开自己的闺房，不许参加以娱乐为目的的外出社交活动，更不允许随意与异性交往，这种苛刻的要求使女性

① 〔法〕爱弥尔·涂尔干：《宗教生活的基本形式》，渠东、汲喆译，上海人民出版社，1999，第457～458页。

② （清）王俊等修纂乾隆《临清州志》卷11《风俗志》，载临清市人民政府编《临清州志》，山东地图出版社，2001，第483页。

③ 马清福主编《满族文学史》（第3卷），辽宁大学出版社，2012，第302页。

的闲暇时间极为单调无趣，长期处于一定程度的心理压抑之下，同时又隐藏着一种强烈的外出娱乐的欲望。她们无法通过正常的途径宣泄其在生儿育女、家庭成员平安健康和自身幸福等方面承受的压力，只能诉诸冥冥之中的神灵，借娱神来娱己，完成自我愉悦。庙会时的酬神演戏却以全民的狂欢参与语境给了她们一个合理合法的出门机会。在祭拜神灵的时候，女性也冲破束缚，积极参与其中。民国《冠县志》记载冠县境内："四月初八日，设醮泰山行宫。凡境内碧霞元君祠，咸集有会场，商贾喧阗，士女杂沓，竞执香楮进庙祈祷。会期百戏杂陈，附近男女多竞趋之。"十月一日，城隍出巡，"乘肩舆、盛仪仗，道士唪经，士女喧阗。"[①] 夏津县娘娘庙在东关，四月十八日俗传为娘娘诞辰，四方男妇焚香，商贾亦为之云集。[②] 夏津县城东关刘十八郎庙三月望日，男妇焚香，充塞道途。[③] 这类活动的宗教色彩往往赋予女性参加者以正当的借口，使得男性家属难以拒绝。更何况其祷神的目的是相当实用的，或为求子，或为家中老小平安，为死者超生，为病者痊愈。另外，参加户外活动、游玩观光等还开阔了妇女的眼界，使她们获得了平时在家中无法获得的知识。总体而言，庙会是传统社会中较少的几种男女混杂，甚至嬉笑喧哗的公共场合之一。外出参加庙会等宗教活动丰富了女性的闲暇生活，是保证她们心理健康和调节性别间感情的重要手段，弥补了社会制度的不足，有利于社会有机体的健康发展。

修建庙宇、祭祀神灵成为官民互动的重要方式。正德十一年（1516）春，武城县教谕谢麟在其所作《重修城隍庙记》中云："天下之事未有不主于诚者也，诚则立，不诚则废。诚则一篑可成，不诚则九仞亦弃。予谓武城城隍庙之重建亦然，庙之颓坏久矣，人非不欲重为之建，奈建之之意不诚，则意方萌而随辍，望其建且不能，况望成其哉！武之父老有若郭宏谟者十有四人，矢心建庙，务竭精诚，请于邑宰饶侯主之，侯率僚属倡

① 侯光陆修，陈熙雍纂民国《冠县志》卷1《地舆志·风俗》，中国地方志集成·山东府县志辑第91册，凤凰出版社，2004，第34页。

② （清）方学成修，梁大鲲纂乾隆《夏津县志》卷5《典礼志·秩祀》，中国地方志集成·山东府县志辑第19册，凤凰出版社，2004，第87页。

③ （清）方学成修，梁大鲲纂乾隆《夏津县志》卷5《典礼志·秩祀》，中国地方志集成·山东府县志辑第19册，凤凰出版社，2004，第87页。

之，而诸老日夜营之，劝诸大夫，劝诸士庶，钱谷多寡，任其所出，不强不迫，而众亦曰斯举得宜，遂各慨然乐施，不数月而工毕。”[①]

地方祠庙的日常管理离不开僧道的经营，同时，一些僧人或道士也注重提高自身的文化修养，主动与士人交往，双方形成良好的关系。除负责庙宇的日常管理外，众多庙宇亦由僧、道募化，与士绅共同创建，这在地方志等资料中亦有相关记载。康熙《临清州志》记载临清药王庙在上湾，住持道官龚超元募化，太学生胡渭重修。[②] 乾隆《临清州志》记载娘娘庙在广积门外，嘉靖十九年（1540），道士刘守祥募众附建三清阁于后。[③] 岱宗驻节（俗称歇马亭），嘉靖三十年（1551），鸿胪寺序班秦訚建。顺治十七年（1660），道士等募金重修。[④]

阳谷县治东北有真武庙，明洪武十八年（1385）乡民傅聚会众捐资重修。明嘉靖年间，邑人柴世需《重修北台真武庙记》云：“吾阳谷北门里街西有台一座，四方而高二丈许，顶宽南北九步，东西十步，自西而上石阶二十有一焉。上连真武庙三间，其来已久，因无碑记，不可考矣。……盖既有兹台，岁久必有塌损之患，须得人以守之，人之所居必须屋宇，故建庙比祠神，俾司香火乃其事也。日者雨淫，台塌三面，庙亦塌焉。道人龙水者持傅台南疏，募缘修之，岁终始成，来请予记石。予嘉其志之坚，且嘉台南曾祖聚者，国初有重修台庙之功也，记焉。”[⑤]

济宁北关有天仙阁，一名“天妃阁”，“为谒岱通衢，持香顶礼者岁无虚日”。[⑥] 咸丰初年，毁于火灾，庙宇尽为焦土。光绪年间，当地官绅和民众共同捐资对其进行重修。民国《济宁直隶州续志》卷 20 所载《重建城北天

① （清）万秀芳纂修道光《武城县志续编》卷 14《艺文下》，中国地方志集成·山东府县志辑第 18 册，凤凰出版社，2004，第 473 页。

② （清）于睿明修，胡悉宁等纂康熙《临清州志》卷 2《庙祀》，转引自临清市人民政府编《临清州志》，山东地图出版社，2001，第 62 页。

③ （清）王俊等修纂乾隆《临清州志》卷 11《寺观志》，载临清市人民政府编《临清州志》，山东地图出版社，2001，第 468 页。

④ （清）王俊等修纂乾隆《临清州志》卷 11《寺观志》，载临清市人民政府编《临清州志》，山东地图出版社，2001，第 468 页。

⑤ （清）董政华修，孔广海纂光绪《阳谷县志》卷 11《艺文》，中国地方志集成·山东府县志辑第 93 册，凤凰出版社，2004，第 289 页。

⑥ （清）徐宗幹修，许瀚纂道光《济宁直隶州志》卷 5《秩祀志》，中国地方志集成·山东府县志辑第 76 册，凤凰出版社，2004，第 253 页。

仙阁碑记》云："城之北门外阅里许，□□尽处巍然耸峙者，天仙阁也。阁中供奉碧霞元君，飞栋云连，层楹霞举，为郡人望岳走祝之所。……咸丰初年，不戒于火，琳宫绀宇尽为焦土，幸基址尚存。……复初和尚合掌兴辞，烧指矢愿，心志坚凝，立地成聚沙之计。……爰集合州绅商布施京钱三千七百六十五千五百四文，官宦二千六百五十二千，节缩斋厨资四千五百八十二千五百，统计一万余缗，随时治具，陆续兴工，始于光绪某年，终于某年，向之翚飞鸟革，顿复旧观，盖必有是因而后有是缘而后成。是非大智慧、大法力，一心顶礼，乌能建此历德耶？州人士钦其志之果，乐其事之成，述其缘起，勒诸贞石，后之览者，尚其念和尚经营苦心也。"①

这里应该注意两点：一是士大夫当中与佛僧、道士密切往来，并且与之结成佛社的人，他们往往不满于社会现实，借此表现一种"出世"的态度，或者是借此表现他们的不流于世俗和清高；另一方面，与僧、道交往的士人在整个儒生队伍中并不占多数。对于与僧人来往的士大夫来说，虽说有一部分人的确是对佛学或道学感兴趣，但主要是探讨"性理""性命"之道，而不是出于对宗教或信仰的"虔诚"。

三　神灵庙宇的观赏功能

"文化景观"一词，20 世纪 20 年代起已普遍应用。它是人类在地表活动的产物，是自然风光、田野、建筑、村落、厂矿、城市、交通工具和道路以及人物和服饰等所构成的文化现象的复合体，反映文化体系的特征和一个地区的地理特征。在地理学中，景观一般指地球表面各种地理现象的综合体，可以分为自然景观和文化景观两大类。自然景观指完全未受直接的人类活动影响或受这种影响的程度很小的自然综合体。文化景观则是指居住在其土地上的人的集团，为满足某种需要，利用自然界所提供的材料，有意识地在自然景观之上叠加了自己所创造的景观。文化景观的内容除一些具体事物外，还有一种可以感觉到而难以表达出来的"气氛"，它往往与宗教教义、社会观念和政治制度等因素有关，是一种抽象的观感。

一些祠庙建成之后，往往成为当地著名的文化景观。南旺分水龙王庙

---

① 潘守廉修，袁绍昂、唐烜纂民国《济宁直隶州续志》卷 20《艺文志》，中国地方志集成·山东府县志辑第 77 册，凤凰出版社，2004，第 585 页。

始建于明朝永乐年间（1403～1424），至清代不断增建，渐渐形成了众庙集聚的建筑群。“每逢农历三月十五日香火古会，来庙群的善男信女，摩肩接踵，如潮中涌。平日里，运河上南来北往船舶上的游宦商贾、船工贩夫，也无不泊船系缆，登岸祭拜者络绎不绝。”① 鱼台县文昌阁在南阳镇，乾隆三十七年（1772）建。光绪《鱼台县志》记载文昌阁“右跨漕河，左抱独山，气凌云霄，星联魁牛，登其上而凫山长桥一览无余，真形胜之区也，故列八景之一，名曰‘杰阁跨河’”②。夏津县玉皇庙在城西北十八里，邑人滕广贞建。康熙年间，德州卫庠生殷长庚等重修。“杰阁凌空，殿宇巍焕，古柏高槐，森阴相接，在道教中亦一胜地也。”③

嘉祥县惠济公庙，古称“焦王祠”，俗称“青山寺”，位于嘉祥县城南7.5千米处的青山风景区。青山寺坐东面西，顺应山势，层层递升，设计巧妙，别具一格。崇宇高阁，掩映于古树翠柏之中，景色颇为壮观。从山下望去，在中轴线上的建筑有6个层次，即泰山行宫坊、三门、惠济公大殿、寝殿、泰山行宫、玉皇庙，在惠济公大殿两侧，还有白玉宫、享殿、子母殿、万佛阁、关帝庙、迎客厅等附属建筑。泰山行宫坊位于青山脚下，是一座仿楼阁式的三门石质建筑。中门内外两侧4个石狮雕刻精细，造型生动；门额上刻“泰山行宫”，运笔自如，健劲有力。两侧门额上皆雕有浮龙、麒麟等图像，刀法娴熟。整个坊顶均仿木质建筑形式，石雕斗拱、歇山顶、鸱吻、瓦垄、瓦当雕刻得惟妙惟肖。整个牌坊，堪称一组格调和谐、技艺精湛的艺术品，有较高的艺术价值。

惠济公大殿是青山寺的主体建筑，建于1米左右高的石台之上，元至正三年（1343）、明洪武二十二年（1389）两次大修。大殿面阔五间，南北长17.3米，东西宽6米，高约9米。五脊歇山顶，彩绘斗拱，绿瓦霞帔，巍峨壮观。前檐下4根高大石柱，通体平雕花卉。大殿内雕梁画栋、壁画附饰，高大朱漆雕龛中原有高达2.5米的惠济公金色塑像。大殿前，1929年修建龙头碑一座。在碑前建砌八角形“玉液池”，其外接圆直径3

① 高建军编著《山东运河民俗》，济南出版社，2006，第269页。

② （清）冯振鸿纂修光绪《鱼台县志》卷1《建置志·寺观》，中国地方志集成·山东府县志辑第79册，凤凰出版社，2004，第62页。

③ （清）方学成修，梁大鲲纂乾隆《夏津县志》卷五《典礼志·秩祀》，中国地方志集成·山东府县志辑第19册，凤凰出版社，2004，第87页。

米，雕砌以石栏。大殿后山泉一眼，题名“感应泉”，泉水经殿底暗道，由碑底部之龙头口中喷涌而出，常年不息。雕琢精致的龙头碑两侧，镌有一幅“山色霭霭人间胜地；水声潺潺世外洞天”的楹联，碑的北侧，刻有清末进士王俊卿题“青山十八乐”诗十八首。大殿两侧皆配以五间享殿，连同三门，围成一个小院落。院虽不大，但典雅秀丽，院内碑石婷婷，泉流叮咚；苍松遒劲，翠柏参天。奇景异致，吸引游人流连忘返。[①]

小 结

中国的民间信仰既富于地域性，同时也具有普遍性。富于地域性的原因在于民间信仰涵括了地方性文化，这些地方性文化是地方社会民众对于自身生存的主客体认识的结晶。通过民间信仰的传承，地方性文化得以再生产，地方社会的秩序也得以形成。具有普遍性特征的原因在于不同地域的民间信仰包含着相同的文化逻辑，这种文化逻辑把不同的地域信仰呈现给不同区域内的社群和民众，并形成一种文化合力。明清时期山东运河区域的民间信仰既有其自身的“独特性”“差异性”，又与整个国家普遍认同的信仰文化具有“相似性”“共通性”。透过区域社会的视角，我们无疑可以更为具体、深入地理解民间信仰的这种“独特性”“普遍性”。作为中华民族的文化传统和精神遗产，民间信仰不仅在中国历史上发挥着整合地方社会、规范乡村伦理等层面的基本功能，而且能够增强人们的地方认同感，规范人们的日常行为，维护基层社会的合理秩序。不同地方、不同群体、不同乡村，甚至是不同家族之间所信奉的神灵背后都有着各自的利益诉求，功利性和世俗性贯穿于民间信仰的整个过程。

① 山东省嘉祥县地方史志编纂委员会编《嘉祥县志》，山东人民出版社，1997，第658～659页。

第八章

环境与信仰：民间信仰的地域特色

社会变迁是一切社会现象发生变化的动态过程及其结果。“在社会学中，社会变迁这一概念比社会发展、社会进化具有更广泛的含义，包括一切方面和各种意义上的变化。”① 明清时期京杭运河区域是社会变迁最为剧烈的地区，其中又以运河影响较为深刻的山东运河区域最具代表性。由于运河的流经，在漕运、河工、自然灾害、人口流动、文化交流等社会因素的影响下，明清时期山东运河区域民间信仰呈现出多元化的发展趋势。各种外来神灵不断出现，并广泛传播；地方原有信仰也发生了新的变化，增添了新的职能。运河区域特殊的地理和社会环境造就了民间信仰显著的地域特色，民间信仰反过来又对区域社会政治、经济、文化产生深远影响。本章对二者之间的关系加以分析和探讨，力求在深入挖掘山东运河区域民间信仰地域特色的同时，探讨信仰、人群与区域社会的互动关系。

第一节　区域环境与水神信仰的盛行

“信仰是人类意识对自身生存背景、条件、历史和结局的整体审视与全面反映，是人类对自身存在与外界关系的自觉体认与主动调整，是对终极性人生目的的确认与追求。”② 民间信仰用万物有灵观念及由此而来的神灵崇拜认识和解释人类自身的生存环境。某个区域社会的生态环境及其特

---

① 李芹主编《社会学概论》，山东人民出版社，2012，第 267 页。

② 王孝哲：《马克思主义人学概论》，高等教育出版社，2009，第 166 页。

征，在当地的民间信仰中或多或少会有反映。运河的流经和频发的水旱灾害导致山东运河区域水神信仰极为盛行。按照功能和属性的不同，可以将其分为两类：一类是官方信仰的运河水神和漕运保护神，如金龙四大王、晏公、漳河神等；一类是民间治水神和祈雨神，如龙神、二郎神赵昱、羊使君等。当然这只是一种笼统的划分，中国古代民间信仰特有的功利性特点使得神灵之间往往并无明确的界限，在一定条件下可以互相转化。在这里我们主要探讨与运河有关或者运河区域特有的各类水神，对于二郎神、真武、三官等兼有治水或祈雨功能、各地普遍存在的各种民间俗神，由于其受运河影响并不显著，则不在本章的讨论范围。

一　运河水神和漕运保护神

运河区域独特的地理位置、复杂的地形地貌和频发的水旱灾害，使得水神信仰的种类和对象十分庞杂，除了官方倡导的金龙四大王、妈祖外，还包括地方神祇、治水功臣、上古名人、神话人物等众多人格化水神。此外，还有众多与运河有关的自然河神和天然水神。清人周馥所著《河防杂著》“水府诸神礼典记”中就列有80多位水神，其中既有黄河河神，也有运河水神。《敕封大王将军纪略》更是记载了与黄河和运河有关的6位大王，64位将军。其中虽多为黄河河神，但在运河区域也多有崇祀。金龙四大王、晏公等运河水神虽然也为民间社会所崇祀，但在本质上还是一种官方信仰，明清官方之所以把如此众多的运河水神列入国家祀典，定期举行祭祀，无非是想借助神灵之力，以达到护佑漕运的目的。

明清时期山东段运河因地势及气候原因，水源不足，漕船常有胶浅之患，漕运官员督漕北上时，多祭祀金龙四大王，故山东运河沿岸的济宁、东昌、临清、德州、峄县等地都建有金龙四大王庙。济宁金龙四大王庙：“一在天井闸北岸，一在城闸东岸，一在城东南三十里张家桥，郡人郑与侨有记。”[①] 德州金龙四大王庙称河神庙，共有两处。乾隆《德州志》记载

① （清）陈梦雷、蒋廷锡等辑《古今图书集成·方舆汇编·职方典》卷231《兖州府祠庙考》，中华书局，1986，第9844页。

河神庙："自北厂外，西关河上又有一庙，明嘉靖中兵备道赵时春建。"① 嘉庆《东昌府志》记载东昌府大王庙："在东关馆驿前河岸。"② 临清金龙四大王庙又称"龙王庙"，乾隆《临清直隶州志》记载临清龙王庙："在卫河南水门内西浒……康熙四十年，奉旨加封'显佑通济昭灵效顺金龙四大王'。"③ 峄县金龙四大王庙称"金龙神庙"，俗名"大王庙"，共有三处。光绪《峄县志》记载："一在台庄运河北，创建无考，雍正八年圮于水，嘉庆十年重建，道光二十九年泇河厅李保安、知县朱彦华、县丞韩瑞东重修。一在韩庄湖口北，咸丰二年圮于水。一在丁庙闸月河内，道光初年重修。"④

"功莫大于治河，政莫重于漕运"。⑤ 明清时期漕运和河工关系国计民生，备受统治者和社会各阶层重视。频繁的河漕治理活动使得山东运河沿线区域治水人格神信仰极为盛行（详见表8-1）。

表8-1　治水人格神祠庙分布情况

州县名称	庙宇名称	庙址	祭祀神灵	修建情况	资料来源
临清	恭襄侯祠	临清州治西南	陈瑄	永乐年间建	嘉靖《山东通志》卷18
阳谷	韩通政祠	在张秋镇南水门内河东岸	韩鼎	正德年间建	康熙《张秋志》卷2
济宁	河神总祠	东小门外运河岸上南池右	金龙四大王、晏公、萧公、黄大王、朱大王等	康熙六年，总河杨茂勋建	道光《济宁直隶州志》卷5
济宁	禹王庙	南门外，旧在义井巷	大禹	康熙初，运河同知王有容移建南门外	
济宁	报功祠	南门东土阜上	宋礼、周长、陈瑄、金纯等	建时不详，隆庆六年，总河侍郎万恭致祭	

① （清）王道亨、张庆源纂乾隆《德州志》卷10《丛记·祠庙》，中国地方志集成·山东府县志辑（10），凤凰出版社，2004，第304页。

② （清）嵩山、张熙先等修纂嘉庆《东昌府志》卷11《秩祀上·坛庙》，中国地方志集成·山东府县志辑（87），凤凰出版社，2004，第188页。

③ （清）张度、邓希曾等修纂乾隆《临清直隶州志》卷5《典祀二·庙》，中国地方志集成·山东府县志辑（94），凤凰出版社，2004，第429~430页。

④ （清）王振录、王宝田等修纂光绪《峄县志》卷10《祠祀·坛庙》，中国地方志集成·山东府县志辑（9），凤凰出版社，2004，第123页。

⑤ 中国国家图书馆编《宋康惠公祠志》卷上《小传》，原国立北平图书馆甲库善本丛书第408册，国家图书馆出版社，2014，第301页。

续表

州县名称	庙宇名称	庙址	祭祀神灵	修建情况	资料来源
济宁	陈恭襄侯祠	南门外河岸	陈瑄	康熙年间，河道总督靳辅重修	
济宁	靳襄公祠	天井	靳辅	康熙四十二年建	
济宁	李公祠	龙神庙内	李清时	乾隆三十二年，总河姚立德建	
济宁	栗恭襄公祠	龙神庙内东楼下	栗毓美	道光二十年，知州徐宗幹同州人创建	
鱼台	大禹庙	南阳镇	大禹	建时不详	光绪《鱼台县志》卷1
汶上	禹王庙	南旺分水口北岸	大禹	正德十二年，主事朱寅建	万历《汶上县志》卷2
汶上	宋尚书祠	分水龙王庙西	宋礼	正德年间，奏请敕建	
汶上	白老人祠	戴村龙王庙后	白英	万历二十六年，主事胡瓒建	

《礼记·祭法》规定："夫圣王之制祭祀也，法施于民则祀之，以死勤事则祀之，以劳定国则祀之，能御大灾则祀之，能捍大患则祀之。"[①] 在这个标准下，有功于民的人物得以经由制度化方式纳入国家祭祀体系。道光《济宁直隶州志》记载河神总祠在东小门外运河岸上南池右，康熙六年(1667)，总河杨茂勋建，题请敕封。"庙内中祀为金龙大王，像左有英猷侯萧公，像右为顺天王晏公像，并敕封，又有灵佑襄济黄大王牌新设。今祠中又有朱大王像，敕封朱大王镇东侯，杨四将军镇西侯，九龙将军镇南侯，张将军镇北侯及柳将军神位，总河杨茂勋有记。"[②] 济宁禹王庙在南门外，旧在义井巷（运河路中段义井巷路东），康熙初，运河同知王有容移建南门外（今之太白广场明月楼西侧）。[③] 万历《汶上县志》记载禹王庙在南旺分水口北岸，正德十二年（1517），主事朱寅建，后更名"漕河神

① 杨天宇撰《礼记译注》(下册)，上海古籍出版社，2010，第604页。

② (清) 徐宗幹修，许瀚纂道光《济宁直隶州志》卷5《秩祀志》，中国地方志集成·山东府县志辑第76册，凤凰出版社，2004，第240页。

③ (清) 徐宗幹修，许瀚纂道光《济宁直隶州志》卷5《秩祀志》，中国地方志集成·山东府县志辑第76册，凤凰出版社，2004，第240页。

祠”。[1] 宋尚书祠在分水龙王庙西，永乐初，尚书宋礼开会通河有功，正德间，奏请建祠。[2] 白老人祠在戴村龙王庙后，万历二十六年（1598），主事胡瓒建。[3] 胡瓒在其重修《白老人祠记》中论述了崇祀白英的原因：“《祭法》‘有功于民则祀；御灾捍患则祀，非此族也，不在祀典。’……（白）英，故人也，安得先乎神礼，每祀必祭土地，谓其为庙佑之主也，神矣，安得共人而齿为昭穆也。同堂者非以异室而正其非者，非之非者也。夫以人配神，唯郊祀有之，论其功也，英于漕渠忱有功矣；于汶之性得无少，拂然且绝地脉哉！或曰英不当祀欤，曰又非也，礼有其举之莫可废也，故庙之。……今天下第一不得英耳，安得如英也者，而用其策，何忧河决哉！故像从新宠，昭其报也；号从旧名，纪其功实也。”[4] 雍正四年（1726），加封白英为“永济之神”。光绪五年（1879），加封其为“永济灵感显应昭孚昭宣之神”。

以上诸神共同的特点是为明清国家所崇祀，因治理运河或保漕之功绩而受到官方的褒封和崇祀，他们“或生为名臣，能御灾捍患；或有功德于民者，故殁而为神；或有阴翊国家，保佑生民，皆足以崇奉祀，以求福利也”。[5]“这些水神的神化过程有着各自不同的契机和原因，但是保障漕运的政治特征，是其形式基础。”[6]

二　自然河神和天然水神

山东运河区域还有众多与运河相关的自然河神或天然水神。这些河流大多为运河提供水源，对保障运河的正常通行具有重要作用，因而得到明清官方的敕封，并列入国家祀典。道光《济宁直隶州志》记载济宁漕河神庙：“在城南天井闸上，总河舒应龙移于运河北岸，所祠有诸湖神、汶水

---

① （明）栗可仕修，王命新纂万历《汶上县志》卷2《建置》，中国地方志集成·山东府县志辑第78册，凤凰出版社，2004，第156页。

② （明）栗可仕修，王命新纂万历《汶上县志》卷2《建置》，中国地方志集成·山东府县志辑第78册，凤凰出版社，2004，第156页。

③ （明）栗可仕修，王命新纂万历《汶上县志》卷2《建置》，中国地方志集成·山东府县志辑第78册，凤凰出版社，2004，第156页。

④ （明）栗可仕修，王命新纂万历《汶上县志》卷8《艺文》，中国地方志集成·山东府县志辑第78册，凤凰出版社，2004，第228～229页。

⑤ 王琼：《漕河图志》卷6《碑记》，水利电力出版社，1990，第266页。

⑥ 吴欣：《明清山东运河区域“水神”研究》，《社会科学战线》2013年第9期。

神、大河神、洸水神、泗水神、百泉神、济水神”。[①]《北河纪》对其记载更为详细：“漕河神祠旧在济宁州天井闸上，万历二十七年，移于河东漕运总府，有司春秋致祭（州境后有诸湖神祠、汶水神祠、大望神祠、洸水神祠、泗水神祠、百泉神祠、济水神祠）”。[②] 当然，每条河流自身也有神庙。乾隆《兖州府志》记载宁阳县汶河神庙：“在县西北堽城坝，明成化十一年，员外郎张盛创造，奏请敕封，每岁春秋祭祀。”[③] 泗水县泗水神庙：“在县东五十里陪尾山上，前代封仁济侯，明改正今称。嘉靖二十一年，知县蒋某重修，以二月二日致祭。”[④] 明清时期临清段运河乏水问题严重，需要流经临清的漳河提供水源，故建有漳河神庙。乾隆《临清直隶州志》载临清漳神庙：“在板闸外汶河北浒，国朝康熙六十年，南漕旗丁公建。雍正三年，敕封福漕漳河神，运河有浅及遇旱，祷之辄应。”[⑤]

三　区域性水神

各地不同的地理环境和文化传统亦造就了众多区域性水神，这些神灵的主要功能是治水或祈雨。明清时期东昌府城内有有羊使君祠。嘉靖《山东通志》记载羊使君庙：“在府城东北漯河东五里，晋开运初，博州河溢，城欲没，使君投水而死。”[⑥] 宋人赵元佐赞曰：“身为牺牲，祷于洪水，洪水无知，没而后已。民思其人，立庙以祀。呜呼！伟功不书于史。”[⑦] 嘉庆《东昌府志》记载羊使君祠：“永乐《旧志》在府城东关湄河东五里，《旧志》顺治

---

① （清）徐宗幹修，许瀚纂道光《济宁直隶州志》卷6《秩祀志》，中国地方志集成·山东府县志辑第76册，凤凰出版社，2004，第240页。

② （明）谢肇淛：《北河纪》卷八《河灵纪》，《景印文渊阁四库全书》第576册，第725页。

③ （清）觉罗普尔泰修，陈顾联纂乾隆《兖州府志》卷20《祠祀志》，中国地方志集成·山东府县志辑第71册，凤凰出版社，2004，第396页。

④ （清）觉罗普尔泰修，陈顾联纂乾隆《兖州府志》卷20《祠祀志》，中国地方志集成·山东府县志辑第71册，凤凰出版社，2004，第396页。

⑤ （清）张度、邓希曾修，朱镜纂乾隆《临清直隶州志》卷5《典祀·庙》，中国地方志集成·山东府县志辑第94册，凤凰出版社，2004，第430页。

⑥ （明）陆釴等纂修嘉靖《山东通志》卷18《祠祀》，天一阁藏明代方志选刊续编第51册，上海书店，1990，第1122页。

⑦ （明）陆釴等纂修嘉靖《山东通志》卷18《祠祀》，天一阁藏明代方志选刊续编第51册，上海书店，1990，第1122页。

七年，河决荆隆口，庙为水毁，郡人方开基重建。”[①] 康熙三年（1664）闰六月，梁九元《重建羊使君祠堂记》载：“羊使君，后晋开远二年守博州，河溢城没，使君祝天，冀免生民垫溺，愿以身代，乃投水而死。……后博州徙孝义渡，祀使君于龙湾河浒，有司春秋致祭。顺治庚寅，河决荆隆口，溃漕河而北，使君祠遂漂没无存。胄监方公开基居于河干，去祠基不数武，慨然庀材鸠工，创建三楹，设使君木主，建大门榜曰羊使君祠，后建数楹，为其子弟别业，时供香火，遂使湮没无存者，一旦鼎新。”[②]

济宁嘉祥县崇祐庙：“即惠济公庙，在县南十五里青山之阴，《通志》云庙与焦王城相近，祀古焦王，有汉建宁元年碑，著其灵应，号‘青山君’。晋永安间奉车都尉，金乡申宏立石为颂。宋崇宁元年，敕庙为‘崇祐’，封‘灵应侯’。宣和三年，加封‘惠济公’。宋元以来，祷雨、祈晴辄应。”[③] “当春夏之交，乞灵者数百里不绝。”[④] 金大德七年（1303），东昌教授赵衡正《惠济公庙记》云：“大德五年夏五月旱，大中大夫、济宁路总管睦公使知事宋铎请祷于神，汲水半瓶，负至坛次，是日果大雨。明年三月复不雨，农艰播种，公乃诣祠祈之，雨遂盈尺。东作遍野，陇亩无隙。六月中旬，禾稼吐秀，复苦旱。即命经历王明来祀，应时雨澍，岁乃有秋。”[⑤] 金乡县贞姑庙在城西柳园村：“明嘉靖时建，曰邵姑庙，知县彭鲲化改名贞姑庙，为之记。相传即鲁秋胡妻，不可考，里人祠之，祈雨立应。”[⑥]

---

① 嘉庆《东昌府志》卷 11《秩祀上·坛庙》，中国地方志集成·山东府县志辑第 82 册，凤凰出版社，2004，第 189 页。

② 嘉庆《东昌府志》卷 11《秩祀上·坛庙》，中国地方志集成·山东府县志辑第 82 册，凤凰出版社，2004，第 189 页。

③ （清）徐宗幹修，许瀚纂道光《济宁直隶州志》卷 5《秩祀志》，中国地方志集成·山东府县志辑第 76 册，凤凰出版社，2004，第 255 页。

④ （清）章文华、官擢午纂修光绪《嘉祥县志》卷 1《祀典志·先贤祠》，中国地方志集成·山东府县志辑第 79 册，凤凰出版社，2004，第 247 页。

⑤ （清）章文华、官擢午纂修《光绪嘉祥县志》卷四《艺文》，中国地方志集成·山东府县志辑第 79 册，凤凰出版社，2004，第 353 页。

⑥ （清）李垒纂修咸丰《金乡县志略》卷五《秩祀》，中国地方志集成·江苏府县志辑第 79 册，凤凰出版社，2004，第 413 页。

第二节　运河与外来信仰的传播

运河文化是指在运河开凿和通航过程中，沿运河地区长期积淀形成的全部物质文化和精神文化的总和，是一个以时空辐射为演变特征的跨区域、综合性的文化系统。千百年来，它所形成的风土人情、传统习俗、生活方式、文学艺术、行为规范、思维方式、价值观念等，已经成为人类进行交流的普遍认可的一种能够传承的意识形态，并已成为中华民族文化大系中的有机组成部分。作为带有强烈地域和航运特征的运河文化，拥有与其他文化不同的特质。明清时期的京杭运河流经直隶、山东、江苏、浙江4省，南北各地的源文化有很大的差异，运河将各种区域文化联结在一起，漕运、商业活动及社各阶层的南北往来，带来了南北文化的交汇融合，使得运河区域人们的心理心态、思想意识、宗教信仰、生活习俗、文学艺术等悄然发生变化。由于运河的流经，大量漕军运丁、外地客商、文人墨客的途经与滞留给运河区域的民间信仰带来了新的变化，一些以前运河沿岸民众从不知晓的神祇开始在这一区域出现，并逐渐融入当地民众的社会生活，成为当地民众和外地客商共同的信仰对象。其中以金龙四大王、妈祖、晏公、萧公、许真君等神灵最具有代表性。

一　妈祖信仰的传播

妈祖，又称天妃、天后、天后圣母，其信仰产生于宋代中期的福建。起初只是区域性的民间海神崇拜，后因社会经济、政治、文化等方面的因素而迅速传播，逐渐演变成为全国性的海神崇拜。“妈祖信仰的产生与金龙四大王的信仰有一个很大的不同，金龙四大王是由官府率先提倡和竭立营造而成为神，然后普及到民间；妈祖信仰则反之，它首先产生、流传于民间，然后得到官方的认可，才渐渐传播开来。”①

山东运河区域的天妃庙最早出现在德州，据明人王权《天妃庙记》云：

① 李泉、王云：《山东运河文化研究》，齐鲁书社，2006，第277页。

“德州旧无天妃庙，庙初立无文记岁月，天顺庚辰、成化辛丑两新之。”① 说明德州早在明天顺四年（庚辰年、1460）以前就有了妈祖庙宇。据现有资料推测，德州的天妃庙最早应在永乐、宣德年间出现，至天顺初年已破败，于是天顺四年（1460）时重修，以后又经过二十余年，至成化十七年（辛丑年，1481）再次重修。再到嘉靖三十四年（1555），天妃庙又因岁月侵蚀“栋宇垣壁复圮坏”，于是德州的耆老联络邑人共同捐资扩建。嘉靖年间的这次重修天妃庙，是德州民众的自发行为，且捐资甚多，乃使整修过的庙宇“倍壮于旧，庙貌鼎新”，令观者“肃然起敬”，说明妈祖信仰在明朝前期已在山东运河流域为当地民众所接受。

与德州南北相对的济宁州，也是妈祖信仰影响颇深的地区。济宁天后宫又名海神庙、天妃宫，位于在大闸口桥以东，运河北岸街路北，大致位置在今太白广场东侧得月楼旁。清乾隆三十一年（1766），河东河道总督李清时奏请建立，并于次年请御题庙额“灵昭恬顺”。乾隆三十二年（1767）五月，李清时在奏折中云：“窃照济宁城旧有天后殿宇，规模不大，设像奉祀，灵应昭然。臣因庙宇倾颓，曾经略为修整。前因三月间在天津行宫面恳圣恩赏其匾额，以隆祀典，仰蒙皇上御书‘灵昭恬顺’四字颁赐悬挂。臣随照式钩摹制就匾额送至天后庙内，择吉于五月初七日悬挂正中。”② 此庙两进院落，天后殿前有山门，殿后院内建有梳妆楼。清末，漕运终止，香火冷落，庙宇渐趋残破。济宁城北关外东北，还有一座天妃阁，当地人也称“天仙阁”，“为谒岱通衢，持香顶礼者岁无虚日”。③ 峄县天后圣母宫在城东南 60 里台庄闸西，咸丰三年（1853），由福建士商募资重修。④ 除此之外，山东运河区域还有一些不称天妃庙或天后宫的庙宇也崇祀妈祖，如张秋显惠庙内亦供奉天妃神。《明孝宗实录》记载弘治七年（1494）十二月，“改张秋名为‘安平镇’，建庙祀真武、龙王、天妃，赐额曰‘显

① （清）王道亨修，张庆源纂乾隆《德州志》卷 13《艺文》，中国地方志集成·山东府县志辑第 10 册，凤凰出版社，2004，第 374 页。

② 蒋维锬、朱合浦主编《湄洲妈祖志》，方志出版社，2011，第 229 页。

③ （清）徐宗幹修，许瀚纂道光《济宁直隶州志》卷 5《秩祀志》，中国地方志集成·山东府县志辑第 76 册，凤凰出版社，2004，第 253 页。

④ （清）王振录、王宝田等修纂光绪《峄县志》卷 10《祠祀·坛庙》，中国地方志集成·山东府县志辑（9），凤凰出版社，2004，第 122～123 页。

惠'，从太监李兴等请也。"[①] 济宁有福建会馆，会馆内亦崇祀妈祖。[②]

二 晏公和萧公

晏公，名戌仔，江西临江府人。《绘图三教源流搜神大全》记载晏公："公姓晏，名戌仔，江西临江府人也。浓眉虬髯，面如黑漆，平生疾恶如探汤。人少有不善，必曰：'晏公得无知乎？'其为人敬惮如此。大元初，以人才应选入官，为文锦局堂长，因病归，登舟即奄然而逝，从人敛具一如礼。未抵家，里人先见其扬驺导于旷野之间，衣冠如故，咸重称之。月余以死至，且骇且愕，语见之日，即其死之日也。启棺视之，一无所有，盖尸解云。父老知其为神，立庙祀之。有灵显于江河湖海，凡遇风波汹涌，商贾叩投所见，水途安妥，舟航稳载，绳缆坚牢，风恬浪静，所谋顺遂也，皇明洪武初，诏封显应平浪侯。"[③] 明人王士性在其《广志绎》中记载："江湖、社伯到处有祀萧公、晏公者，其神皆生于江右。……晏公名戌仔，亦临江府之清江镇人也，浓眉、虬髯，面如黑漆，生而疾恶太甚，元初以人材应选，入为文锦局堂长，因疾归，登舟遂奄然而逝，乡人先见其驺从归，一月讣至，开棺无所有，立庙祀之。亦云本朝封平浪侯。"[④]

此外，《七修类稿》《枣林杂俎》《陔余丛考》《铸鼎余闻》等明清著作中都有关于晏公的记载。依据史料记载，由于晏公曾在明初鄱阳湖大战中搭救朱元璋，并传授江岸民众捕杀猪婆龙的方法，并多次显灵于江湖，故得到朱元璋的册封，诏封其为"显应平浪侯"（亦云神霄玉府晏公都督大元帅），命有司祭祀，因而逐渐盛行。有关晏公的事迹带有明显的神话色彩，依据《明史》《明太祖实录》《大明会典》等史料，并无朱元璋鄱阳湖落水及册封晏公为平浪侯的记载，故有关晏公的事迹当为后人附会之词。晏公是否确有其人，学界仍然存在争议。"晏公作为一个人物其存在

---

① 《明孝宗实录》卷95，弘治七年十二月庚午条，台北"中央研究院"历史语言研究所校印，1962，第1745页。

② 李泉、王云：《山东运河文化研究》，齐鲁书社，2006，第197页。

③ 佚名：《绘图三教源流搜神大全》（外2种），上海古籍出版社，2012，第88页。

④ （明）王士性撰，吕景琳点校《广志绎》卷4《江南诸省》，元明史料笔记丛刊，中华书局，1981，第86页。

与否并不重要，重要的是其作为神灵有被需要的价值和被神化的过程。”①

乾隆《德州志》记载德州城内有晏公庙，在小西门南。② 临清会通闸、新闸、南板闸俱有晏公庙。③《金瓶梅》中也有关于临清晏公庙的记载：“那时朝廷运河初开，临清设二闸，以节水利。不拘官民，船到闸上，都来庙里，或求神福，或来祭愿，或讨卦与筲，或做好事。也有布施钱米的，也有馈送香油纸烛的，也有留松蒿芦席的。”④ 即晏公庙是祈愿大运河运输安全和致富的祠庙，运河船只的搭乘者力图通过祭祀和祈愿，以及占卜和献物等宗教活动，尽可能地降低运输过程中的危险要素。

值得注意的是，有明一代，尤其是明朝初年，是晏公信仰最为盛行的时期，这一时期建立的神灵庙宇也最多。当官方崇祀的金龙四大王等水神出现后，由于神职相同，再加上官方的推崇，金龙四大王逐渐替代晏公的角色，晏公信仰逐渐走向衰落。清代单独祭祀晏公的庙宇已不多见，晏公更多扮演的是陪祀、从祀的角色。

和晏公齐名的是萧公。《三教源流搜神大全》记载萧公：“公姓萧，讳伯轩，龙眉蛟发，美髭髯，面如童。少年为人刚正自持，言笑不苟，善善恶恶，里咸为之质平。殁于宋咸淳间，遂为神，附童子，先事言祸福，中若发机。乡民相率为立庙江西临江府新淦县之太洋洲，保舡救民，有祷必应，福泽十方。大元时，以其子萧祥叔死而有灵，合祀于庙。皇明洪武初，尝遣官谕祀于此，诏封为水府灵通广济显应英佑侯，大著威灵于九江八河五湖四海之上。”⑤ 山东运河沿岸仅张秋减水闸口有专门祭祀萧公的庙宇。⑥

虽然山东运河沿岸专门祭祀晏公和萧公的庙宇不多，但在众多河神庙宇中，往往把晏公、萧公与其他神灵合祀。明人谢肇淛《北河纪》记载感

---

① 吴欣：《明清山东运河区域“水神”研究》，《社会科学战线》2013 年第 9 期。

② （清）王道亨、张庆源纂乾隆《德州志》卷 10《丛记·祠庙》，中国地方志集成·山东府县志辑（10），凤凰出版社，2004，第 304 页。

③ 潘谷西主编《中国古代建筑史》（第 4 卷），中国建筑工业出版社，2009，第 64 页。

④ 兰陵笑笑生：《金瓶梅》第 93 回《王杏庵义恤贫儿 金道士娈淫少弟》，人民文学出版社，2008，第 2416 页。

⑤ 佚名：《绘图三教源流搜神大全》（外 2 种），上海古籍出版社，2012，第 88 页。

⑥ （清）林芃修，马之驦纂康熙《张秋志》卷 2《寺观》，中国地方志集成·乡镇志辑第 29 册，江苏古籍出版社，1992，第 36 页。

应祠："在沙湾，祀大河之神，景泰间敕建，仍加封朝宗顺正惠通显灵广济大河之神，其左祀护国金龙四大王及平浪侯晏公、英佑侯萧公。"[①] 道光《济宁直隶州志》记载河神总祠："庙内中祀为金龙大王，像左有英猷侯萧公，像右为顺天王晏公像，并敕封，又有灵佑襄济黄大王牌新设。今祠中又有朱大王像，敕封朱大王镇东侯，杨四将军镇西侯，九龙将军镇南侯，张将军镇北侯及柳将军神位，总河杨茂勋有记。"[②]

三　江西商人与许真君信仰

运河文化博大精深，包罗万象，除多元性外，还具有包容性和开放性等特点，这在山东运河区域也有体现。在众多神灵信仰中，以商人商帮所信奉之行业神最具有代表性。

宋代以后，随着宗族的发展、社会身份制的传统观念和经济环境的急剧变化，商人的活动范围日趋扩展。从商人立场来看，长途贸易虽然充满了机遇，可能获得更多的利润，但同时也伴随着在路途上历经艰难、到达目的地后适应陌生环境的种种不易，还要面对商业上的风险和思乡之情，在这样的情境下生活，将心理的种种不安求助于神灵是水到渠成的举动。因此，在中国古代社会后期的民间俗神信仰"发明"和传播过程中，商人的作用亦是显而易见的。"在中国社会，民间信仰虽然突出祭祀和信仰之结合，但可以发现其共同特点都是借着宗教或半宗教之外衣，来形成有强大凝聚力的社会组织。在商人发明并传播神灵信仰的过程中，他们可以选择的神一般有两种：一种是与自己所从事行业有关的行业神或比较笼统意义上的商业神；一种是将自己的家乡神随着自身的商业活动播迁他处。"[③] 明清时期山东运河区域商品经济发达，商人商帮众多。依据现有资料，山东运河区域与商人商帮关系比较密切的神灵信仰主要有金龙四大王、关帝和许真君三种。关于金龙四大王及关帝信仰与商人商帮的关系，王云、吴欣等学者都做了较为深入的研究，为避免重复研究，在此不再详细论述。

① （明）谢肇淛：《北河纪》卷8《河灵纪》，《影印文渊阁四库全书》第576册，第711页。

② （清）徐宗幹修，许瀚纂道光《济宁直隶州志》卷5《秩祀志》，中国地方志集成·山东府县志辑第76册，凤凰出版社，2004，第240页。

③ 赵李娜：《神》，上海辞书出版社，2014，第230页。

在这里我们主要以江西商人为例，探讨其与乡土之神许真君信仰的关系。

山东运河区域是江西商人经常光顾的地方。① 江西商人所建会馆，又称“万寿宫”“江西庙”“江西同乡会馆”“豫章会馆”。从明清江西会馆的产生、发展与兴盛中，我们不难发现，江西会馆的神灵设置始终是江西会馆保持其完整性的首要条件，而且，会馆神灵偶像更是江西会馆赖以生存发展的精神支柱，它引导着江西会馆发展的方向。在这之中，许真君是江西官绅士子、商人、移民最普遍信奉和祭拜的神灵。流布四方的江西商人，所到之处，无不建会馆以供奉许真君。江西商人在聊城最繁华城东关大街，邻近东城门修建了一座赣江会馆；后来，或许是因为此会馆位置距离运河码头较远，道光年间又将其移建到城东关大闸口附近，并立碑记绘会馆购地银两、方位四至及倡议首事姓名。由碑文可知，江西会馆面东坐西，前门直达运河岸，后至丁家坑，与山陕会馆为邻，始建于嘉庆十一年（1806），道光四年（1824）扩建。该会馆主要建筑包括山门、戏楼、看楼、鼓棚、大殿等。至道光十八年建成，称“万寿宫”；另有十三帮首事姓氏刊于碑上。② 他们除建立会馆外，还在聊城东郊外姚园子附近购置了义冢，并立有界址以防被侵占。③ 嘉庆二十一年（1816），江西药商姚立帮到东昌府属县东阿开设了药铺“滋立堂”，为东阿大宗经营药材之始。④ 道光八年（1828），世代行医的南昌人涂我梗，因慕东阿本地盛产名贵中药——阿胶，举家迁徙而来，创建“涂氏怀德堂”，参与东阿阿胶的制作。⑤ 后又有景德镇人俞德宽来东阿创立堂号。这些江西商号的创设，大大刺激了本地药业发展。

济宁亦是江西商人聚集的重要地区，仅城内的江西商人会馆就有两处，一名江西会馆，一名永宁会馆。济宁江西会馆创立于道光年间，会馆坐落于济宁州城最繁华的南门外吉市口街，规模宏大，有六进院落，共有厅、堂、楼、室 60 余间，后门直通外塘子街。江西会馆一直保存到 1947

---

① 李泉、王云：《山东运河文化研究》，齐鲁书社，2006，第 173 ~ 174 页。

② 该碑于 2001 年在聊城古运河整治工程中被发现，现藏于聊城山陕会馆北跨院内。

③ 2003 年 8 月，在聊城市姚园子附近发现一界碑，上面阳文镌刻“江西会馆义冢界址”，背面则为“义冢界址江西会馆”，该碑现存聊城光岳楼管理处。

④ 东阿县地方史志编纂委员会编《东阿县志》，齐鲁书社，1998，第 567 页。

⑤ 王文章主编《阿胶》，文化艺术出版社，2013，第 88 页。

年，后毁于战火。有关永宁会馆，史料记载较少。济宁市博物馆收藏有嘉庆十三年（1808）《永宁会馆碑记》一通，为在济宁经商的江西金溪人李应科所撰。碑文详细记载了崇奉许真君的原因以及修建会馆的经过：

> 士大夫游宦海内，商贾懋迁四方者，必求会聚乡人之地，而祀乡之明神，以为祈报，天下莫不皆然，而江西会馆真君之祀为尤盛。……济宁为南北通衢，关南头旧固有真君庙在焉，则江右之人合而祀之者也。己未秋，书磁两行，尝以江湖岁涉，旧沐神力，当特致其诚敬，且会议宴集亦宜有其专所，用是醵钱千贯，以为斯举。啙矢生息，甫二年辛酉春，适逢河东二铺既济巷有房屋一所，高明爽垲，以祀真君为宜。大厅、对厅及两配前后楼房等屋共计三十三间，一则基地三亩，议其价醵钱仅足三之一，因复按数捐助，遂并修治，丹艧之费共用京钱四千三百贯，以既厥事。庙成，颜其额曰永宁，永宁者，为真君祝且为祈报者祷也。①

碑末列有168个捐资商号或捐资人姓名，由此可见当时济宁城内江西商人数量之多，财力之雄厚。山东便利的水路交通使得商贾云集，商人商帮的聚集不但带动了客居地商品经济的发展，也促进了不同区域间信仰文化的交流，彰显了运河文化特有的流动性和开放性。

第三节　地域文化对民间信仰的影响

地域文化是指在某个区域，源远流长、独具特色，传承至今仍发挥作用的文化传统，是该区域生态、民俗、传统、习惯等文化的表现，在一定的地域范围内与环境相融合，具有相对的独特性。民间信仰的地域性是中国传统民俗文化的重要特征之一。早在《史记》《汉书》的记述中，司马迁和班固就已经对战国秦汉时期各地民众信仰活动的差异给予了充分的关注。受到特定地域自然环境和社会文化的影响，各地民众的信仰活动呈现

---

① 济宁市博物馆藏嘉庆十三年（1808）《永宁会馆碑记》。

出强烈的地域特色。地域文化对外来神灵亦有着深刻影响，二者在相互冲突、融合的过程中，完成信仰的“本土化”改造。

一　妈祖信仰的“本土化”

妈祖作为外来神灵，其信仰的本土化过程亦是我们不得不关注的一个现象。妈祖形象在山东运河沿线传播过程中发生了“变样”，呈现出鲜明的地域特色。首先，妈祖神职和祠庙布局发生变化。妈祖最初是以海运保护神的形象出现，设有专庙祭祀；在明清时期山东运河沿线则主要是以河运保护神形象出现，多与其他漕河之神合祠。山东妈祖庙内的陪神，以龙神为主，又有真武、河伯等其他水神。如张秋的显惠庙，祭祀对象有龙王、真武、天妃、大王各神，多神合祠。其次，山东运河沿线妈祖信仰与当地十分盛行的碧霞元君（泰山娘娘）崇拜出现了相互融合的趋势，或者说是被碧霞元君“收编”。据史料记载，崇祯年间，曾敕封天妃为“天仙圣母青灵普化碧霞元君”，不久，又加“青贤普化慈应碧霞元君”。[①] 名称的相似更加剧了百姓区分的难度，一般百姓不能明辨天妃女神的身份，将其与“多子多福”的碧霞元君混为一人，共同祭祀，以致出现“谒天妃庙者，恒以元君视之”的现象。这一点在德州天妃庙体现得最为明显。在当地民众心目中，妈祖和碧霞元君俱为女神，没有太大的区别。其实，妈祖形象不只是在德州“变样”了，在山东以及其他地区也都发生了“变样”。从中我们可以看出，“神灵信仰作为一种文化现象，当它传播出去之后必然要发生变异，必然会与当地信仰文化相结合，使原来的神灵增加了当地信仰文化内蕴，成为当地人认同的神明。这样的神明对当地民众才具有强烈的亲和力”。[②] 二者在相互冲突、融合的过程中，完成信仰的本土化改造。这种互动现象通常会以“兼职”的形式表现出来，如妈祖从海神而兼职“河运之神”“生育之神”等。因此，妈祖信仰在德州、山东乃至整个北方地区传播时的“变样”，是极其正常的一种文化现象，这也是山东运河区域妈祖信仰传播的重要特征。

---

① 王丽英：《道教与岭南俗信关系研究》，社会科学文献出版社，2015，第 141 页。

② 王荣国：《海洋神灵：中国海神信仰与社会经济》，江西高校出版社，2003，第 249 页。

二　名目繁多的地方土神

日本汉学家滨岛敦俊在研究明清时期江南民间信仰时提到，与玉帝、东岳、关帝、天后、梓潼君、二郎神等闻名全国的神相比，中国还存在大量不太有名的神，在地方史料中通常把它们记述为“土神”。他还进一步指出，土神是指在某地形成、有当地相应的灵异传说，并在该地得到信仰的地方神，与其对立的概念可称为“全国神”。这里所说的地域范围有大有小，有村落层次上的土地神，也有乡镇、县级层次上的，甚至更为广阔的领域上的“土神”。[①] 我们在这里所探讨的“地方土神”特指山东运河区域特有的、其他区域较少记载的神灵。

山东运河区域各州县地方志中有关此类庙宇的记载数不胜数。武城县丹阳公祠在城西 10 里，祀先贤言子，创建时间不详。金乡侯祠在城西 10 里，祀先贤澹台子，创建时间亦不详。[②] 夏津县刘十八郎庙有两处，一庙在县城东关，三月望日，男妇焚香，充塞道途，莫知所由；另一庙在城东南 20 里。[③] 阳谷县插花庙在县治东北，“不知始何代，亦不知为何神。邑闺秀岁时携香入庙焚祷乞巧，相传为插花娘娘云”。[④] 寿张县十八郎庙俗称“插花庙”，在南门内，邑人赵有冯重修。黑虎庙在城南 25 里；胡台庙在城东南 50 里。[⑤] 宁阳县白老人祠在县城西北堽城村，祀明白英，其故居也。[⑥] 张秋镇复圣庙在荆门上闸，颜子三十六代孙居此。[⑦] 孟母庙在城西北 30 里安

---

① 〔日〕滨岛敦俊：《明清江南农村什会与民问信仰》，朱海滨译，厦门大学出版社，2008，第 6～7 页。

② （清）骆大俊纂修乾隆《武城县志》卷 5《祀典》，中国地方志集成·山东府县志辑第 18 册，凤凰出版社，2004，第 266 页。

③ （清）方学成修，梁大鲲纂乾隆《夏津县志》卷 5《典礼志·秩祀》，中国地方志集成·山东府县志辑第 19 册，凤凰出版社，2004，第 87 页。

④ （清）董政华修，（清）孔广海纂光绪《阳谷县志》卷 3《庙祠》，中国地方志集成·山东府县志辑第 93 册，凤凰出版社，2004，第 207 页。

⑤ （清）刘文煃修，王守谦纂光绪《寿张县志》卷 2《建置·坛庙》，中国地方志集成·山东府县志辑第 93 册，凤凰出版社，2004，第 374 页。

⑥ （清）觉罗普尔泰修，陈顾联纂乾隆《兖州府志》卷 20《祠祀志》，中国地方志集成·山东府县志辑第 71 册，凤凰出版社，2004，第 396 页。

⑦ （清）林芃修，马之骦纂康熙《张秋志》卷 2《建置志·寺观》，中国地方志集成·乡镇志专辑第 29 册，江苏古籍出版社，1992，第 36 页。

乐镇之西，“相传为孟母祈蚕处。金天眷三年，阳谷令杨用道葺而新之，作记。每岁蚕月，桑女以祈禳而来，趾错于道”。[①]

峄县荀卿祠在十里泉，乾隆四十三年（1778），知县张玉树建。匡丞相祠有两处，一在县治东郭碑，一在县西南13里公墓左。匡王祠在城西北40里东郭邬村，“考碑记云，神姓李，琅琊匡王里人，善医，流寓殁此，里人为立祠，不敢称其姓字，遂以里名”。[②]金陵山庙在县南20里金陵山麓，祀伏羲、女娲，宋庆历四年（1044）建。[③]滕县陶朱公庙在陶山后薛河上，祀陶朱公范蠡。[④]峄县霖泽庙在城北60里沧浪渊，明弘治四年（1491）重修，邑人丁本《重修霖泽庙记》云：“峄北六十里，峰峦突兀，严崖连络，有翼然居乎其中者为沧浪霖泽庙焉。霖泽者，盖宋宣和中所赐庙额也。庙背负峻山，俯临深涧，下有二池，深阔若寻丈，水色墨如也。下池深上池之半，而阔过之，两崖壁立，不可近视。土人往往时见光怪，不敢狎玩亵视，庙而祀之不知几千百年矣。春而祈蚕，秋而报谷，以牲醴祷于祠下者无虚日。时或旱水溢，众斋沐积诚以祷，祷而辄应。”[⑤]滕县伏羲庙有三处，一在染山，创始无考。一在王晁社，一在晋庄。[⑥]嘉祥县伏羲庙有四处，一在马氏村，一在范山之阳，一在花林，一在坨山之巅。[⑦]金乡县范张祠在东门外，祀范式、张劭，旧在城东，明成化十六年（1480），知县盛德建；万历六年（1578），邑人郭东藩移建东门外，请抚院令有司奉

---

① （清）林芃修，马之骦纂康熙《张秋志》卷2《建置志·寺观》，中国地方志集成·乡镇志专辑第29册，江苏古籍出版社，1992，第36页。

② （清）王振录、周凤鸣修，王宝田纂光绪《峄县志》卷10《祠祀志·坛庙》，中国地方志集成·山东府县志辑第9册，凤凰出版社，2004，第122页。

③ （清）王振录、周凤鸣修，王宝田纂光绪《峄县志》卷10《祠祀志·坛庙》，中国地方志集成·山东府县志辑第9册，凤凰出版社，2004，第123页。

④ （清）王政修，王庸立、黄来麟纂道光《滕县志》卷4《祠祀志》，中国地方志集成·山东府县志辑第75册，凤凰出版社，2004，第92页。

⑤ （清）王振录、周凤鸣修，王宝田纂光绪《峄县志》卷23《艺文志》，中国地方志集·成山东府县志辑第9册，凤凰出版社，2004，第428页。

⑥ （清）王政修，王庸立、黄来麟纂道光《滕县志》卷4《祠祀志》，中国地方志集成·山东府县志辑第75册，凤凰出版社，2004，第91～92页。

⑦ （清）章文华、官擢午纂修光绪《嘉祥县志》卷1《方舆志·寺观》，中国地方志集成·山东府县志辑第79册，凤凰出版社，2004，第231页。

祀。[①] 金乡县石将军祠在县学南，元至元十年（1273）建，邑志未详。“自按元石珪总管山东诸路，守曹州，为金所得，不屈死之。其麾下为之立祠，盖即此也。”[②] 金乡县贞姑庙在城西柳园村，明嘉靖时建，曰“邵姑庙”，知县彭鲲化改名贞姑庙，为之记。“相传即鲁秋胡妻，不可考，里人祠之，祈雨立应”。[③]

除以上神灵外，山东运河区域还有羊使君、任疯子、托山奶奶、鲁义姑等信仰。这些乡土神灵承载着地方历史和文化，因而比金龙四大王、妈祖、晏公等全国性神灵有着更顽强的生命力，不但保留有庙宇的遗迹，相关祭祀仪式和风俗也大多传承至今。这些信仰由于自身性质或距离运河较远等原因，较少受到运河文化的影响，依然保持着当地特有的文化传统，与运河民俗信仰形成截然对立的两套神灵体系，成为地方社会群体彰显地方文化特质、强化地域文化认同的重要手段。

三 张秋镇任疯子信仰

任疯子，讳山，小字喜悲，号清灵道士，祖籍范县，是明代成化、弘治年间的一个道士，后在张秋运河东岸戊己山显惠庙尸解，传其飞升为仙，因而称其“蜕仙”，民间称为“任大仙”。任疯子庙现位于张秋镇的东北角，庙宇规模较小，但在当地却有很强的影响力。“据会首介绍，其祭祀圈大致在阳谷、东阿及相邻河南省北部一带，多为运河区域，并说虽然张秋镇中在老年间寺庙很多，庙会也不少，但现今只剩下任疯子庙会还在。每年的四月初一到初十都会举行庙会，庙会的规模很大，四邻八乡的村庄都来赶会。”[④] 在山东阳谷县的张秋镇，任疯子是妇孺皆知的仙道一类人物，流传着很多关于他类似济公式的故事。近年来，附近村民筹资新建了任疯子庙，以示纪念。任疯子墓位于张秋镇运河东岸，现存墓直径 2.5

① （清）徐宗幹修，许瀚纂道光《济宁直隶州志》卷 5《秩祀志·坛庙》，中国地方志集成·山东府县志辑第 76 册，凤凰出版社，2004，第 254 页。

② （清）徐宗幹修，许瀚纂道光《济宁直隶州志》卷 5《秩祀志·坛庙》，中国地方志集成·山东府县志辑第 76 册，凤凰出版社，2004，第 254 页。

③ （清）李垒纂修咸丰《金乡县志略》卷 5《秩祀·坛壝》，中国地方志集成·山东府县志辑第 79 册，凤凰出版社，2004，第 413 页。

④ 吴欣：《正祀与杂祀：明清运河区域的民间信仰研究——以张秋镇为中心的历史人类学考察》，《聊城大学学报》（社会科学版）2009 年第 3 期。

米，高 1 米。墓前有石碑一块，高 2 米，宽 0.8 米，厚 0.3 米，正面阴刻行书“明蜕仙任疯子墓”，背面阴刻 500 小字“蜕仙任疯子小传”，详细介绍了任疯子的家世及业绩。此碑 2000 年 7 月被聊城市人民政府公布为第二批市级保护单位。

清人李濠《苫羊山志》以及康熙《张秋志》中有关于任疯子的记载。《苫羊山志》上册《人物·蜕仙》条记载：“蜕仙任疯子，范县人，少孤，与异人授以修炼与太乙数。寓苫山三官祠者六年，端居闭户行胎息功，常月余不食，有问休咎者，无不奇中。后游张秋，至弘治甲子冬，羽化而逝，衣冠之墓在显惠庙戊己山之东十余步，详具《小传》。”① 任疯子墓前的“蜕仙任疯子小传”对其生平事迹的记载较为详细：“任疯子，讳山小，字喜儿，号清虚道士。正统十三年（1448）二月十四日降生，弘治十七年（1504）十月十五日午时飞升。生疯子时有火光绕梁，异香满室。及长，长眉秀目、隆准丹唇，奇骨伟貌，聪明大非俗伍。遇异人，授以修炼法并太乙数棋仙元谱。后逐渐疯癫，里人遂呼为‘疯子’。十年后，前所遇异人复来，授以金液大还丹诀，疯子自此收敛，身心沉静，不轻语。常闭户坐卧，存神怡息，日益盎卒，双目炯如明星。能耐大寒，日行数百里；又能分形散影，知百里外事，所占吉凶均极灵验。有赠币帛者，亦迅以剖裂以给穷人。里人讶其为仙，甚敬重之。遂仙声大震，名公巨卿慕其名者纷来，疯子厌其烦，至戊己山下晏然而尸解。时紫气浮空，竟日不散，观者如市，远而叹羡。”《苫羊山志》上册《人物》中的“蜕仙任疯子小传”和康熙《张秋志》卷十一《艺文志三》中的“蜕仙任疯子碑文”与此碑所记内容大致相同。② 有关任疯子的生平事迹，正史和地方志中记载较少，这一方面表明任疯子信仰不是官方所推崇的正祀，另一方面也说明这种信仰在当时并不被重视。③ 由碑记及方志内容可知，任疯子是河南范县（范县紧临张秋镇）人，曾在苫山三官庙待过数年，后至张秋镇真武宫做道士。在他修行的 20 余年间，与民众广结善缘，恤贫济孤，为民众称道。从

① 刘季宪点注《苫羊山志新注》上册《人物》，内部发行，2007，第 85 页。

② 详见刘季宪点注《苫羊山志新注》上册《人物》，内部发行，2007，第 85 ~ 86 页；康熙《张秋志》卷 11《艺文志三·志铭表传》，第 157 ~ 158 页。

③ 吴欣：《正祀与杂祀：明清运河区域的民间信仰研究——以张秋镇为中心的历史人类学考察》，《聊城大学学报》（社会科学版）2009 年第 3 期。

碑文、方志记载及民间传说的内容来看，任疯子有些类似于南方的“活佛济公”。他表面看似疯傻，但实则劫富济贫，为民解忧，其最终“尸解升天”的传说更增加了他的神秘性。

既然任疯子信仰不是官方正祀，没有得到官方的推动和支持，为什么这种信仰在运河衰落之后依然具有旺盛的生命力呢？对于任疯子信仰而言，恐怕他的流行更源于其所具有的“地域性”特征。“民间信仰的一个重要特点就是它的地方性，此乃民间信仰生机与活力的来源之一。某一区域社会民间信仰的地方特色大多来自该社会特定的生态系统，而此信仰又对此系统具有一定程度的保护功能。因此，民间信仰是社会生态的晴雨表和保护剂。”[①]“不管官方的城隍信仰，还是发源于福建的妈祖信仰或来自山西的关帝信仰，对张秋镇的民众而言，实际都是外来的信仰，正是因为这些信仰的普遍性而造成了它们很难具有张秋的‘特色’。”[②]尤其是在北方地区，由于民间信仰受官方意识形态的影响较大，往往较为正统和单一，很难像江南地区那样，出现众多带有浓厚地域色彩和乡土气息的“地方土神”，而任疯子作为当地人，它的出现很容易成为当地民众抵御外来力量的象征。在安土重迁的传统社会中，本地的民间信仰往往会成为维系乡土渊源的纽带。因此随着时光的流逝，当其他外来神灵信仰逐渐淡出人们视野的时候，任疯子的信仰却没有被当地民众所放弃，反而具有了更强的生命力。

小　结

“各地的民间信仰，都与各个区域特殊的环境相对应。”[③]运河的流经及当地特殊的地理环境和历史文化使民间信仰呈现出显著的地域特色。运河的流经和频发的水旱灾害导致当地水神信仰极为盛行，其中以各种运河水神的出现最具有代表性。信仰种类的多元化是运河区域民间信仰的另一

① 王守恩：《社会史视野中的民间信仰与传统乡村社会》，《史学理论研究》2010年第1期。

② 吴欣：《正祀与杂祀：明清运河区域的民间信仰研究——以张秋镇为中心的历史人类学考察》，《聊城大学学报》（社会科学版）2009年第3期。

③ 朱海滨：《祭祀政策与民间信仰变迁：近世浙江民间信仰研究》，复旦大学出版社，2008，第183页。

个显著特征。运河的流经促进了南北文化的碰撞和交流，妈祖、晏公、许真君等外来信仰的传入为运河区域民间信仰增添了新的元素，使其呈现出多元化的发展趋势，成为运河区域社会变迁的重要表现。民间信仰不仅深受地理环境的影响，也与当地的经济结构、文化传统密切相关。特殊的社会环境和文化传统在对妈祖等外来信仰产生影响的同时，也造就了名目繁多的“地方土神”，相较金龙四大王、妈祖、关帝、城隍、东岳等“全国性”神灵，这些地方性神灵有着更为顽强的生命力。

结 语

“中国运河文化是运河区域人们在长期社会实践中创造的物质和精神财富的总和，是中华民族文化大系中的南北地域跨度大、时间积累长、内容丰富多彩的区域文化。”① 大运河文化既是一种社会现象，是大运河自开凿以来长期创造形成的产物；又是一种历史现象，是运河流域社会历史的积淀物。按照其类型进行划分，又可以分为大运河物质文化和大运河非物质文化（文学、地理学、水利学、艺术学、历史学、制度学、政治学、民俗学、民族学、衣食住行、生活方式、行为规范，等等）。如果说区域物质文化、制度文化只是物化半物化的、浮在社会表层的文化现象的话，那么精神文化则是深层次的、最能代表区域文化本质属性的文化现象。在众多文化元素中，又以民间信仰为主体的运河民俗文化最具有代表性。

运河区域是指明清时期京杭大运河流经及影响的区域，该区域是明清时期社会变迁最为剧烈的地区。山东运河是整个京杭大运河中汇集泉水最多、河工设施最为密集、河工技术含量最高的运河河段，民间信仰更是深刻受到运河文化的影响。区域精神文化的形成根植于物质文化和制度文化的土壤中，而以区域内部文化沟通与区域间的文化交流融汇碰撞为根本动因。山东运河区域特殊的地理和社会环境造就了民间信仰显著的地域特色，民间信仰反过来又对区域社会政治、经济、文化产生了深远影响。

信仰对象的多样性是山东运河区域民间信仰的重要特征。由于运河的流经，在漕运、河工、人口流动、文化交流等社会因素的影响下，明清时期山东运河区域民间信仰呈现出多元化的发展趋势。在运河区域名目繁多

① 李泉：《中国运河文化的形成及其演进》，《东岳论丛》2008 年第 3 期。

的神灵信仰中，既有关帝、碧霞元君、龙王、城隍等通祀神灵，也有金龙四大王、妈祖、晏公等运河水神以及数量众多的“地方土神”。这种多元性既表现为信仰种类的多样性，还体现在信仰对象职能的多样性。通俗来讲，即“一业多神”“一神多职”，同一个行业或同一种职能，通常由多个神灵负责或承担。如金龙四大王、妈祖、晏公俱有保障水上航运安全的职能；此外，同一个神灵往往具有多种神职，如金龙四大王既是官方正祀的河神和漕运保护神，又是商人商帮信奉的行业保护神；妈祖既是海神，又是河运保护神，甚至还被民间视为生育保护神。

信仰群体的普遍性亦是山东运河区域民间信仰的重要特征。地方官员是抽象的国家在地方上的具体代表者，是沟通国家和民众的桥梁和纽带。在面临灾害或动乱时，祭祀神灵成为地方官员应对危机、维护地方秩序的重要举措；地方官员还通过借助祭祀神灵、修建庙宇等活动，灌输国家祭祀理念、实施地方社会教化。民间信仰还带有显著的家族传承特点，地方家族将修建庙宇、祭祀神灵等活动，作为强化家族认同、增强凝聚力的重要手段。普通民众的日常生活更是与民间信仰密切相关，无论是平时的供奉，还是庙会时的“狂欢”，俱是其慰藉心灵和表达诉求的重要方式。运河的流经促进了南北人员往来和文化交流，使得运河区域社会结构呈现出复杂性和多元性的特点。大量漕军运丁、外地客商、文人墨客、船工水手等外来人群的途经与滞留给山东运河区域的民间信仰带来了新的变化，一些以前运河沿岸民众从不知晓的神祇开始在这一区域出现，并逐渐融入当地民众的社会生活。在这其中，又尤以客籍商人商帮最具有代表性。运河带来的便利水路交通使得沿岸城镇商贾云集，而众多的商人商帮又带来了各自的乡土神和行业神，为运河区域民间信仰增添了新的元素。

山东运河区域民间信仰还带有强烈的世俗性和功利性色彩。中国古代民间信仰最显著的特点就是功利性，信仰因功利而产生，信仰始终为人们的实际需要而服务。中国古代社会以农为本，农业生产成为维系社会稳定的根本所在，同时也是考核地方官员政绩的重要内容。水旱灾害往往导致农作物减产甚至绝收，故地方官员多崇敬和祭祀各种治水神和祈雨神，以求风调雨顺、五谷丰登。漕军运丁、商人商帮、船工、水手等群体则主要信奉那些具有保障航运安全职能的神灵。对于普通百姓而言，则祈望从对水神的祈祷中得到更多方面的保护，举凡河决洪涝、久旱不雨、渔业不丰、冰雹伤稼、生老病死等，无不以祭祀的方式向神灵祈愿。民间信仰自身具有世俗性和包容性的特点，运河的流经对沿线地区民众观念和社会风俗产生深刻影响，务实、功利的思想深入人心，使得民间信仰包容、开放的色彩更加突出。无论是对于本土的神灵还是外来的神灵，只要对自己有用，能给自己带来好处和实惠，就采取“拿来主义”的手法，奉为信仰和崇拜的对象。人们极少有宗派门户之见，对神格、神灵族属谱系并不看重，只要是对己有用的神灵，不管它来自佛教、道教，还是国家祀典所提倡的，或是在某个区域流行的，都可供奉在同一个庙宇的大殿上。

运河区域民间信仰属于我们通常所说的运河民俗的范畴。这种民俗文化是以运河开凿为始，围绕运河经营、治理而产生的一种特殊的区域文化，呈现出南北文化汇融的特色，体现了一种开放、包容的文化精神。通过对山东运河区域民间信仰的历史考察，我们无疑可以看出这一点。金龙四大王、妈祖、晏公等运河水神因运河而兴起，运河赋予了其生命力，是其能够在运河区域长期存在的社会基础。而当运河淤塞、漕运废止之后，这些信仰也随之走向衰亡。商人商帮信奉金龙四大王、关帝、许真君等神灵，也与运河有着密切关系，沿岸城镇因运河而商贾云集，神灵信仰亦呈现出显著的流动性和世俗性特色。总之，运河的流经给山东运河区域民间信仰带来了新的元素，促进了南北信仰文化的交流与融合，彰显了运河文化特有的流动性、包容性和开放性，成为运河区域社会变迁的重要表现。

主要参考文献

一　古籍文献

（东汉）班固：《汉书》，中华书局，1962。

（清）陈梦雷、蒋廷锡等辑《古今图书集成》，中华书局，1986。

（明）陈仁锡撰《皇明世法录》，《四库禁毁书丛刊》史部第15册，北京出版社，2005。

陈戍国撰《礼记校注》，岳麓书社，2004。

〔朝鲜〕崔溥著，葛振家点注《漂海录——中国行记》，社会科学文献出版社，1992。

（西汉）董仲舒著，周琼编《春秋繁露》，远方出版社，2005。

（南朝宋）范晔：《后汉书》，中华书局，1965。

（东晋）干宝撰，汪绍楹校注《搜神记》，中华书局，1979。

（清）谷应泰：《明史纪事本末》，上海古籍出版社，1994。

（明）顾璘：《西园存稿诗》，《影印文渊阁四库全书》第1263册，台北商务印书馆，1986。

（北宋）胡瑗：《周易口义》，《景印文渊阁四库全书》第8册，台北商务印书馆，1986。

（清）昆冈等修，刘启端等纂光绪《钦定大清会典事例》，《续修四库全书》第805册，上海古籍出版社，2002。

（明）郎瑛：《七修类稿》，《续修四库全书》第1123册，上海古籍出版社，2002。

（清）李斗撰《扬州画舫录》，清代史料笔记丛刊，中华书局，1960。

（明）李流芳：《檀园集》，《影印文渊阁四库全书》第1295册，台北商务印书馆，1986。
（清）麟庆著，汪春泉等绘图《鸿雪因缘图记》，北京古籍出版社，1984。
（西汉）刘安撰，陈广忠译注《淮南子》，中华书局，2012。
（明）刘荣嗣：《简斋先生集》，《四库禁毁书丛刊·集部》第46册，北京出版社，2000。
（后晋）刘昫等撰《旧唐书》，中华书局，1975。
（清）陆陇其：《三鱼堂日记》，《续修四库全书》第559册，上海古籍出版社，1996。
（清）陆燿：《切问斋集》卷9，《四库未收书辑刊》第10辑第19册，北京出版社，2000。
《明实录》，台北“中央研究院”历史语言研究所校印，1962。
（清）彭孙贻：《客舍偶闻》，《续修四库全书》第1175册，上海古籍出版社，1996。
（清）蒲松龄：《聊斋志异》，人民文学出版社，1998。
（明）申时行等修，赵用贤等纂《大明会典》，《续修四库全书》史部·政书类第789册，上海古籍出版社，1995。
（西汉）司马迁：《史记》，中华书局，1959。
（明）宋濂等撰《元史》，中华书局，1976。
（清）孙承泽撰《春明梦余录》，北京古籍出版社，1992。
（清）孙星衍撰《尚书今古文注疏》，中华书局，1986。
（清）谈迁：《北游录》，中华书局，2006。
（元）脱脱等撰《宋史》，中华书局，1977。
（明）王圻：《续文献通考》，《续修四库全书》第764册，上海古籍出版社，2002。
（明）王琼：《漕河图志》，水利电力出版社，1990。
（明）王士性撰，吕景琳点校《广志绎》，元明史料笔记丛刊，中华书局，1981。
（明）王同轨：《耳谈类增》，中州古籍出版社，1994。
（清）王先谦编著《庄子集解》，成都古籍书店，1988。

（清）西周生：《醒世姻缘传》，华夏出版社，1995。
（明）谢肇淛：《北河纪》，《景印文渊阁四库全书》第576册，台北商务印书馆，1986。
（明）谢肇淛：《五杂俎》，《续修四库全书》第1130册，上海古籍出版社，2002。
（元）徐大焯：《烬余录》，巴蜀书社，1993。
（明）徐渭撰《徐渭集》，中华书局，1983。
（明）杨宏、谢纯撰，荀德麟、何振华点校《漕运通志》，淮安文献丛刻（一），方志出版社，2006。
杨天宇译注《礼记译注》，上海古籍出版社，2004。
（明）姚旅：《露书》，《四库全书存目丛书·子部》第111册，齐鲁书社，1995。
（清）姚之骃：《元明事类钞》，《影印文渊阁四库全书》第884册，台北商务印书馆，1986。
（清）叶方恒：《山东全河备考》，《中国水利志丛刊》第18册，广陵书社，2006。
（元）袁桷：《清容居士集》，中华书局，1985。
（清）张伯行：《居济一得》，中华书局，1985。
（明）张瀚：《松窗梦语》，元明史料笔记丛刊，中华书局，1985。
（清）张廷玉等：《明史》，中华书局，1974。
（明）张学颜等撰《万历会计录》，北京图书馆古籍珍本丛刊第53册，书目文献出版社，1998。
张玉春译注《竹书纪年译注》，黑龙江人民出版社，2003。
赵尔巽等撰《清史稿》，中华书局，1976。
（清）赵翼：《陔余丛考》，商务印书馆，1957。
中国第一历史档案馆编《光绪宣统两朝上谕档》，广西师范大学出版社，1996。
中国第一历史档案馆编《咸丰同治两朝上谕档》，广西师范大学出版社，1998。
（清）仲学辂编《金龙四大王祠墓录》，《丛书集成续编·史部》第59

册，上海书店出版社，1994。
（明）周清源：《西湖二集》，浙江文艺出版社，1985。
（明）朱国祯：《涌幢小品》，中华书局，1959。
（春秋）左丘明：《左传》，上海人民出版社，1977。

二　地方志

（清）陈庆藩修，叶锡麟、靳维熙纂宣统《聊城县志》，中国地方志集成·山东府县志辑第82册，凤凰出版社，2004。
（清）董政华修，孔广海纂光绪《阳谷县志》，中国地方志集成·山东府县志辑第93册，凤凰出版社，2004。
（清）方学成修，梁大鲲纂乾隆《夏津县志》，中国地方志集成·山东府县志辑第19册，凤凰出版社，2004。
（清）冯振鸿纂修光绪《鱼台县志》，中国地方志集成·山东府县志辑第79册，凤凰出版社，2004。
（清）何绍章、冯寿镜等修纂光绪《丹徒县志》，中国地方志集成·江苏府县志辑第29册，凤凰出版社，2008。
（清）觉罗普尔泰修，陈顾联纂乾隆《兖州府志》，中国地方志集成·山东府县志辑第71册，凤凰出版社，2004。
（清）李垒纂修咸丰《金乡县志略》，中国地方志集成·山东府县志辑第79册，凤凰出版社，2004。
李树德修，董瑶林纂民国《德县志》，中国地方志集成·山东府县志辑第12册，凤凰出版社，2004。
（清）李维诚纂修，王用霖、彭宝铭续纂光绪《博平县续志》，国地方志集成·山东府县志辑第86册，凤凰出版社，2004。
（清）李贤书修，吴怡等纂道光《东阿县志》，中国地方志集成·山东府县志辑第92册，凤凰出版社，2004。
（明）栗可仕修，王命新纂万历《汶上县志》，中国地方志集成·山东府县志辑第78册，凤凰出版社，2004。
梁锺亭、路大遵修，张树梅纂民国《清平县志》，中国地方志集成·山东府县志辑第89册，凤凰出版社，2004。

（清）林芃修，马之骦纂康熙《张秋志》，中国地方志集成·乡镇志专辑第29册，江苏古籍出版社，1992。

（清）刘文煃修，王守谦纂光绪《寿张县志》，中国地方志集成·山东府县志辑第93册，凤凰出版社，2004。

（清）娄一均修，周翼纂康熙《邹县志》，中国地方志集成·山东府县志辑第72册，凤凰出版社，2004。

（清）卢朝安纂修咸丰《济宁直隶州续志》，中国地方志集成·山东府县志辑第77册，凤凰出版社，2004。

（清）卢承琰修，刘淇纂康熙《堂邑县志》，中国地方志集成·山东府县志辑第89册，凤凰出版社，2004。

（明）陆钛等纂修嘉靖《山东通志》，天一阁藏明代方志选刊续编第51册，据明嘉靖年间刻本影印，上海书店，1990。

（清）骆大俊纂修乾隆《武城县志》，中国地方志集成·山东府县志辑第18册，凤凰出版社，2004。

（清）莫炽修，黄恩彤纂光绪《滋阳县志》，中国地方志集成·山东府县志辑第72册，凤凰出版社，2004。

潘守廉修，袁绍昂、唐烜纂民国《济宁直隶州续志》，中国地方志集成·山东府县志辑第77册，凤凰出版社，2004。

潘守廉修，袁绍昂纂民国《济宁县志》，中国地方志集成·山东府县志辑第78册，凤凰出版社，2004。

（清）嵩山修，谢香开、张熙先纂嘉庆《东昌府志》，中国地方志集成·山东府县志辑第82册，凤凰出版社，2004。

（清）田显吉修，褚光镆等纂康熙《峄县志》，南京图书馆藏稀见方志丛刊第18册，国家图书馆出版社，2012。

（清）万秀芳纂修道光《武城县志续编》，中国地方志集成·山东府县志辑第18册，凤凰出版社，2004。

（清）汪鸿孙修，刘儒臣、王金阶纂宣统《重修恩县志》，中国地方志集成·山东府县志辑第18册，凤凰出版社，2004。

（清）王道亨修，张庆源纂乾隆《德州志》，中国地方志集成·山东府县志辑第10册，凤凰出版社，2004。

（清）王俊等修纂乾隆《临清州志》，临清市人民政府编《临清州志》，山东地图出版社，2001。
（明）王命爵、李士登修，王汝训纂万历《东昌府志》，北京师范大学藏稀见方志丛刊续编第5册，学苑出版社，2009。
（清）王时来修，杭云龙纂康熙《阳谷县志》，中国地方志集成·山东府县志辑第93册，凤凰出版社，2004。
（清）王天秀修，孙巽纂乾隆《金乡县志》，北京大学图书馆藏稀见方志丛刊第89册，国家图书馆出版社，2013。
（清）王赠芳、王镇修，成瓘、冷烜纂道光《济南府志》，中国地方志集成·山东府县志辑第1册，凤凰出版社，2004。
（清）王振录、周凤鸣修，王宝田纂光绪《峄县志》，中国地方志集成·山东府县志辑第9册，凤凰出版社，2004。
（清）王政修，王庸立、黄来麟纂道光《滕县志》，中国地方志集成·山东府县志辑第75册，凤凰出版社，2004。
（清）闻元炅纂修康熙《续修汶上县志》，中国地方志集成·山东府县志辑第78册，凤凰出版社，2004。
（清）倭什布纂修乾隆《嘉祥县志》，北京大学图书馆藏稀见方志丛刊第88册，国家图书馆出版社，2013。
谢锡文修，许宗海纂民国《夏津县志续编》，中国地方志集成·山东府县志辑第19册，凤凰出版社，2004。
（清）徐宗幹修，许瀚纂道光《济宁直隶州志》，中国地方志集成·山东府县志辑第76册，凤凰出版社，2004。
（清）许瑶光、吴仰贤等修纂光绪《嘉兴府志》，中国地方志集成·浙江府县志辑第12册，上海书店出版社，1993。
（清）杨士骧、孙葆田等修纂宣统《山东通志》，中国地方志集成·省志辑·山东第5册，凤凰出版社，2010。
（清）杨祖宁修，乌竹芳纂《道光博平县志》，中国地方志集成·山东府县志辑第86册，凤凰出版社，2004。
（明）易登瀛、卢学礼修，于慎行纂《万历兖州府志》，天一阁藏明代方志选刊续编第55册，上海书店，1990。

（明）易时中、王琳纂修嘉靖《夏津县志》，天一阁藏明代方志选刊第43册，据明嘉靖年间刻本影印，上海古籍书店，1962。
（明）尤麒、陈露纂修嘉靖《武城志》，天一阁藏明代方志选刊第44册，据明嘉靖年间刻本影印，上海古籍书店，1963。
（清）于睿明修，胡悉宁等纂康熙《临清州志》，稀见中国地方志汇刊第9册，中国书店，1992。
（清）张度、邓希曾修，朱镜纂乾隆《临清直隶州志》，中国地方志集成·山东府县志辑第94册，凤凰出版社，2004。
张自清修，张树梅、王贵笙纂民国《临清县志》，中国地方志集成·山东府县志辑第95册，凤凰出版社，2004。
（清）章文华、官擢午纂修光绪《嘉祥县志》，中国地方志集成·山东府县志辑第79册，凤凰出版社，2004。
（清）赵祥星修，钱江等纂康熙《山东通志》，中国地方志集成·省志辑·山东第5册，凤凰出版社，2010。
（清）赵知希纂修，张兴宗增修雍正《馆陶县志》，中国地方志集成·河北府县志辑第62册，上海书店出版社，2006。
（清）郑溶修，邵晋涵纂乾隆《杭州府志》，《续修四库全书》史部·地理类第701册，上海古籍出版社，2002。
周竹生修，靳维熙纂民国《东阿县志》，中国地方志集成·山东府县志辑第92册，凤凰出版社，2004。
（清）左宜似等修，卢崟等纂光绪《东平州志》，中国地方志集成·山东府县志辑第70册，凤凰出版社，2004。

三　研究著作

〔日〕滨岛敦俊：《明清江南农村社会与民间信仰》，朱海滨译，厦门大学出版社，2008。
陈阿兴、徐德云主编《中国商帮》，上海财经大学出版社，2015。
陈龙飞：《山东省经济地理》，新华出版社，1992。
程宇昌：《明清时期鄱阳湖地区民间信仰与社会变迁》，江西人民出版社，2014。

丛振：《敦煌游艺文化研究》，中国社会科学出版社，2019。
丁世良、赵放主编《中国地方志民俗资料汇编》（第9册），国家图书馆出版社，2014。
〔美〕杜赞奇：《文化、权力与国家：1900－1942年的华北农村》，王福明译，江苏人民出版社，2006。
范金民：《国计民生：明清社会经济研究》，福建人民出版社，2008。
范丽珠、欧大年编《中国北方农村社会的民间信仰》，上海人民出版社，2013。
高建军：《山东运河风俗》，济南出版社，2006。
〔法〕葛兰言：《中国人的信仰》，哈尔滨出版社，2012。
〔美〕韩森：《变迁之神：南宋时期的民间信仰》，包伟民译，浙江人民出版社，1999。
何善蒙主编《民国杭州民间信仰》，杭州出版社，2012。
何孝荣等：《明朝宗教》，南京出版社，2013。
胡梦飞：《明清时期京杭运河区域水神信仰研究》，江苏凤凰科学技术出版社，2018。
胡梦飞：《中国运河水神》，山东大学出版社，2018。
华梅等：《中国历代〈舆服志〉研究》，商务印书馆，2015。
《黄河水利史述要》编写组编《黄河水利史述要》，水利出版社，1984。
〔美〕黄仁宇：《明代的漕运》，新星出版社，2005。
黄芝岗：《中国的水神》，上海文艺出版社，1988。
济宁市政协文史委员会编《济宁运河诗文集粹》，济宁市新闻出版局，2001。
蒋维锬、刘福铸辑纂《妈祖文献史料汇编》，中国档案出版社，2007。
金泽：《中国民间信仰》，浙江教育出版社，1990。
〔日〕酒井忠夫、胡小伟等：《民间信仰与社会生活》，上海人民出版社，2011。
康沛竹：《灾荒与晚清政治》，北京大学出版社，2002。
孔勇、孔茜编著《济宁民风民俗》，中国社会出版社，2011。
李乔：《中国行业神崇拜》，中国文联出版社，2000。

李文治、江太新：《清代漕运》，中华书局，1995。
李远国、刘仲宇、许尚枢：《道教与民间信仰》，上海人民出版社，2011。
梁景之：《清代民间宗教与乡土社会》，社会科学文献出版社，2004。
林美容：《妈祖信仰与汉人社会》，黑龙江人民出版社，2003。
临清市人民政府编《临清州志》，山东地图出版社，2001。
刘慧：《泰山信仰与中国社会》，上海人民出版社，2011。
刘玉梅：《李渔生活审美思想研究》，中国社会科学出版社，2017。
刘玉平、高建军主编《运河文化与济宁》，中国社会出版社，2012。
刘玉平、贾传宇、高建军编著《中国运河之都》，中国文史出版社，2003。
路遥等：《中国民间信仰研究述评》，上海人民出版社，2012。
吕大吉：《宗教学通论新编》（下册），中国社会科学出版社，1998。
马西沙：《中国民间宗教简史》，上海人民出版社，2005。
马西沙：《中华文化通志·民间宗教志》，上海人民出版社，1998。
潘显一、冉昌光主编《宗教与文明》，四川人民出版社，1999。
皮庆生：《宋代民众祠神信仰研究》，上海古籍出版社，2008。
齐保柱编著《东昌古今备览》，山东友谊出版社，1990。
秦永洲：《山东社会风俗史》，山东人民出版社，2011。
色音主编《民俗文化与宗教信仰》，知识产权出版社，2011。
山东省地方史志编纂委员会编《山东省史志资料》（第二辑），山东人民出版社，1982。
《山东运河航运史》编纂委员会编《山东运河航运史》，山东人民出版社，2011。
山曼：《山东黄河民俗》，济南出版社，2005。
水利电力部水管司科技司、水利水电科学研究院编《清代黄河流域洪涝灾害档案史料》，中华书局，1993。
〔英〕斯当东：《英使谒见乾隆纪实》，叶笃义译，上海书店，2005。
宋长琨：《儒商文化概论》，高等教育出版社，2010。
孙源正、原永兰主编《山东蝗虫》，中国农业科技出版社，1999。
孙跃：《清代长江三角洲地区民间信仰研究》，民族出版社，2012。

孙昭民：《山东通史》，山东人民出版社，1992。
谭景玉、胡广洲：《齐鲁商贾传统》（明清卷），齐鲁书社，2014。
涂可国主编《鲁商文化概论》，山东人民出版社，2010。
王宏刚等：《新时期的民间信仰》，黑龙江教育出版社，2013。
王见川、皮庆生：《中国近世民间信仰》（宋元明清卷），上海人民出版社，2010。
王健：《利害相关：明清以来江南苏松地区民间信仰研究》，上海人民出版社，2010。
王守中、郭大松：《近代山东城市变迁史》，山东教育出版社，2001。
王树村：《中国传统行业诸神》，外文出版社，2004。
王云：《明清山东运河区域社会变迁》，人民出版社，2006。
王章伟：《在国家与社会之间——宋代巫现信仰研究》，香港中华书局，2005。
〔美〕韦思谛编《中国大众宗教》，陈仲丹译，江苏人民出版社，2006。
汶上县政协文史资料委员会编《汶上文史资料》（第6辑）碑文石刻专辑，山东出版总社济宁分社，1993。
乌丙安：《中国民间信仰》，上海人民出版社，1996。
邢莉主编《民间信仰与民俗生活》，中央民族大学出版社，2008。
徐朝旭：《儒家文化与民间信仰》，人民出版社，2013。
徐晓望：《妈祖信仰史研究》，海风出版社，2007。
许地山：《道教史》，华东师范大学出版社，1996。
杨家毅：《北京市通州区文化产业研究》，漓江出版社，2012。
叶涛、周少明主编《民间信仰与区域社会：中国民间信仰研究论文选》，广西师范大学出版社，2010。
佚名：《绘图三教源流搜神大全》（外二种），上海古籍出版社，2012。
于德普主编《运河文化（山东）文集》，山东科学技术出版社，1998。
张礼恒主编《鲁商与运河商业文化》，山东人民出版社，2010。
张荣明：《权力的谎言——中国传统的政治宗教》，浙江人民出版社，2000。
张祝平：《中国民间信仰的当代变迁与社会适应研究》，中国社会科学出版社，2014。
赵世瑜：《狂欢与日常——明清以来的庙会与民间社会》，三联书店，2002。
郑民德：《明清京杭运河沿线漕运仓储系统研究》，中国社会科学出版社，2015。
郑振满、陈春声主编《民间信仰与社会空间》，福建人民出版社，2003。
朱海滨：《祭祀政策与民间信仰变迁——近世浙江民间信仰研究》，复旦大学出版社，2008。
宗力、刘群：《中国民间诸神》，河北人民出版社，1986。

四　学术论文

蔡泰彬：《明代漕河四险及其守护神——金龙四大王》，《明史研究专刊》（台北）1992 年第 10 期。
曹树基：《洪武时期鲁西南地区的人口迁移》，《中国社会经济史研究》1995 年第 4 期。
陈沙：《明清时期山东地区民间信仰研究》，硕士学位论文，东北师范大学，2008。
陈泽华：《民国山东民间信仰研究（1912～1937）》，硕士学位论文，山东师范大学，2012。
褚福楼：《明清时期金龙四大王信仰地理研究》，硕士学位论文，暨南大学，2010。
崔永胜：《旱魃为虐，如惔如焚——明代山东旱灾研究》，硕士学位论文，江西师范大学，2010。
代洪亮：《民间记忆的重塑：清代山东的驱蝗神信仰》，《济南大学学报》（社会科学版）2002 年第 3 期。
范金民：《身在他乡不是客——清代商人会馆的功能》，《寻根》2007 年第 6 期。
郝文：《试论明代山东蝗灾中的政府行为》，《农业考古》2012 年第 1 期。
胡梦飞：《保漕与祈雨：明清时期山东运河区域的龙神信仰》，《华北水利水电大学学报》（社会科学版）2017 年第 1 期。
胡梦飞：《漕运、治河与信仰：以明清时期张秋镇为中心的考察》，《江南大学学报》（人文社会科学版）2016 年第 6 期。
胡梦飞：《漕运与信仰：清代临清漳神庙的历史考察》，《聊城大学学报》（社会科学版）2016 年第 6 期。
胡梦飞：《民间信仰与区域社会：以明清时期东昌府为中心的考察》，《江南大学学报》（人文社会科学版）2017 年第 3 期。
胡梦飞：《明清时期济宁地区水神信仰史考》，《浙江水利水电学院学报》2017 年第 1 期。
胡梦飞：《明清时期聊城地区的关帝信仰》，《重庆第二师范学院学报》2017 年第 3 期。
胡梦飞：《明清时期聊城地区水神信仰述略》，《聊城大学学报》（社会科学版）2016 年第 1 期。
胡梦飞：《明清时期山东地区的金龙四大王信仰》，《山东青年政治学院学报》2016 年第 3 期。
胡梦飞：《明清时期山东运河区域庙会习俗考述》，《济宁学院学报》2017 年第 6 期。
胡梦飞：《明清时期山东运河区域民间信仰述论》，《淮阴师范学院学报》（哲学社会科学版）2018 年第 1 期。
胡梦飞：《神圣与世俗：明清时期聊城地区的碧霞元君信仰》，《历史教学问题》2017 年第 3 期。
黄景春：《论我国民间神灵信仰的世俗性》，《南阳师范学院学报》（社会科学版）2003 年第 5 期。
李凡：《山东地区妈祖信仰研究》，博士学位论文，山东大学，2015。
李刚、曹宇明：《明清工商会馆神灵崇拜多样化与世俗性透析——以山陕会馆为例》，《西安文理学院学报》（社会科学版）2011 年第 1 期。
李平：《神妙绝技、巧夺天工——治运专家宋礼、白英考评》，《济宁师范高等专科学校学报》1995 年第 1 期。
李泉：《中国运河文化的形成及其演进》，《东岳论丛》2008 年第 3 期。
李泉：《中国运河文化及其特点》，《聊城大学学报》（社会科学版）

2008 年第 4 期。
李绍强、李修龄：《论明清时期山东民间信仰的特点》，《济南大学学报》（社会科学版）2008 年第 1 期。
李修龄：《儒家与民间信仰——以明清时期的山东为视角》，硕士学位论文，曲阜师范大学，2006。
刘兵：《明清运河区域人格神信仰成因探析——以白英为中心的研究》，《聊城大学学报》（社会科学版）2010 年第 2 期。
刘霞：《明清时期山东庙会研究》，硕士学位论文，山东师范大学，2006。
罗彩娟：《论汉族民间信仰的功利性》，《广西民族学院学报》（哲学社会科学版）2005 年第 3 期。
梅莉：《清代真武大帝信仰之流变》，《湖北大学学报》（哲学社会科学版）2005 年第 9 期。
牛建强：《明代黄河下游的河道治理与河神信仰》，《史学月刊》2011 年第 9 期。
申浩：《近世金龙四大王考——官民互动中民间信仰现象》，《社会科学》2008 年第 4 期。
宋希芝：《水神晏公崇信考论》，《江西社会科学》2014 年第 11 期。
苏远渠：《清代山东运河水灾与两岸农村社会经济》，硕士学位论文，曲阜师范大学，2005。
孙百亮、梁飞：《清代山东自然灾害与政府救灾能力的变迁》，《气象与减灾研究》2008 年第 1 期。
汪汉忠：《从水旱灾害对苏北区域社会心理的负面影响看水利的作用》，《江苏水利》2003 年第 3 期。
王新文：《古代山东地区的祈雨风俗考述》，硕士学位论文，山东师范大学，2012。
王元林、褚福楼：《国家祭祀视野下的金龙四大王信仰》，《暨南学报》（社会科学版）2009 年第 2 期。
王云：《明清时期山东运河区域的金龙四大王崇拜》，《民俗研究》2005 年第 2 期。
王曾瑜：《宋代妈祖起源考》，《中国社会经济史研究》2011 年第 4 期。

韦丽：《明清时期山东地区的泰山信仰研究——以地方志为中心》，硕士学位论文，山东大学，2010。

吴欣：《“奶奶”的庙：女神信仰的世变与势变——以鲁西区域社会为中心的研究》，《民俗研究》2016年第6期。

吴欣：《明清山东运河区域“水神”研究》，《社会科学战线》2013年第9期。

吴欣：《正祀与杂祀：明清运河区域的民间信仰研究——以张秋镇为中心的历史人类学考察》，《聊城大学学报》（社会科学版）2009年第3期。

向柏松：《中国水崇拜祈雨丰年意义的演变》，《中南民族学院学报》（社会科学版）1995年第3期。

向柏松：《中国水崇拜文化初探》，《中南民族学院学报》（社会科学版）1993年第6期。

徐赣丽：《民间传说与地方认同——以广西博白绿珠传说为例》，《广西师范学院学报》2011年第2期。

张敏：《清代祠祭河道总督类型研究》，《聊城大学学报》（社会科学版）2010年第2期。

张秀：《明代山东水灾研究》，硕士学位论文，安徽大学，2016。

张兆林：《非物质文化遗产集体性项目传承人保护策略研究——以聊城木版年画为核心个案》，《文化遗产》2019年第1期。

张兆林、束华娜：《基于文化自觉视角的非物质文化遗产保护与新文化创造》，《美术观察》2017年第6期。

赵士文：《论清代山东对水旱自然灾害的防治》，硕士学位论文，曲阜师范大学，2008。

赵树国：《明清鲁中民间信仰研究》，硕士学位论文，山东师范大学，2007。

郑云飞：《中国历史上的蝗灾分析》，《中国农史》1990年第4期。

周平平：《明清漕运与水神崇拜——以运河山东段为个案的考察》，硕士学位论文，山东大学，2015。

朱凤祥：《论清代祈雨禳灾的礼俗》，《农业考古》2011年第1期。

后　记

本书从确定选题到最终完成，历时将近三年。2015 年 7 月博士毕业后，我来到聊城大学运河学研究院工作。由于博士学位毕业论文做的是明清时期京杭运河区域水神信仰研究，本身就和民间信仰有着密切关联，再加上聊城为“江北水城、运河古都”的缘故，所以来到聊大之后，很自然地将明清时期山东运河区域民间信仰作为自己的研究对象。在接下来的一年多时间里，一直在做搜集资料、撰写论文等工作。2016 年 11 月，该选题获得山东省社科规划项目资助，这为我开展相关研究打下了坚实的基础。2018 年 9 月，我撰写了 15 万字左右的研究报告，并顺利通过省社科规划项目专家的鉴定。又经过半年多的修改和完善，最终有了这本小书。当书稿最终呈现在眼前，内心在感到忐忑不安的同时，也充满了兴奋和感激。

在本书的写作过程中，得到了很多人的支持与帮助。首先，要感谢聊城大学运河学研究院吴欣院长、丁延峰副院长、郑民德副院长、王云教授、李泉教授、罗衍军教授、杜宏春教授等领导和同事一直以来对我的关心和帮助。研究院办公条件优越，科研时间充沛，学术氛围浓厚，同事之间相处也极为融洽，使我可以有条不紊地从事自己感兴趣的学术研究。为了搜集相关碑刻资料，吕德廷、王玉朋、裴一璞、高元杰、周嘉等同事牺牲自己的宝贵时间，多次陪我外出进行田野考察，在此也向他们表示感谢。2016 年 6 月，我有幸跟随山东大学历史文化学院马新教授从事博士后研究工作。本书从提纲的审定，到具体章节的撰写，再到文稿的最终完成，都得到了马老师的悉心指导和大力帮助，在此向马老师表示深深的谢意。此外，还要感谢社会科学文献出版社诸位老师为本书的编辑、校对和出版所做的努力。

最后还要感谢我的家人。岳父、岳母任劳任怨，承担起做饭、照看孩子等家务，为我和妻子解决后顾之忧，使我们可以专心于自己的工作和科研。没有他们的辛勤付出，我和妻子的工作和生活根本无从谈起。要特别感谢的是我的妻子王双双博士，她与我同在聊城大学工作，平时的科研压力和教学任务很重。为了让我能够安心写作，她牺牲了自己很多宝贵的时间和精力，主动承担起照顾女儿、操持家务的重任，为我创造了一个良好的写作环境。还要感谢远在故乡的父亲和哥哥，虽然与他们距离遥远，一年之中难得见上几面，但他们对我的关心和支持是我不断前行的动力和源泉。2017 年 7 月 25 日，女儿若楠出生，给我原本平静、枯燥的写作生活带来了许多惊喜和乐趣。每当看到她天真、灿烂的笑脸，所有的劳累和疲惫顿时一扫而光。本书开始动笔前，还未与她谋面；而当书稿完成时，她已蹒跚学步、咿呀学语。也将此书当作送给她的礼物，希望她在以后的日子里能够健康、快乐地成长，这也是我身为父亲最大的愿望。

胡梦飞

2019 年 2 月于聊城

图书在版编目（CIP）数据

明清时期山东运河区域民间信仰研究 / 胡梦飞著
. -- 北京 : 社会科学文献出版社, 2019.8
ISBN 978 - 7 - 5201 - 5034 - 7

Ⅰ. ①明… Ⅱ. ①胡… Ⅲ. ①信仰 - 民间文化 - 研究 - 山东 - 明清时代 Ⅳ. ①B933

中国版本图书馆 CIP 数据核字（2019）第 115491 号

明清时期山东运河区域民间信仰研究

著　　者 / 胡梦飞

出 版 人 / 谢寿光
责任编辑 / 韩莹莹　范明礼

出　　版 / 社会科学文献出版社 · 人文分社（010）59367215
地址：北京市北三环中路甲 29 号院华龙大厦　邮编：100029
网址：www. ssap. com. cn
发　　行 / 市场营销中心（010）59367081　59367083
印　　装 / 三河市龙林印务有限公司

规　　格 / 开 本：787mm × 1092mm　1/16
印 张：15　字 数：237 千字
版　　次 / 2019 年 8 月第 1 版　2019 年 8 月第 1 次印刷
书　　号 / ISBN 978 - 7 - 5201 - 5034 - 7
定　　价 / 98.00 元